나는 **현대 러시아** 작가다

최행규 · 이수연
송정수 · 김은희 엮음

경희대학교 출판문화원

이 책은 2008년도 정부(교육과학기술부)의 재원으로 한국연구재단의 지원을 받아 연구되었음(KRF-2008-321-A00168)

[서문]

이 책은 지난 2008년 7월부터 2010년 6월까지 한국연구재단의 지원을 받아 진행된 연구 결과물 가운데 하나다. 우리 연구팀은 《주요 문학상 수상작품을 통해 본 현대 러시아 문학의 '에피스테메'》라는 주제로 2년간 연구를 진행하였다. 연구가 진행되는 동안 현대 러시아 문학상의 사회적 위상과 문화적, 역사적 의미에 대한 고찰에서 시작하여 개별 작가의 주요 작품에 대한 면밀한 분석에 이르기까지 다양한 연구 결과물들이 나왔다.

연구를 마감하는 시점에서 우리 연구팀은 그간의 연구가 단순히 해당 분야의 전문가를 위한 참고의 수준에 머무르지 않고 좀 더 넓은 독자층과 소통할 수 있는 방법을 모색하고자 하였다. 오랜 논의 결과, 그동안 우리의 연구 대상이 되었던 현대 러시아 작가들을 간단하게나마 소개하는 것으로 의견이 모아졌다. 하지만 당장 몇 명의 작가들을 얼마의 분량으로 소개할 것인가 하는 문제에 부딪히게 되었다. 스페인의 투우에서 투우사와 소 사이에는 정해진 일정한 거리가 있다고 한다. 만일 그 거리가 조금이라도 가까우면 사람이 죽고 조금이라도 멀면 예술이 죽는단다. 이를테면 많은 작가들을 간략하게 소개하면 예술이 죽고, 소수의 작가들을 상세하게 소개하면 사람이 죽는다고나 할까? 그래서 우리는 한정된 지면까지를 고려한 그 적절한 '거리'를

40으로 잡았다. 하지만 다시 그 숫자만큼의 작가들을 어떤 기준으로 선택해 소개해야 되는가 하는 또 다른 문제에 봉착했다. 그러나 이내 우리는 그간 연구의 대상이 된 현대 러시아 문학을 선정하는 기준으로 작용한 문학상이 바로 이 문제를 해결해 줄 수 있는 열쇠가 됨을 알게 되었다.

혹자는 현대 러시아 문학이 새로운 르네상스를 구가하고 있다고 말하기도 한다. 지금 러시아 문학은 다양한 문학 사조, 다채로운 문학 장르로 무장한 재능 있는 수많은 작가들이 저마다의 기량을 펼치는 일종의 무대이며 문학상은 그들을 평가하는 심사위원과도 같다. 예술성과 이데올로기 등과 같은 과거의 단일한 잣대에서 벗어나서 현대 러시아 문학상은 새로운 시대의 러시아 문학을 평가하기 위한 다양한 기준을 세우고 있으며, 그래서 그 기준만큼이나 많은 문학상이 존재한다. 그래서 문학상은 현대 러시아 문학의 제반 현상을 비추는 거울이라고 할 수 있다. 그중에서도 '러시아 부커', '내셔널 베스트셀러', '위대한 책' 등과 같은 주요 문학상들은 현대 러시아 문학의 길라잡이로서의 역할을 성실히 수행하면서 시대적 요구를 반영하는 다양한 문학 작품들에 권위를 부여하고 있다.

알파벳 순서에 따른 개별 작가 1인을 중심으로 구성된 각각의 장은 해당 작가에 대한 이해를 돕는 간단한 전기적 사건, 문학상을 통해 주목을 받은 주요 작품들, 그 작품들의 간단한 내용과 평가, 작가의 향후 작품 활동에 대한 전망 등으로 이루어져 있다. 독자들은 이 책을 통해 현재 주목받는 러시아 작가들의 면면과 그들의 주요 작품 그리고 이를 통해 드러나는 현대 러시아 문학의 주요 작품 경향을 알 수 있을 것이다. 그리고 문학에 대해 좀 더 진지한 접근을 하는 사람들, 이를테면 문학연구자 같은 이들은 문학연구를 위한 새로운 주제를 발견할 수도 있다. 또한 러시아 문학 속의 여러 가지 사건이나 다소 난해한 개념들을 설명하기 위해 역자들이 붙인 많은 다양한 주석들도 현대 러시아 문학을 이해하는데 적지 않은 도움을 줄 수 있으리라 믿는다.

작가사전의 성격을 지니는 이 책을 구성하는데 있어 동시대 러시아 비평가의 기존 저술들이 커다란 도움을 주었다. В. В. Огрызко, Кто сегодня делает литературу в России. – Выпуск 1: Современные русские писатели. – М.: Литературная Россия, 2006, С. И. Чупринин, Русская литература сегодня. Путеводитель. М.: ОЛМА-ПРЕСС, 2003, С. И. Чупринин, Русская литература сегодня: Большой путеводитель. М.: Время, 2007.

끝으로 그간의 모든 연구 뿐 아니라 이 책의 번역과 주석 작업을 함께 한 이수연, 송정수, 김은희 선생님과 이 책이 발간되는 작은 기쁨을 나누고 싶다. 아울러 러시아 작가 40인의 초상화를 아주 멋지게 그려주신 신학 선생님께도 감사의 말씀을 전한다.

2012년 1월 연구책임자 최 행 규

[목차]

01 :: 바실리 악쇼노프
Василий Аксёнов

바실리 악쇼노프가 2004년 역사소설 『볼테르주의자들』Вольтерьянцы и вольтерьянки이라는 작품으로 '러시아 부커'Русский букер를 수상한 것은 문학계에 일어난 돌풍과도 같은 사건이라 할 수 있다. 이 작품은 악쇼노프의 다른 소설 『모스끄바 사가』Московская сага, 1993가 영화로 만들어진 시기와 맞물려 출간되었다.

바실리 악쇼노프는 1932년 8월 20일, 까잔에서 출생했다. 그의 부친은 랴잔의 가난한 농민의 아들이었지만, 까잔의 국가위원회의 의장까지 역임한 인텔리였고, 어머니 예브게니야 긴즈부르그E. Гинзбург는 소설가였다. 악쇼노프에게 1937년은 말할 수 없는 비운의 해였다. 어머니가 먼저 국가안전기관요원들에게 체포되어 꼴름으로 유배되었고, 곧 아버지마저 체포되어 사형선고를 받았다. 아버지는 불행 중 다행으로 사형은 면했지만, 꼬미로 유형 보내졌다. 그리고 악쇼노프 자신은 반혁명 인텔리 가족의 자녀를 모아 훈육하는 보육원으로 보내졌다. 하지만 얼마 안 있어 고모가 백방으로 노력한 덕분에 보육원에서 나올 수 있게 된다.

악쇼노프는 16살이 되던 해, 어머니가 있는 마가단으로 갔던 일을 다음과 같이 회상한 바 있다.

"나는 그 땅끝으로의 여행에 몹시 흥분되어 있었다. 그 여행을 위해 엄마는 많은 노력을 했다. 마가단에서 엄마와 알고 지내던 한 아줌마가 휴가를 마치고 마가단으로 돌아가면서 나를 엄마에게 데리고 갔다. 우리는 비행기를 탔다. 비행기에서 내려다본 광활한 대지의 모습은 장관이었다. 비행기를 몇 번이나 갈아타야 했고, 낯선 도시에서 숙박하기도 했다. 마가단에 도착하기까지 모두 7일이 걸렸다. 그 7일 간의 여정 동안 내가 받은 인상은 아마도 아메리카를 발견했다고 믿은 콜럼버스의 감격과도 비교할 수 없는 것이었다. 비행기에서 내려다본 오호츠끄해, 마치 살아 있는 듯 넘실거리며 움직이던 그 모습을 지금까지도 잊을 수가 없다! 그 물 위를 떠가던 선박들, 그리고 푸른 초원들 모두 나의 뇌리에 선명하게 그대로 남아 있다. 7일 만에 도착한 마가단은 초라하기 그지없는 도시였다. 공항에 내리는 순간부터 그 초라함은 여실히 전해져 왔다. 도시에는 기차역뿐만 아니라 버스 정거장도 없었다. 나를 데려갔던 아줌마의 사위가 공항에서 우리를 맞아 주었고, 우리는 그가 타고 온 손수레 비슷한 것을 타고 어디론가 향했다. 얼마의 시간이 지났을까? 멀리 엄마의 모습이 보였다. 엄마는 나를 보자마자, 주위 사람들을 전혀 아랑곳하지 않은 채 통곡하기 시작했다. 오열하는 엄마에게 다가간 나는 살며시 엄마의 어깨에 손을 얹은 후, 귓속말로 속삭였다. "창피하게 왜 울어. 남들이 보잖아." 나의 귓속말에 엄마는 몹시 놀라는 눈치였다. 이제와 고백할 수 있지만, 그때 당시 난 너무도 철이 없었다. 나의 부모님께서 어떤 일을 겪고 있는 지를 전혀 이해하지 못했으며, 멀리 오랫동안 출장을 간 것이라는 주변 사람들의 말을 곧이곧대로 믿고 있었으니 말이다." 〈모스꼽스끼 꼼소몰레쯔〉Московский комсомолец, 2005년 2월 5일

악쇼노프는 고등학교를 졸업할 때까지 마가단에서 살았다. 그 당시 악쇼노프는 이미 시를 쓰기 시작했다. 고등학교를 마친 후, 까잔으로 돌아와 의대에 입학했지만 얼마 되지 않아 퇴학당하고 만다. 의대 학우가 가르쳐 준 대로 엑스레이 필름에 금지된 재즈 음악을 녹음하여 다른 친구들에게 배포했기 때문이었다. 퇴학당한 후 악쇼노프는 뻬쩨르부르그에 있는 의대에 다시 입학했고, 1956년이 되어서야 졸업을 했다.

대학 졸업 후, 악쇼노프는 검역소의 의사로 일했다. 얼마 후, 오네가 섬으로 보내져 가정의로 일하기도 했다. 결혼 전까지 그의 삶은 떠돌이와 다를 바 없었다. 그러다가 모스끄바 출신인 끼라와 결혼하게 되면서 생활의 안정을 찾을 수 있었다. 결혼과 동시에 모스끄바로 이주를 했고, 그곳에서 결핵 치료 전문의로 일하기 시작했다. 다음은 악쇼노프가 그때 당시를 회상한 내용이다.

> "우리는 모스끄바의 메뜨로스뜨로옙스까야 거리에 있는 공동주택에 살았었다. 그곳은 긴 복도를 사이에 두고 양편으로 방이 있고, 방마다 다른 가족들이 사는 전형적인 꼬무날까였다. 물론 화장실과 부엌은 하나였다. 화장실을 가려면 언제나 줄을 서야 했고, 부엌은 늘 어수선했다. 화장실에 가는 대신 양동이를 이용하는 사람도 있었다. 아내와 내가 살던 방은 아주 작았다. 가구라고는 아무것도 없었다. 우리가 사는 꼬무날까에는 욕실이 없었기 때문에 아르바뜨 거리에 있는 공중목욕탕을 가야 했는데, 그곳 역시 언제나 줄을 서서 기다려야만 들어갈 수 있었다. 다행스럽게도 그때 나는 이미 책을 출간하기 시작했고, 우리 부부는 주택조합에 가입할 수 있었다. 덕분에 1962년이 되어 우리는 드디어 방 2개가 있는 아파트로 이사할 수 있었다." 〈이즈베스찌야〉Известия, 2005년 2월 18일

악쇼노프는 1959년 〈유노스찌〉Юность 잡지를 통해 첫 번째 단편을 발표한다. 그러나 문단의 주목을 받기 시작한 것은 이듬해 발표한 『동료』Коллеги, 1960 때문이었다. 『동료』는 의대를 졸업한 세 주인공의 삶을 묘사한 작품으로 전기적 색채가 농후한 작품이다. 이어서 발표한 『별나라 여행』Звёздный билет, 1961 은 더욱 큰 주목을 받았다. 이 작품에 대한 비평이 600편에 이를 정도였다. 하지만 불행하게도 그 비평의 대부분은 호의적인 것이 아니었다. 작품의 내용을 두고, 악쇼노프를 사상적으로 비난하거나 작품성을 폄하하는 내용이 주를 이루고 있었다. 오직 유리 본다레프Ю. Бондарев[1]만이 악쇼노프의 인물들이 보여주는 참신함을 높이 평가한 유일한 사람이었다.

악쇼노프의 작품에 등장하는 인물들, 즉 젊은 세대를 대변하는 주인공들은 마치 화성에서 온 사람들인 양, 기존의 소비에뜨 문학에서 만날 수 없었던 생소하고도 이질적인 삶을 살고 있다. 그들은 아방가르드적인 음악과 그림을 좋아하고, 독특하고 개성 있는 옷을 입는다. 그리고 일상어와 속어를 혼합한 자신들만의 은어로 대화한다. 독일 출신의 슬라브어문학자, 볼프강 까자끄B. Казак[2]는 악쇼노프의 작품에 등장하는 젊은 세대의 주인공들은 '장밋빛 미래'를 꿈꾸는 사회주의 이상과는 그 어떤 공통적인 정서도 찾을 수 없는 '반항아'들이라고 규정한 바 있다. 그런 만큼 사회주의 비평가들에게 악쇼노프의 소설은 퇴폐적이고 반反소비에뜨적인 문학이 아닐 수 없었다. 이후 발표되는 거의 모든 작품으로 인해 이러한 갈등은 더욱 첨예하게 부각되었으며, 악쇼노프는 온갖 추문을 견뎌야 했다.

1962년 잡지 〈유노스찌〉에 발표된 『모로코 산産 오렌지』Апельсины из Марокко는 편집인에 의해 대폭 수정된 후 게재된 작품이다. 이뿐만 아니라 〈유노스찌〉의 편집주간은 잡지가 폐간될지도 모른다는 두려움에 당 고위 간부의 비위를 맞추기 위해 악쇼노프에게 일종의 '반성문'을 쓰라고 간곡히 부탁한다. 악쇼노프는 그들의 부탁을 냉정하게 거절할 수 없었다. 그의 반성문은 1963년 〈쁘라브다〉Правда지에 게재된다. 물론 대부분 사람들은 그 글의 내용을 믿지 않았다. 당시 잡지 〈옥짜브르〉Октябрь의 편집장을 맡고 있었던 브세볼로드 꼬체또프B. Кочетов[3]는 악쇼노프의 반성문을 놓고 다음과 같이 비꼬았다.

> "악쇼노프의 글 곳곳에서는 극도의 오만함이 묻어난다. 그 오만함으로 그는 허상의 인물들을 실제의 노동자들과 대치시키는 어이없는 소설을 쓸 수 있었을 것이다."

한편 흐루쇼프가 서기장이 된 후 악쇼노프의 아버지는 사면 복권되었고, 까잔에 있는 아파트까지 받게 된다. 아버지는 악쇼노프에게 고향으로 돌아올 것을 권유한다. 악쇼노프는 아버지의 권유에 못 이겨 까잔으로 이주하긴 했지만, 오래가지 않아 모스끄바로 다시 돌아온다. 까잔에 머무는 동안 악쇼노프가 받은 가장 깊은 인상은 완전히 폐허가 된 옛 귀족들의 영지였다.

1968년 발표된 『가득 찬 통』Затоваренная бочкотара 또한 당으로부터 엄청난 비난을 받는다. 이 작품은 반反소비에뜨 사상이 은닉된 작품으로 매도되었다. 마침내 모스끄바 작가 협회는 소비에뜨 정치에 반대하고, 권력기관들을 비판하는 글을 유포했으며, 그 글들이 서방에서 소비에뜨를 비방하는데 악용되는 것을 방관했다는 죄목을 악쇼노프의 신상기록 명세서에 써넣었다[4].

하지만 악쇼노프는 볼셰비끼 정권을 찬양하는 작품을 쓰기도 한 작가이다. 대표적인 예로 '열정적인 혁명가들' 이라는 시리즈에 속한 『전기電氣에 대한 사랑』Любовь к электричеству을 들 수 있다. 이 글은 레오니드 끄라신Л. Красин[5]에 관한 일종의 전기다. 이 작품에서 악쇼노프는 끄라신이 러시아 사회민주노동당의 핵심 재정위원이었던 사바 모로조프С. Морозов[6]의 살해와 관련이 있다는 공공연한 사실에 대하여 전혀 언급하지 않았던 것이다.

1978년에 발표된 작품 『장르를 찾아서』В поисках жанра는 비평가들로부터 매우 혁신적인 작품이라는 평을 받기도 했다. 그런가 하면 드미뜨리 사모일로프Д. Самойлов[7]는 리디야 추꼽스까야Л. Чуковская[8]에게 보낸 편지에서 다음과 같이 말하고 있기도 하다.

> "이 소설은 읽어볼 가치도 없는 작품이다. 한마디로 기분 나쁜 소설이다. 행간마다 무엇인가 암시하고 있는 듯하지만, 그 암시하는 바를 모르는 독자를 그저 바보 멍청이로 만들 뿐이다. 고로 나는 바보가 되었다. 아무 것도 이해할 수 없었기 때문이다." 〈즈나먀〉Знамя, 2003년 5호

그 어떤 작품보다도 악쇼노프를 유명하게 만든 작품은 『화상火傷』Ожог, 1975일 것이다. 1977년 비밀경찰들이 악쇼노프를 찾아왔다. 그들은 『화상』의 주요 내용이 무엇인지 이미 정보를 입수하고, 출판을 저지하려는 의도에서 찾아온 것이다. 비밀경찰들은 『화상』의 출판을 감행할 경우, 신변에 좋지 않은

일이 생길 것이라는 경고를 했다. 『화상』은 1960년대와 70년대의 소비에뜨 연방을 중요한 시간적, 공간적 배경으로 하고 있다. 그 배경 속에 악쇼노프가 청년기를 보냈던 마가단의 자연 풍경과 스딸린의 억압정치, 흐루쇼프 시대의 해빙기, 1968년 체코 프라하의 봄, 제정 시대의 혁명적 사건 등과 관련한 이야기들이 촘촘히 서술되어 있다. 이런 가운데 권력의 위선과 당대 사회의 기회주의적 속성을 신랄하게 폭로하고 있다. 이런 이유로 많은 사람이 소비에뜨 연방에서 『화상』이 출간되면 대단한 폭풍이 일 것이라고 예상했다.

1979년 악쇼노프는 '메뜨로뽈' Метрополь이라는 선집의 발간에 참여한다. 그리고 이 문집에 사후 세계에 대한 문제를 다룬 희곡, 『4가지 기질』Четыре темперамента을 게재한다. 악쇼노프는 이 선집의 발간을 통해 당시 문학계에서 거의 전횡에 가까운 권력을 누리고 있었던 '농촌문학' 에 맞서 '도시의 삶', '서구의 삶' 을 보여주고 싶다고 말했지만, 많은 비평가들은 악쇼노프가 이 잡지를 통해 서구의 관심을 끌어모으고, 망명의 발판을 마련하고자 했던 것이라고 평가한다. 실제로 악쇼노프는 1980년 2월 22일 두 번째 아내, 마이야 아파나시예브나М. Афанасьевна와 함께 미국으로 떠난다. 캘리포니아 대학에 있는 지인의 초청이 있었기 때문이다. 뻬레젤끼노에 있는 별장은 아들에게 남겨두고, 악쇼노프는 2년간 미국에 머물렀다. 그리고 1981년 그는 자신이 소비에뜨 시민권을 상실했음을 통보받는다.

미국에서 악쇼노프는 『화상』과 『끄림섬』Остров Крым을 출간한다. 이와 동시에 『계란 노른자』Желток яйца, 1989라는 작품을 영어로 쓰기 시작했다. 이 작품은 나중에 악쇼노프 자신에 의해 러시아어로 번역되었다.

미국에서 집필한 작품 중 가장 큰 주목을 받은 작품은 『모스끄바 사가』이다. 이 작품은 미국이 아니라 프랑스에서 처음 출간되었다. 이때 2만 부가 발행되었는데, 작가가 외국인이라는 것을 고려할 때 그 발행부수는 적지 않은 것이었다. 애초에 이 작품은 미국 TV 방송을 통해 상영될 것을 전제로 쓰기 시작한 작품이었다. 하지만 여러 가지 상황 때문에 실현되지 못했다. 이후 『모스끄바 사가』는 2004년 드미뜨리 바르셉스끼Д. Барщевский[9]가 감독을 맡아,

22편의 드라마로 만들어져 러시아에서 상연된다. 이 작품은 소비에뜨 시대, 모스끄바의 인텔리를 대표하는 그라도프 가족의 가족사, 삶의 일대기라고 할 수 있으며, 구체적으로 1920년 초부터 1950년까지에 이르는 스딸린 집권 시기를 시간적 배경으로 하여 한 가족의 고된 삶의 역경과 애환, 생존의 드라마를 기록하고 있다. 삼부작으로 나뉘어 출간된 이 작품의 1부 제목은 '겨울 세대' Поколение зимы 로 20~30년대 소비에뜨 연방을, 2부는 '전쟁과 감옥' Война и тюрьма 으로 대大조국전쟁, 즉 2차 세계대전 당시를, 3부는 '감옥과 평화' Тюрьма и мир 로 전쟁 이후의 시기를 시간적 배경으로 하고 있다.

이 외에 악쇼노프의 주요 작품으로는 자신의 망명생활을 주요 모티브로 삼은 『새로운 달콤한 스타일』Новый сладостный стиль, 1998, 환상과 그로테스크한 요소가 짙게 깔린 『황제의 원광』Кесарево свечение, 2000, 예까쩨리나 2세가 황제의 자리에 오르던 1764년을 시간적 배경으로 60년대 소비에뜨 인들의 행적을 그린 『볼테르주의자들』 등이 있으며, 신화적 요소를 이용하여 스딸린과 그의 권력을 풍자한 『모스끄바 끄바-끄바』Москва Ква-Ква, 2006 가 있다.

악쇼노프는 2009년 뇌졸중으로 쓰러져 투병 중 사망했다. 그의 마지막 작품은 『은밀한 열정. 60년대 세대에 관한 소설』 Таинственная страсть. Роман о шестидесятниках 이다. 이 작품은 자전적 경향의 소설로 소비에뜨 문학의 영웅들이 그 주인공이다.

01) 유리 본다레프(1924~): 소비에뜨 작가. 레닌 훈장과 두 번에 걸쳐 소비에뜨 국가 훈장을 받았다. 작품으로는 『뜨거운 눈雪』Горячий снег, 1964, 『유혹』Искушение, 1991 등의 장편과 중편 『친척들』Родственники, 1969이 있다. 가장 최근의 작품으로 장편 『자비의 실종』Без милосердия, 2004이 있다. 2001년부터 러시아학술원 산하 교육학 연구소에서 출간하는 〈교육의 세계－세계의 교육〉Мир образования – образование в мире이라는 저널의 편집위원으로 일하고 있다.

02) 볼프강 까자끄(1927~2003): 독일출신의 슬라브어문학 연구자로서 러시아의 많은 문학작품을 독일어로 번역하였다. 대표적 저서로 『20세기 러시아 문학사전』Лексикон русской литературы XX века이 있다.

03) 브세볼로드 꼬체또프(1912~1973): 전형적인 사회주의 리얼리즘 소설을 쓴 작가이다. 조선소 노동자들의 삶을 그린 『쥬르빈가의 삶』Журбины, 1952 으로 사회주의 리얼리즘 작가로서의 명성과 권위를 인정받았으며, 또 다른 소설 『예로쇼프 가家의 형제들』Братья Ершовы, 1958 은 두진쩨프В. Дудинцев의 『빵만으로 살 수 없다』Не хлебом единым에 대한 안티 소설이라 할 수 있다. 마지막 작품인 『원하는 것이 도대체 뭡니까?』Чего же ты хочешь? 1969에서는 서구 문화의 퇴폐성을 통렬하게 비판하고, 전형적인 스딸린 우상화의 일면을 보이고 있다. 1973년 자살로 생을 마감했다.

04) 우리나라의 호적에 전과 기록이 남는 것과 같은 것이다.

05) 레오니드 끄라신(1870~1926): 1903년부터 러시아 사회민주노동당 중앙위원회 위원을 지냈다. 1905년 중앙위원회 산하 무기기술개발팀을 이끌었으며, 당의 자금문제를 담당하였다.

06) 사바 모로조프(1862~1905): 러시아 기업인이자 예술 후원자. 모스끄바 예술극장에 많은 후원을 하였으며, 사회민주당 신문 〈이스끄라〉Искра의 발행을 지원하기도 했다. 자신의 공장에서 금서를 인쇄하도록 돕고, 볼셰비끼 당원을 숨겨주기도 했으며, 고리끼, 끄라신과 돈독한 사이였다. 1905년 프랑스 칸의 한 호텔에서 가슴에 총상을 입고 죽은 채로 발견됐다. 시신 옆에 "내 죽음에 대하여 누구도 비난하지 마라."라는 내용이 적힌 쪽지가 남겨져 있었다. 사인은 자살로 종결되었지만, 그의 죽음과 관련한 많은 의혹이 제기되었다.

07) 드미뜨리 사모일로프(1920~1990): 시인이자 번역가. 최초의 시집은 『정겨운 나라들』Ближние страны, 1958, 마지막 시집으로 『언덕 너머에서 들려오는 함성』Голоса за холмами, 1985이 있다. 음유시인 스똘랴로프В. Столяров가 부른 '경기병의 노래'는 사모일로프의 시에 곡을 붙인 것이다.

08) 리디야 추꼽스까야(1907~1966): 꼬르네이 추꼽스끼К. Чуковский의 딸이다. 시인이자 동화작가이며 비평가. 대표적인 동화로 『볼가에서』На Волге, 1931, 『따라스 셰첸꼬 이야기』Повесть о Тарасе Шевченко, 1930 등이 있고, 시집 『죽음을 향하여』По эту сторону смерти, 1978는 전 생애에 걸쳐 쓴 시모음집이다. 회상록으로 『유년의 기억. 추꼽스끼에 대한 회상』Памяти детства Воспоминания о Корнее Чуковском, 1989 이 있다.

09) 드미뜨리 바르셉스끼(1945~): 악쇼노프의 소설 외에도 아나똘리 리바꼬프А. Рыбаков의 소설 『무거운 모래』Тяжелый песок를 드라마로 만들었다.

지식인을 위한 추리소설의 종결자

02 :: 보리스 아꾸닌
Борис Акунин

보리스 아꾸닌은 현재 러시아에서 가장 유명한 베스트셀러 작가 중의 한 사람이다. 그의 소설은 러시아에서 11만 부 이상 팔리는 경이로운 기록을 세웠으며, 30여 개국 이상의 언어로 번역되기도 했다. 특히 영국, 독일, 폴란드의 독자들로부터 아꾸닌의 작품은 뜨거운 호응을 얻고 있다. 미국의 〈포브스〉 지에는 그의 연간 소득이 2백만 달러는 족히 될 것이라는 추측기사가 실리기도 했다. 현재 아꾸닌에게 필적할만한 수입을 올리는 작가로는 돈쪼바Д. Донцова가 가장 유력하다.

아꾸닌의 본명은 그리고리 샬보비치 치하르찌쉬빌리Григорий Шалвович Чхартишвили이다. 그는 1956년 5월 20일 그루지야의 제스따폰이라는 도시에서 태어났다. 부친은 직업군인이었고, 모친은 러시아어와 문학을 가르치는 선생님이었다. 소설가를 직업으로 선택한 특별한 동기를 아꾸닌은 다음과 같이 말했다.

> "어린 시절 우연히 가부끼 극장에 대한 붉은 표지의 책을 읽게 되었다. 그 책을 통해 전혀 알지 못했던 이국적인 삶을 알게 되었고, 그 이국적 삶에 대한 호기심은 대학에서 동방학을 전공하게 한 결정적 요인으로 작용했다."

1979년 아꾸닌은 일본학 전공으로 학위를 받았다. 졸업 후 7년간 아꾸닌은 '루스끼 야지끄' Русский язык 출판사에서 일본의 학술 서적 편집자로 일했고, 동시에 미시마 유키오와 무라카미 하루키의 소설을 러시아어로 번역 출간하면서 일본문학 전문 번역가로 알려지기 시작한다. 2001년에는 나마노 미쯔요시라는 교수와 함께 2권으로 된 『새로운 일본 산문』 Новая японская проза 이라는 저서를 출간하기도 했다. 뻬레스뜨로이까 당시 아꾸닌은 직장을 바꾸는 모험을 감행한다. '이노스뜨란나야 리쩨라뚜라' Иностранная литература 잡지사 편집부로 자리를 옮긴 것이다. 이후, 아꾸닌은 문예비평가로도 활동하기 시작한다. 그의 첫 문예평론서는 『작가와 자살』 Писатель и самоубийство, 1999 이다.
아꾸닌은 1997년부터 본격적인 창작활동을 시작하는데, 이것이 소위 '아꾸닌 프로젝트'라고 불리는 것이다. 그의 필명은 '악인惡人' 을 뜻하는 일본어에서 온 것이다. 아꾸닌은 소위 '아꾸닌 프로젝트' 에 대한 포부를 다음과 같이 밝힌 바 있다.

> "내가 '아꾸닌'이라는 필명으로 작품 활동을 기획했을 때, 무엇보다 중요했던 것은 내가 이루려고 하는 꿈이 무엇인가를 아는 것이었다. 물론 부유해지고 유명해지는 것도 중요했지만, 그것이 꿈이나 사명이 될 수는 없었다. 나는 지금까지 러시아 문학에서 존재하지 않았던 전혀 새로운 것에 도전해 보고 싶었고, 그것은 '중간 장르'의 문학을 탄생시키는 것이었다. 이는 고급문학과 저급문학이라는 이분법적 경계를 허물고 새로운 문학의 지평을 여는 것과 같은 일이었다. 나는 자유와 양심, 그리고 자존감을 상실하지 않으면서 일을 즐기는 가운데 자신에게 부여한 사명을 이루고자 했다." 〈아르구멘띠 이 팍띠〉 Аргументы и факты, 2005년 27호

그러나 '아꾸닌 프로젝트' 의 출발은 순조롭지 못했다. 14등 문관을 둘러싼 사건을 소재로 한 아꾸닌의 첫 번째 작품은 모스끄바에 있는 모든 출판사로부터 출판을 거부를 당한다. 첫째 이유는 모든 출판사가 무명 작가의 작품을

출판하는 위험부담을 감수하려고 하지 않았기 때문이다. 당시 누구도 아꾸닌이 일본문학 전문 번역가로 알려진 치하르찌쉬빌리라는 사실을 알지 못했다. 두 번째 이유는 출판사의 편집위원들이 아꾸닌의 작품에 등장하는 주인공의 박학다식함, 즉, 인텔리적 요소가 독자들로부터 호응을 얻지 못하리라 판단했기 때문이다. 그들은 대중이 더 가볍고 재미있는 책을 원한다고 믿고 있었다. 이런 상황에서 오로지 출판사 '자하로프' Захаров 만이 모든 위험부담을 안고 과감하게 아꾸닌의 작품을 출간할 것을 결정한다.

첫 번째 '아꾸닌 프로젝트'의 하나로 출간된 '에라스뜨 판도린의 모험' Приключения Эраста Фандорина 에는 8편의 장편, 2편의 중편, 1편의 단편이 속해 있다. '에라스뜨 판도린의 모험'의 첫 번째 소설로 장편 『아자젤』 Азазель 이 출간되었다. 미하일 노비꼬프 M. Новиков[10]는 이 작품을 읽고 다음과 같은 평을 했다.

> "문학의 상품적 가치에 집중하고 오직 상업적 성공에만 매달리는 작가 중에서도 나름대로 탁월한 재능을 가진 작가들이 있다. 하지만 이들은 그 재능을 상업적 성공의 도구로 이용하는데 급급하기 때문에 자신들이 쓴 작품에 스스로도 만족할 수 없다. 스스로 만족할 수 없는 작품은 대중들의 인기를 얻을 수도 없었다. 대표적인 작가로 표도르 루스찌치 Ф. Лустич[11], 레프 구르스끼 Л. Гурский[12] 등을 들 수 있을 것이다. 대중들을 열광하게 하였던 아꾸닌 또한 상업적 성공을 목표로 하는 작가들과 같은 계열의 작가로 취급될 수 있다. 그러나 아꾸닌이 다른 상업작가들과 다른 근본적인 차이는 아꾸닌 스스로 자신의 작품에 만족할 수 있었던 것이다. 아꾸닌은 현란한 기술적 능력으로 대중을 기만하는 글을 쓰기보다 자신이 흥미를 느낄 수 있는 소설을 쓰는데 열정을 다했다."

출간된 직후, 『아자젤』의 판매 부수는 그저 그런 수준이었다. 당시 자하로프 출판사는 대대적인 광고를 할 만한 자본력을 갖추고 있지 못했으며, 1998년 겨우 10,000부를 출판할 수 있을 정도였다. 그러나 반년도 채 지나지 않아 예기치 못한 상황이 벌어진다. 서점가는 아꾸닌의 소설을 찾는 독자들로 북적거렸고, 곧 아꾸닌의 소설은 천문학적인 판매 부수를 올린다. 이러한 현상에 대하여 정확한 이유를 설명하기는 어렵다. 하지만 유리 부이다Ю. Буйда[13]의 말은 상당한 설득력이 있다.

> "재능 있는 번역가였던 치하르찌쉬빌리는 위대한 러시아 문학을 현대 중산층의 언어로 바꾼 탁월한 능력의 소유자다. 그는 러시아 문학에 낡은 아메리카 추리 소설의 외형을 입혀 무겁고 진지한 독서를 원하는 독자들에게 내놓은 것이다. 시리즈 형태로 출간하는 기획은 독자들의 호기심을 충분히 자극할 수 있는 요소가 되었고, 인터넷이나 방송을 이용한 것 역시 시대적 변화를 민첩하게 읽어낸 놀라운 기획력이라 할 수 있다.〈젤로보이 브또르니끄〉Деловой вторник, 2001년 10월 10일

유리 부이다의 설명이 가진 타당성은 〈아르구멘띠 이 팍띠〉와의 인터뷰에서 언급된 아꾸닌의 고백으로 뒷받침되고 있다. 아꾸닌은 독자들이 자신을 알렉산드르 뒤마, 코난 도일, 로버트 스티븐스의 후계자로 여겨주기를 바란다고 말하면서, 소위 무겁고 어려운 소설을 쓴 진지한 작가들의 대열에 합류하고 싶지 않다는 심정을 고백한 바 있다.

아꾸닌에 대한 평가는 매우 다양하다. 레프 안닌스끼Л. Аннинский[14]는 "아꾸닌은 고전 문학을 승계하는 작가이다. 그의 모든 소설은 고전문학의 재구성으로 이루어진 것이라 해도 과언이 아니다."라고 평가한다. 〈뜨리부나〉Трибуна, 2002년 4월 10일 반면, 안드레이 넴제르A. Немзер[15]는 아꾸닌의 소설을 저급한 문학에 불과한 것이라고 비판하면서 레프 안닌스끼의 의견에 동의하지 않는다. 그런가 하면 아꾸닌 소설의 주인공 판도린을 제국주의 이상을 재생산하는 부정적인 인물로 보는 견해도 있다. 〈끄니쥐노예 오보즈레니예〉Книжное обозрение, 2001년 6월 4일

첨예하게 대립하는 다양한 평가와는 상관없이 아꾸닌의 소설은 외국에서 활발하게 번역되었는데, 우끄라이나에서 일어났던 출판 사기극은 아꾸닌의 명

성을 입증하는 대표적 일화라 할 수 있다. 2005년 여름 우끄라이나에서 아꾸닌을 저자로 한 『선수교체』Рокировка라는 추리소설이 발간된다. 하지만 아꾸닌은 그러한 소설을 쓴 적이 없었고, 수사결과 거대한 돈을 노린 범죄 조직에 의해 벌어진 사기극으로 밝혀졌다. 아꾸닌의 이름을 도용한 소설의 출간은 여전히 계속되고 있다고 한다.

한편 아꾸닌의 소설은 영화로도 만들어졌다. 일리야 노스꼬프И. Носков, 이고르 베로예프Е. Бероев, 올레그 멘쉬꼬프О. Меньшков와 같은 유명한 배우들이 주인공 판도린을 연기함으로써 판도린 연작 소설에 대한 대중의 관심은 더욱더 높아졌다. 심지어 소설의 주인공인 판도린이 실제 인물인 양 판도린의 이력이 신문에 소개되기도 했다.〈꼼소몰스까야 쁘라브다〉Комсомольская правда, 2003년 9월 26일

판도린의 모험을 다룬 연작 소설에 이어 아꾸닌은 '기사의 모험' Приключения магистра으로 명명된 연작 소설의 출간에 착수한다. 이 연작 소설은 『알띤-똘로바스』Алтын-толобас, 『보충교재』Внеклассное чтение 등 2부작으로 이루어져 있는데, 이 기획에서 아꾸닌은 판도린의 선조와 후예들을 언급하면서 판도린의 모험 소설이 불러일으킨 흥미진진함을 이어가고 있다.

이에 뒤따른 또 다른 연작 소설로 '벨라기야 수녀의 모험' Приключения сестры Пелагии이 있다. 이 연작 소설은 '아스뜨' АСТ출판사를 통해 출간되었다. 이 연작 소설은 앞의 두 연작 소설과 달리 고전 문학과의 상호텍스트성이 매우 짙게 나타나는 작품들이다. 이와 관련하여 이고르 스미르노프И. Смирнов는 다음과 같이 말한 바 있다.

> "벨라기야 수녀의 모험 시리즈에 해당하는 첫 번째 소설, 『벨라기야와 흰 불독』Пелагия и белый бульдог은 니꼴라이 레스꼬프Н. Лесков의 『성직자들』Соборяне, 브라운 신부에 대한 체스터톤G.K. Chesterton의 소설, 그리고 도스또옙스끼М. Достоевский의 『까라마조프가의 형제들』Братья Карамазовы이 혼합된 작품이다."〈노보예 리쩨라뚜르노예 오보즈레니예〉НЛО, 2001년 51호

이에 대하여 아꾸닌은 다음과 같이 자신의 작품을 설명한다.

> "첫 번째 소설이 레스꼬프와 도스또옙스끼의 작품과 일종의 '게임'을 벌인 것이라면, 두 번째 소설, 『벨라기야와 검은 수사』Пелагия и черный монах는 매우 다양한 작가들과 벌인 '게임'의 결과이다. 그리고 세 번째 소설, 『벨라기야와 붉은 수탉』 Пелагия и красный петух은 신약성경과 벌인 좀 더 독특한 '게임'이라 할 수 있다."〈끄니쥐노예 오보즈레니예〉2003년 3월 11일

벨라기야 수녀의 모험을 다룬 연작 소설에 이어 아꾸닌은 일본에 관심을 돌려 이국적인 정취가 묻어나는 추리소설을 기획한다. 이러한 기획에 의해 집필된 작품이 러·일 전쟁 당시를 시대적 배경으로 한 『금강 마차』Алмазная колесница이다.
마지막으로 언급해야 할 또 하나의 '아꾸닌 프로젝트'는 '장르'Жанры로 명명된다. 이 기획에 의한 소설은 '올마'ОЛМА 출판사에서 발간되었는데, 이때 당시 아꾸닌은 겨우 한 달 만에 세 편의 소설을 출간하여 세간을 놀라게 하기도 한다. 세 편의 소설은 『어린이 책』Детская книга, 『스파이 소설』Шпионский роман, 『환상소설』Фантастика 이다. 이외에 2008년에 출간된 『탐색』Квест이 있다.
연작소설 외에도 아꾸닌은 체호프A. Чехов의 『갈매기』를 각색하여 같은 제목의 소설을 출간하기도 했다. 아꾸닌의 『갈매기』는 2001년 이오시프 라이헬가우즈И. Райхельгауз 감독에 의해 '현대 희곡극장'Школа современной пьесы에서 상연되었다. 라이헬가우즈의 해석에 의하면, 아꾸닌의 『갈매기』는 체호프의 『갈매기』에서 꼰스딴찐이 왜 자살을 했는지에 대한 해답을 찾으려고 시도하고 있으며, 다른 시간, 다른 의식, 다른 장르로 쓰인 작품이다.
2004년 아꾸닌은 이전과는 조금은 색다른 작품을 발간한다. 그것은 『묘지의 역사』Кладбищенские истории이다. 이 작품은 꼴리브리Колибри 출판사를 통해 세상에 나오는데, 매우 이례적이게도 초판 발행부수가 50만 부나 되었다. 이 저서의 출간 직후, 아꾸닌은 〈이즈베스찌야〉와의 인터뷰에서 다음과 같이

말한 바 있다.

> "나는 예전부터 오래된 묘지에 관심이 많았다. 왜냐하면 묘지는 정지된 시간의 작은 섬과 같은 공간이기 때문이다. 그곳은 움직임이 전혀 없는 곳이기도 하고, 담장 너머에서 일어나는 것과는 전혀 다른 방식으로 움직임이 일어나는 곳이기도 하다. 그 묘지에서 나의 관심을 끄는 것은 유명한 사람들의 묘가 아니다. 오히려 세상에 어떤 흔적도 남기지 않았으며, 언젠가 살았던, 그러나 이제는 누구도 기억하지 못하는 사람들의 묘이다. 그래서 나에게는 '노보제비치' 보다 '스따로예 돈스꼬예' 가 비교할 수 없이 더 흥미롭다." 〈이즈베스찌야〉2004년 10월 20일

하지만 『묘지의 역사』는 뜻하지 않은 표절 시비에 휘말리게 된다. 아꾸닌이 자신의 작품을 표절했다면서 출판사와 아꾸닌을 상대로 소송을 한 사람은 스몰렌스끄 출신의 따찌야나 비껜찌예바T. Викентьева라는 작가였다. 그녀는 아꾸닌의 『묘지의 역사』가 1999년에 자신이 쓴 희곡의 제목을 도용했을 뿐만 아니라 다양한 사람들의 삶과 죽음을 다룬 내용까지도 일부 표절한 것이라고 주장했다. 이에 미화 약 1만 달러에 해당하는 손해배상과 책의 판매금지를 요구했다. 이에 대하여 아꾸닌은 전혀 받아들일 수 없다는 완강한 태도를 보였으며, 자신의 작품이 표절이 아니라는 것은 쉽게 밝힐 수 있다고 주장하고 나섰다.

표절 시비는 아꾸닌의 문학적 성과에 어떤 흠집도 낼 수 없었다. 2000년 아꾸닌은 『황제 즉위식, 혹은 로마노프 가家의 마지막 황제』Коронация, или Последний из Романовых라는 작품으로 〈네자비시마야 가제따〉Независимая газета에서 주관하는 '안티부커'Антибукер 문학상을 받았고, 2003년에는 소설 『아자젤』로 영국의 권위 있는 문학상, 'The Macallan Dagger' 를 수상하였다. 참고로 영국에서 『아자젤』은 『겨울 여제』Зимняя королева라는 제목으로 번역 출판되었다.

10) 미하일 노비꼬프(1957~2000): 〈꼬메르산뜨〉Коммерсантъ 의 논설위원으로 일했다. 문예평론가이자 시인으로도 알려졌다. 주로 보네거트의 작품에 관한 평론을 많이 썼다. 2000년 불의의 교통사고로 사망했다.

11) 표도르 루스찌치(1957~2000): 미하일 노비꼬프의 예명이다. 필명으로 출간된 작품 중 대표적인 것으로 『부드러운 살인』Убить нежно, 1996이 있다.

12) 레프 구르스끼(1962~): 본명은 로만 아르비뜨만Р. Арбитман이다. 소비에뜨 역사를 토대로 '대안 역사소설' 을 쓴 작가로 유명하다. '대통령 시리즈' 로 불리는 작품을 출간하였다. 최근 작품으로 『데니스 아나똘리예비치의 소생』Пробуждение Дениса Анатольевича, 2009 이 있다.

13) 유리 부이다(1954~): 소설가. 단편모음집 『프러시아 신부新婦』Прусская невеста, 1998 와 『돈 도미노』Дон Домино, 1994와 같은 작품으로 '러시아 부커' 숏-리스트에 오르기도 했다.

14) 레프 안닌스끼(1934~): 작가이자 문예비평가. 유명한 신문과 잡지의 주요 편집위원으로 일했으며, 30권에 달하는 저서를 집필하였다. 현재 '야스나야 뽈랴나' 문학상의 심사위원이다. 2010년 현대 문화를 다룬 『붉은 세기』Красный век 로 러시아연방이 수여하는 훈장을 받았다.

15) 안드레이 넴제르(1957~): 현재 가장 왕성한 문학비평활동을 하고있는 비평가 중의 한 사람이며 다양한 문학상의 심사위원이다. 주요 저서로 『오늘의 문학』Литературное сегодня, 1998이 있으며, 매년 그 해를 결산하는 문학비평을 『독자 일기』Дневник читателя 라는 제목으로 출간하고 있다.

03 :: 블라지미르 본다렌꼬
Владимир Бондаренко

블라지미르 본다렌꼬는 현대 러시아 문학 비평가 중에서 관점이나 성향을 가장 예측하기 어려운 비평가 중의 한 사람이다. 청년 시절부터 본다렌꼬는 전위예술가들과 두터운 친분을 맺어 왔으며, 스스로 '40년대 산문작가 세대'[16]를 대변하는 사상가로 자처해 왔다. 그러나 1990년대에 이르러서는 돌연 자유주의자들과의 관계를 청산하고 골수 보수주의 진영 작가들의 옹호자가 되었다. 최근에는 애매한 입장을 가지고 이오시프 브로드스끼 И. Бродский를 칭송하는가 하면, 반대로 쁘로하노프 А. Проханов를 높이 평가하기도 하다가 이쪽저쪽을 모두 비난하기도 한다.

블라지미르 본다렌꼬는 1946년 2월 16일 뻬뜨로자보드스끄에서 태어났다. 모친은 백해 연안 지방 출신이었고, 부친은 자뽀로쥐예의 까자끄인이다. 본다렌꼬는 2002년 발간된 회상록 『모스끄바의 까렐리야 향우회』 Карельское землячество в Москве에서 다음과 같이 유년시절을 회상하고 있다.

> "나는 두 계층으로 분류할 수 있는 사람들과 어울리며 성장했다. 한 부류는 잡초처럼 거칠게 자라는, 소위 거리의 무법자로 불리는 하층민 출신이었고, 다른 부류는 시대를 앞지르는 뻬뜨로자보드스끄의 지식인 출신이었다. 첫째 부류에

속하는 친구들의 반 이상은 유형을 가거나 감옥에 갇혔고, 때로는 거리에서 패싸움을 하다가 객사하기도 했다. 그들 중 가장 안타까운 친구는 라디쉬였다. 그는 매우 호탕하고 똑똑한 친구였다. 만일 범죄자가 되지 않았다면 무엇을 했든 유명 인사가 되었을 것이 분명하다. 그에 반해 지금은 미국에서 살고 있는 지마 빌리반은 죄를 지을 때마다 당 간부들의 인맥을 동원해 교묘히 빠져나오곤 했다. 두 친구 모두 독서광이었다. 두진쩨프의 『빵만으로 살 수 없다』Не хлебом единым 가 출간되자마자 나에게 그 작품을 소개해준 친구가 라디쉬였고, 그 책을 지역당 사무실에서 일하는 아버지 몰래 훔쳐온 사람이 지마였다."

1964년 본다렌꼬는 상뜨 뻬쩨르부르그 임산 공대의 화학과에 입학했지만 입학 후 곧 진보주의를 자처하는 학생들과 어울리면서 학업에는 전혀 신경 쓰지 않았다. 2000년 초 본다렌꼬는 자신의 대학 생활을 회상하면서 다음과 같이 말한 바 있다.

"대학 시절 나는 자유주의 그룹의 학생들과 가깝게 지내며 학식과 재능을 겸비한 진보적인 젊은 문학인들의 모임에 열성적으로 참가했고, 브로드스끼의 집에도 자주 찾아가곤 했다. 행위 미술을 주창한 예술가들[17]과 어울렸고, 줴냐 꼽뚠Ж. Ковтун이나 미하일 셉첸꼬M. Шевченко와 지하모임을 조직하기도 했으며, 전위 예술가들의 전시회를 함께 준비하기도 했다. 대학 시절 내내 친분을 맺어 왔던 사람들에 대한 평가 혹은 비판을 할 생각은 없다. 다만 그때 이미 나는 그들의 삶이 나와는 다르다는 것을 느끼고 있었다. 늦든 빠르든 자신과 다른 세계를 사는 사람들과의 관계는 부담스러워지기 마련이다. 많은 것을 잃게 된다 할지라도 결국은 자신과 동질감을 가질 수 있는 같은 세계의 사람들 곁으로 돌아가야 하는 것은 필연일 것이다."

1969년 대학을 졸업한 본다렌꼬는 모스끄바 근교, 쁘라브딘스끄에 있는 '지물紙物 중앙연구소'에서 일했다. 당시 삶에 특별한 불만이 있었던 것은 아니지만, 그의 의식 속에서 문학에 대한 열정은 사그라지지 않았다. 결국 본다렌꼬는 지물 개발과 관련한 연구를 계속하면서 1973년 고리끼 문학 대학의 비정규과정 학생으로 입학하게 된다.

1970년대 중반에 이르러 문학 비평가로 활동하기 시작하면서 본다렌꼬가 무엇보다 관심이 있었던 분야는 아방가르드 시와 현대 아동문학이었다. 그의 비평은 문단에서 진보적이고도 혁신적인 것으로 받아들여졌고, 그 결과 본다렌꼬는 고리끼 문학 대학 졸업을 1년 앞둔 시점에서 유리 그리보프Ю. Грибов[18]에 의해 주간 신문 〈리쩨라뚜르나야 러시아〉Литературная Россия 편집부에 영입된다. 3년간 〈리쩨라뚜르나야 러시아〉 편집부에서 일한 본다렌꼬는 아나똘리 아나니예프А. Ананьев[19]의 적극적인 제의로 잡지 〈옥짜브르〉로 자리를 옮겼다. 당시 아나니예프는 자신이 총애하는 본다렌꼬가 곧 정치적 스캔들에 휘말리게 될 것이라고는 전혀 예상하지 못했다. 사건은 1982년 〈세베르〉Север에 본다렌꼬가 게재한 '북방의 감추어진 언어' Сокровенное слово Севера라는 논설 때문에 일어났다. 사실 그 논설 자체는 특이할 만한 사건이나 견해를 다룬 것이 아니었다. 단지 보리스 사빈꼬프Б. Савинков, 니꼴라이 베르쟈예프 Н. Бердяев, 예브게니 자먀찐Е. Замятин, 보리스 자이쩨프Б. Зайцев의 이름을 직접적으로 거론했다는 이유만으로 검열 당국의 노여움을 사게 된 것이었다. 국가 공영 신문 〈쁘라브다〉는 연일 본다렌꼬를 신랄하게 비판하는 글을 게재했다. 이때 아나니예프는 본다렌꼬를 전혀 방어해 줄 수 없었고, 결국 본다렌꼬는 해임되었다. 〈옥짜브르〉에서 해임된 후, 본다렌꼬는 연극비평으로 관심을 돌렸다. 비정기 간행물 〈현대 드라마〉Современная драматургия의 발간을 위한 주요 임무를 담당하기도 했고, '말르이 극장' Малый театр, 고리끼 모스끄바 예술극장МХАТ им. Горького 등에서 일하기도 했다.

1970년대 말부터 본다렌꼬는 알렉산드르 쁘로하노프, 블라지미르 리추찐В. Личутин, 아나똘리 아파나시예프А. Афанасьев, 블라지미르 끄루삔В. Крупин, 루슬란 끼레예프Р. Киреев, 아나똘리 꾸르차뜨낀А. Курчаткин 등과 두터운 친분을 맺기 시작했다. 본다렌꼬는 이들이 현대 러시아 문학의 새로운 지평을 열어가는 주역들이라고 평가했다.

뻬레스뜨로이까 이후 러시아 문단은 새로운 국면을 맞이하게 된다. 보수적이고도 겁이 많은 작가들만이 중립적인 태도를 보였을 뿐, 대부분의 작가는 각자가 추구하는 문학에 따라 다양한 그룹을 형성했다. 독자적인 노선을 고집하는 작가들은 외로움을 감수해야 했다. 이때 본다렌꼬는 보수적 경향의 그룹에 합세했다. 그가 처음으로 출간한 비평서 『문학 풍속 개론』Очерки литературных нравов, 1987은 온갖 스캔들을 불러일으킬 정도로 극단적인 성향을 가지고 있었다. 특히 본다렌꼬는 다니엘 그라닌Д. Гранин 을 비롯한 몇몇 작가를 뻬레스뜨로이까의 하수인으로 규정하고 그들을 맹렬히 비난하였다. 이 덕분에 그의 첫 비평서는 '뻬레스뜨로이까의 제1의 적' 으로 불리기도 했다. 한때 본다렌꼬는 쁘로하노프가 부국장으로 있는 〈젠〉День의 논평을 맡으면서 자유주의 진영의 작가들을 마음껏 비판하기도 했다. 그러나 그것은 매우 틀에 박힌, 빈약한 내용뿐이었다.

하지만 1997년 〈젠 리쩨라뚜리〉День литературы를 창간하게 되면서 본다렌꼬의 태도는 변하게 된다. 이때 그는 더 이상 작가들의 정치적 성향이나 노선을 문제 삼지 않고 오직 문학 작품에 대한 비평을 실행한다. 그렇다고 해도 많은 작가들과의 충돌과 반목이 사라진 것은 아니다. 1998년 뾰뜨르 쁘로스꾸린П. Проскурин[20]과 발렌찐 소로낀В. Сорокин은 좌익과 우익 작가들을 구분하는 본다렌꼬의 서적 출판 계획을 알고 그에 맞서 심하게 대항하였다. 이들은 권력에 아부하는 글을 쓰고 있다고 공개적으로 본다렌꼬를 비난하였다. 이뿐만이 아니다. 2000년 초에 있었던 본다렌꼬와 유리 뽈랴꼬프Ю. Поляков[21]의 대립도 오랫동안 인구에 회자하였던 사건이었다. 본다렌꼬는 뽈랴꼬프의 부탁을 받고 그의 책 서문을 써 주었다. 그런데 얼마 후 에두아르드 리모노프Э. Лимонов가 체포되었다. 본다렌꼬는 권력 싸움에서 밀려난 가련한 작가를 석방하는 것이 자신의 임무라고 여기고, 그의 석방을 위해 뽈랴꼬프를 비롯한 유력인사들과 접촉했다. 〈리쩨라뚜르나야 가제따〉Литературная газета에 리모노프의 석방을 촉구하는 서명인 명부도 전달한다. 그럼에도 〈리쩨라뚜르나야 가제따〉의 일면에 정권을 옹호하는 논설이 실렸고, 이에 화가 난 본다렌꼬는 독설과도 같은 글로 응대했다. 본다렌꼬의 응대에 역시 화가 난 뽈랴꼬프는 인쇄소로 달려가 이미 인쇄가 끝난 자신의 책에서 본다렌꼬의 서문을 모두 찢어 버렸다고 한다.

반면 『1937년의 아이들』Дети 1937 года, 2001 을 통해 본다렌꼬는 비평가로서의 원숙한 면모와 능력을 다시 한번 보여준다. 일반적으로 러시아 지식인들에게 1937년은 스딸린의 강철 권력이 정점을 찍었던 공포의 해로 회자된다. 이 저서에서 본다렌꼬는 전혀 다른 시각으로 1937년을 해석한다. 본다렌꼬에 의하면 1937년은 보석 같은 재능을 가진 작가, 예를 들면 발렌찐 라스뿌찐В. Распутин, 블라지미르 마까닌В. Маканин, 알렉산드르 밤삘로프А. Вампилов, 안드레이 비또프А. Битов, 겐나지 쉬빨리꼬프Г. Шпаликов, 벨라 아흐마둘리나Б. Ахмадулина 등과 같은 유능한 문학인의 탄생을 가능하게 한 기회의 해였던 것이다.

이와 같이 수많은 화제와 논쟁을 불러 일으킨 본다렌꼬의 비평은 현대 러시아 작가, 특히 젊은 세대의 작가들로부터 옹호와 비난을 동시에 받고 있다. 다음은 본다렌꼬의 최근 저서 『민중의 은세기』Серебрянный век простонародья, 2004 에 대한 에르네스뜨 술따노프Э. Султанов[22]의 견해를 기술한 것이다.

> "본다렌꼬의 저서에 등장하는 인물들은 공룡과 흡사하다. 그들은 자신의 세계를 지킬 능력을 소유하고 있지도 않고, 새로운 세계에 적응할 능력도 갖추지 못했다. 급격하게 변화하는 세계의 흐름에 동참하지 못하고 구시대적 관습이나 자신만의 고립된 세계에 안주하고자 한 본다렌꼬의 인물들은 일종의 배타주의자들이라 할 수 있다. 그들은 독자의 취향을 획일화시켰던 소비에뜨 시대의 문화 독점권에 대한 향수를 가진 자들이다."〈젠 리쩨라뚜리〉2005년 2호

이에 반해, 세르게이 샤르구노프С. Шаргунов[23]는 다른 견해를 피력한다.

> "본다렌꼬의 저서는 생생한 삶의 편린들로 촘촘히 짜여 있다. 삶의 내음이 물씬

> 풍긴다. 본다렌꼬의 글에는 생생한 삶의 현장을 담아내는 진솔함이 있다. 이것은 화학적 광택에 익숙한 현대 비평가들에게는 생소한 것이다. 그의 작품은 매우 자연주의적이다. 빵과 물처럼, 그리고 창에 비친 겨울 하늘처럼, 그리고 앙상한 나뭇가지의 흔들림처럼." 〈자브뜨라〉 Завтра, 2005년 2월 16일

급격한 노선의 변화로 인해 수많은 논쟁과 화제를 불러일으키기는 했지만, 본다렌꼬는 19세기 러시아 비평의 전통과 맥을 잇는 진정한 비평가로서의 위상을 견지하고 있다. 겐나지 끄라스니꼬프 Г. Красников[24]는 본다렌꼬를 현대 러시아 비평계의 독보적인 인물로 추앙하며 다음과 같이 언급한다.

> "본다렌꼬는 비싸리온 벨린스끼 В. Белинский, 니꼴라이 도브롤류보프 Н. Добролюбов, 아뽈론 그리고리예프 А. Григорьев 가 보여준 비평적 업적을 계승한 현대 러시아 비평계의 대부이다. 세계관이나 이념이 전혀 다른 각양각색의 작가들에 대한 본다렌꼬의 독특한 비평은 물질과 소비 지상주의, 인간적 소통의 단절로 심화된 메마른 현대 사회에 단비가 될 수 있는 참다운 문학의 새로운 지평을 여는 교두보 역할을 하고 있음이 분명하다."

이미 언급된 것 외에도 본다렌꼬의 대표적인 저서로는 『정열적인 반동주의자. 세 명의 러시아 애국지사』 Пламенные реакционеры. Три лика русского патриотизма, 2003, 『러시아인이 되는 것은 어렵다』 Трудно быть русским, 2007, 『나 홀로 세대』 Поколение одиночек, 2008 등이 있다.

16) 대표적인 작가로 아나똘리 아파나시예프A. Афанасьев, 블라지미르 마까닌B. Маканин을 꼽을 수 있다.

17) 레프 누스베르그Л. Нусберг, 프란찌스꼬 인판떼Франциско Инфанте 등이다.

18) 유리 그리보프(1915~): 2차 세계대전 당시 베를린을 함락한 소련군대에서 복무하였고, 전쟁 후 군사잡지를 거쳐 〈리쩨라뚜르나야 러시아〉 편집국 부장과 주간신문 〈네젤랴〉Неделя의 편집국장을 역임했고, 소비에뜨 작가연맹의 비서관을 지냈다. 대표적인 작품으로 『베를린을 넘어 북으로』Севернее Берлина가 있다.

19) 아나똘리 아나니예프(1925~2001): 1973년부터 2001년 사망할 때까지 〈옥짜브르〉 잡지의 총책임자를 지냈다. 조국전쟁을 테마로 한 『탱크가 사각형 모양으로 돌진한다.』Танки идут ромбом, 1963 와 『예수의 그늘』Тень Иисуса, 1961 등이 있다.

20) 뾰뜨르 쁘로스꾸린(1928~2001): 소비에뜨 작가. 대표작으로 사회주의 리얼리즘 소설이라 할 수 있는 『운명』Судьба, 1972, 『너의 이름』Имя твоё, 1977 등이 있다. 후일『운명』은 영화로 만들어지기도 했다.

21) 유리 뽈랴꼬프(1954~): 〈리쩨라뚜르나야 가제따〉Литературная газета 편집국장. 대표적 작품으로 『젖먹이 염소새끼』Козлёнок в молоке, 1995, 『나는 도주를 계획했다』Замыслил я побег, 1999 등이 있다.

22) 에르네스뜨 술따노프: 2002년 국제관계대학을 졸업한 젊은 정치인이자 작가이다.

23) 세르게이 샤르구노프(1908~): 2001년에 등단했으며, 현재 러시아 신세대 작가를 대표하는 작가라 할 수 있다. 『만세』Ура, 2001 로 〈노비 미르〉가 수여하는 '데뷔' 문학상을 수상했으며, 최근 작품으로는 『조류 독감』Птичий грипп, 2008 이 있다.

24) 겐나지 끄라스니꼬프(1951~): 20년간 〈젊은 근위대〉Молодая гвардия에서 발행하는 〈시〉Поэзия의 편집자로 일했으며, 1977년 시집 『레닌 언덕』Ленинские горы으로 등단했다.

04 :: 레오니드 보로진

Леонид Бородин

레오니드 보로진이 세상의 주목을 받기 시작한 것은 극단적인 정치적 입장을 가지고 대립하고 있었던 〈나쉬 소브레멘니끄〉Наш современник 와 〈유노스찌〉Юность 잡지에 그의 글이 동시에 실리게 되면서부터이다. 보수적 정치 성향이 있는 〈나쉬 소브레멘니끄〉에는 보로진의 중편 『세 번째 진실』Третья правда 이, 그리고 자유주의 성향의 〈유노스찌〉에는 『바닷가의 여인』Женщина в море 이 게재되었다. 이 두 작품이 각 잡지에 게재되기 전까지 보로진은 일부 작가들 사이에서만 알려진 속칭 이단아 그룹에 속하는 인물이었다.

레오니드 보로진은 1938년 4월 14일 이르꾸츠끄에서 태어났다. 부친은 리뚜아니아 사람으로 리뚜아니아와 폴란드 전쟁 당시 빨치산 부대를 지휘하였다. 1924년 부친은 러시아로 도피하려 했지만 국경에서 체포되어 솔로베쯔끼 섬을 거쳐 시베리아로 유형 당했다. 그리고 1939년, 아들 보로진이 태어난 지 꼭 1년이 되던 날 사형에 처해졌다. 시베리아 원주민 출신이었던 모친은 고아원에서 선생님으로 일하다가 반동분자 가족이라는 이유로 해고되었고, 일 년간 집단 농장에서 허드렛일을 해야 했다. 모친은 1945년이 되어서야 다시 이전의 일터로 돌아갈 수 있었다.

유년시절 보로진은 항해사가 되는 것이 꿈이었지만, 1955년 경찰대학에 입학했다. 그러나 일 년 후, 이념교육에 염증을 느낀 보로진은 경찰대학을 중퇴하고, 다음 해 이르꾸츠끄 국립대학 역사학부에 다시 입학한다. 역사학부에 입학한 해부터 보로진은 러시아 역사를 새롭게 조명하는 것을 목적으로 한 '자유로운 언어' Свободное слово 라는 학생 동아리에 가담했다. 학교 지도부는 이 동아리를 반역적인 모임으로 규정하고 가담한 학생들을 퇴학시켰다. 퇴학당한 후, 보로진은 잠시 브라츠끼에 있는 수력발전소에서 일하다가 1958년 노릴리스끄로 이주했다. 그곳에서 소비에뜨 헌법 제58조에 의해 수감되었다가 출소했거나, 반역자로 낙인 찍힌 사람들의 가족들과 알게 되었다.

1962년 보로진은 울란우데에 있는 사범대학을 마치고 부랴티야 공화국의 오지 마을에 있는 작은 학교의 교장으로 일하게 된다. 이와 동시에 니꼴라이 베르쟈예프 Н. Бердяев 의 철학 사상을 연구할 목적으로 1965년 상뜨 뻬쩨르부르그 주립대학교의 박사과정에 입학했다. 일터와 학교가 너무 먼 탓에 연구에 많은 어려움을 느낀 보로진은 상뜨 뻬쩨르부르그 근교에 있는 시골학교로 일터를 옮긴다.

상뜨 뻬쩨르부르그에서 보로진은 이고르 오구르쪼프 И. Огурцов[25]와 알게 되었고, 그의 주선으로 '인민해방을 위한 전 러시아의 사회-기독교 연맹' ВСХСОН 이라는 비밀단체에 들어가게 된다. 이 단체의 궁극적인 목적은 러시아를 기독교 국가로 만드는 것이었다. 그 단체에 가입하게 되면서 보로진은 결정적인 순간에 권력을 장악할 수 있는 비밀군사조직을 만드는 것을 첫 번째 과제로 삼는다. 그러나 조직은 3년 만에 와해한다. 그리고 열성적인 조직원이었던 보로진은 헌법 제64조에 의거, 조국을 배신했다는 죄목으로 6년간의 유형 판결을 받게 된다.

보로진의 창작활동은 체포되기 전에 이미 시작되고 있었다. 이는 '인민해방을 위한 전 러시아 사회-기독교 연맹'의 지도부가 앞으로 작가들의 포섭을 위해 보로진을 소비에뜨 작가 연맹에 의도적으로 투입시킬 계획으로 그에게 제안한 것이었다. 보로진은 이를 거부하지 않았다. 보로진은 틈틈이 여러 편의 단편을 써서 지방 신문에 게재하였고, 작가 연맹에 소속된 3명의 작가로부터 추천서를 받을 수 있게 된다. 하지만, 조직이 붕괴하고 보로진이 체포되면서 모든 것이 무산되었다.

체포된 후 보로진은 감옥에서 중편소설 『재판장에서』Перед судом, 『이상한 시대의 이야기』Повесть странного времени, 『변종』Вариант 등과 같은 소설을 집필하였다. 훗날 보로진의 회상에 의하면, 그는 이 소설들을 작은 공책을 뜯어낸 낱장에 뾰족하고 가는 연필로, 그야말로 깨알 같은 글씨로 썼다고 한다. 이 소설들이 밖으로 전달될 수 있었던 것은 깨알 같은 글씨를 꼼꼼히 읽지 않은 검열관들의 직무태만 덕분이었다는 것이다. 하지만 네 번째 집필한 『기적과 슬픔의 해』Год чуда и печали라는 작품은 그 직무태만의 덕을 보지 못한 채 폐기되었고, 기억을 더듬어 다시 써야만 했다.

1973년 보로진은 자유의 몸이 되었지만, 쉽게 직장을 구할 수 없었다. 1974년 힘겹게 오차꼬보 기차역의 역무원으로 일하게 되었지만, 보로진이 비합법적인 잡지 〈베체〉Вече에 글을 기고한다는 사실을 알게 된 역장은 곧바로 그를 해고했다.

1978년 '뽀세프' Посев[26]출판사를 통해 보로진의 중편 소설 『이상한 시대의 이야기』가 출간되었다. 2년 후에는 『세 번째 진실』과 『이별』Расставание이라는 작품도 발간되었다. 이 작품으로 보로진은 1989년 이탈리아의 문학상을 받기도 했다.

1982년 보로진은 다시 체포되었다. 그의 체포 소식을 접하고 외국에서 거센 반발이 일어났다. 게오르기 블라지모프Г. Владимов[27]는 항의의 표시로 프랑스의 펜클럽에서 수여하는 문학상을 거부하기도 했다. 뻬레스뜨로이까가 본격화되면서, 정부는 보로진의 체포를 둘러싸고 외국에서 일어나는 거센 반발에 못이겨 재수사 할 것을 약속하면서, 보로진이 자필로 쓴 사면 청구서를 요구했다. 보로진은 당시 사면 청구서를 어떻게 썼는지 다음과 같이 회상한다.

"나는 그들이 원하는 사면 청구서의 형식에 맞게 쓰기를 거부했다. 그리고 이렇게 썼다. '현재 이 나라에서 일어나고 있는 변화에 나는 반대하지 않는다. 이런 상황에서 대립은 불필요하다.' 그리고 이어서 '수용소에 더 머무는 것은 의미 없는 일이다. 나에게 내려진 판결을 재고해 주기 바란다.' 라고 썼다. 나의 사면 청구서는 교묘한 계략을 감추고 있었다. 내가 불필요하다고 했던 대립은 우리 시대의 변화에 대한 것이지 정부에 반항하지 않겠다는 뜻이 아니었다. 이러한 함정을 눈치채지 못한 채, 정부의 답변은 재수사를 허락하겠다는 것이었다." 〈꼼소몰스까야 쁘라브다〉Комсомольская правда, 1990년 4월 24일

보로진은 다시 자유의 몸이 되었고, 이를 기념하기 위하여 1988년 영국의 펜클럽은 보로진을 영국으로 초청하기도 했다. 1990년, 보로진은 블라지미르 끄루삔В. Крупин[28] 덕분에 잡지 〈모스끄바〉Москва에 영입된다. 그 후 3년이 지나 보로진은 이 잡지의 총책임자가 되었다.

한편 보로진은 종종 1960년대의 수용소와 1980년대 수용소가 가진 환경의 차이점을 논하곤 했다. 그에 의하면 60년대 수용소는 물질적인 환경은 비교할 수 없이 열악했지만 자유로운 독서와 창작을 할 수 있었고, 80년대의 수용소는 환경은 나아졌을지 모르나 어떤 지적 활동, 혹은 동료 간의 소통이 더욱 철저하게 단절된 특징을 가진다고 말하면서, 80년대의 권력이 더욱더 잔혹하게 마르첸꼬Марченко와 같은 사람들을 파멸시켰다고 말한 바 있다.

보로진의 작품 중 가장 호평을 받은 것은 역사소설 『혼란한 시대의 왕비』Царица Смуты이다. 이 소설은 러시아 여제가 되기 위해 가짜 드미뜨리 1세에 이어 2세와 결혼하고, 남편이 죽자 아들을 러시아 황제로 만들 꿈을 꾸다가 감옥에서 불운하게 죽은 마리나 므니쉐끄Марина Мнишек의 일대기를 토대로 하여 쓴 작품이다. 1984년부터 집필을 시작했지만 1996년에야 탈고되었다. 작가는 이 소설의 주인공으로 역사 속의 실제 인물이었던 마리나 외에 '혼란' 을 꼽는다. 작가에 의하면 '혼란' 은 역사적이면서도 근원적인 러시아의 현실이다. 이 소설은 알렉산드르 솔제니찐А. Солженицын으로부터 극찬을 받기도 하

였다.

최근에 출간된 보로진의 작품으로는 『선택의 여지없이. 자서전적 서술』Без выбора Автобиографическое повествование, 2003, 『방문』Посещение, 2003 등이 있다.

25) 이고르 오구르쪼프(1937~): 정치, 사회 활동가. 소련의 반공산주의 비밀단체 지도자였으며 BCXCOH의 창시자이다.

26) '뽀세프'는 1945년 서독에서 창간된 잡지의 이름이기도 하다. 반소비에뜨 성향을 가진 일종의 망명 잡지라 할 수 있다. 이 잡지의 슬로건은 '신은 힘이 아니라 진실에 거한다.' Не в силе Бог, а в правде 였다.

27) 게오르기 블라지모프(1931~2003): 1983년 프랑스로 망명하였으며, 1984년부터 1986년까지 망명잡지 〈경계〉Грани의 편집장으로 일했다. 주요 작품으로는 『신의있는 루슬란』Верный Руслан, 1975, 『장군과 그의 군대』Генерал и его армия, 1994 등이 있다. 『신의있는 루슬란』은 1991년 영화로 만들어지기도 했으며, 『장군과 그의 군대』는 1995년 '러시아 부커'를 수상하였다.

28) 블라지미르 끄루삔(1941~): 환상소설 작가, 잡지 〈모스끄바〉의 편집장이었으며, 주요 작품으로는 『생수』Живая вода, 1980 가 있다.

05 :: 드미뜨리 비꼬프

Дмитрий Быков

드미뜨리 비꼬프는 1967년 2월 20일에 모스끄바에서 태어났다. 1984년 모스끄바 국립대학교 언론학부에 입학하였으며, 대학생 때 상뜨 뻬쩨르부르그 근처에서 2년간 군 복무를 했다. 제대 후 대학에 복학해서는 문학비평과로 전과해서 1991년에 졸업하였다.

〈꼬메르산뜨〉Коммерсантъ 신문의 평론가 리자 노비꼬바Л. Новикова에 따르면 드미뜨리 비꼬프Д. Быков는 러시아에서 가장 유망한 젊은 작가 30인에 포함된다. 노비꼬바는 다음과 같이 확신에 찬 어조로 비꼬프를 평가한 바 있다.

> "비꼬프는 다방면적, 종합적 문학가로서 새로운 고리끼가 될 가능성이 있다. 그의 최근 소설의 제목이 『진리』Правда, 2005 인 것도 우연이 아니며, 그는 다른 모든 젊은 작가들의 본보기가 될 수 있다. 그의 열정적인 작업은 전설이 되었다. 2004년에서 2005년에 걸친 1년 사이에만 서성석 판타지소설, 풍자적 논문집, 부인과 공저로 어린이를 위한 책 등을 발간하였다."〈꼬메르산뜨〉2005년 8월 18일

비꼬프는 처음에 시인으로서 명성을 날렸다. 1980년대 말 젊은 시인들의 그룹인 '모방주의 기사단' Орден Куртуазных Маньеристов[29]에 가입했다. 이리나 로드냔

스까야И. Роднянская는 다음과 같이 말했다.

> "'모방주의 기사단' 그룹에서 비꼬프와 친구들의 언어유희는 의의를 가진다. 도전적인 농담은 대중이 아니라, '진지한' 포스트 아방가르드를 향한 것이었다. 대중은 전혀 당황한 기색 없이 '기사단'의 시들을 사랑스럽게 즐겼다. 비꼬프와 그의 '기사단' 친구들은 마치 '우리는 운을 넣어서 경쾌하고 즐겁게 문어체로 아름답게 떠들어댈 줄 아는데, 당신들은 할 줄도 모르면서 메타포로 바빌론의 탑을 쌓고, 진부한 카드 목록들을 뒤적거리거나 장난감 경찰들을 이리저리로 움직이고 있다'라고 말하는 듯 하다."〈노비 미르〉Новый Мир, 2000년 11호

저널리스트로서 비꼬프는 1995년 4월 26일에 유명세를 탄다. 그때 경찰 기관은 비규범적인 어휘를 실었던 신문 〈마찌〉Мать의 발행에 참여했다는 명목으로 비꼬프를 체포했다. 그 후 거의 모든 자유주의 출판물에서 비꼬프의 이름을 볼 수 있었다. 여러 해에 걸쳐 그는 주간지 〈소베세드니끄〉Собеседник, 잡지 〈꼰세르바또르〉Консерватор[30], 〈오고뇨끄〉Огонёк 등에서 지도적 직책을 담당하였다.

그러나 비꼬프에게 가장 큰 영예를 가져다주었던 것은 소설이다. 비평가들에 의해 '유사 역사책' параисторическая книга이라는 명칭으로 규정된 비꼬프의 첫 번째 장편소설 『변명』Оправдание은 2001년에 발행되었다. 이 책의 주인공인 젊은 역사학자 로고프의 말을 따르면, 스딸린 테러의 희생자들은 총살당한 것이 아니라 초인超人들을 단련하던 특별 수용소로 보내졌다. 드미뜨리 올샨스끼Д. Ольшанский는 『변명』을 2000~2001년 시즌의 가장 훌륭한 10권의 책 중 한 권에 포함시키면서 다음과 같이 지적하였다.

> "이 소설은 시장의 인기를 얻으려는 어떠한 의도도 없으며 정교하면서도 치밀한 구성이 특징적인데, 오늘날에는 매우 드문 능력이라고 볼 수 있다."〈네자비시마야 가제따〉Независимая газета, 2001년 8월 10일

작가의 입장에서 보면 소설 『변명』은 제국적 분위기를 띠고 있다. 세르게이 예신С. Есин은 이 책을 흥미롭게 여기며 나름의 평가를 하였다. 2001년 일기에서 그는 다음과 같이 지적하였다.

> "『변명』은 지적이고 이성적으로 작품을 창작하는 작가들에 특징적이라고 볼 수 있는 어떤 '무익성'을 떠오르게 했다. 너무 훌륭하게 준비했고 아름다운 근육질의 구성을 가졌는데도 어쩐지 완숙되지 않고, 단지 훌륭하게 고안되고 주문된 천재적 사고만을 담고 있다. 비꼬프는 1930~1940년대 숙청에 대해 언급하면서 인텔리들, 특히 자유주의 인텔리들에게 특징적인 그런 논제들 주위에서 맴돌고 있을 뿐이다."〈나쉬 소브레멘니끄〉Наш современник, 2003년 6호

그런데 소설의 내용을 자세하게 요약해서 말한 뒤에 예신은 다음과 같이 독설적으로 지적한다.

> "작가는 사고 속에서 길을 잃어버렸고 연결성과 내적 반향이 부족하다. 그래서 텍스트가 기억에 오래 남지 않는 결과를 가져오고 말았다."

비꼬프의 다음 소설인 두 권짜리 『정자법』Орфография, 2003은 비평가 보리스 꾸지민스끼가 2002년에 출판사 '올마-쁘레스'Олма-пресс에서 해임된 원인이 됐다. 꾸지민스끼가 이 출판사의 '오리지널, A급 문학' 시리즈로 이 작품을 출간하려고 했기 때문이다. 이 작품에서 비꼬프는 1918년 정자법 개혁이라는 프리즘을 통해 러시아 인텔리들의 운명을 보여주고자 했다.

2005년 비꼬프는 자신의 세 번째 소설 『호송대원』Эвакуатор, 2005을 세상에 내놓았다. 그러나 안드레이 쇼로호프А. Шорохов를 대표로 한 애국주의 비평도, 니꼴라이 알렉산드로프Н. Александров를 중심으로 한 자유주의 비평도, 한결같이 비꼬프의 작품을 매도했다. 그 매도의 중심에는 알렉산드로프가 있었다. 그는 직접적으로 다음과 같이 지적했다.

"이 소설은 전형적인 비꼬프 스타일의 '넌센스'일 뿐이다. 어떤 특별한 유머도 없고 어떤 특별한 판타지도 발견되지 않는다. 비꼬프는 예전처럼 '공산 청년동맹'적인 유년성과 '소년단'의 쾌활함에 충실할 뿐이다. 그는 놀라울 정도로 무딘 사람이다. 그는 즉흥적 언어 분출과 판타지가 같은 것이고, '넌센스'도 문학이라고 여기는 듯싶다. 그래서 글을 쓸 뿐만 아니라, 다른 사람들을 비판적으로 바라보는 것 같다. 비꼬프는 종종 벨레르M. Веллер[31]를 빈정대고, 벨레빈B. Пелевин에게 시비를 건다."

그러나 비꼬프는 PR의 명수이다. 세 번째 소설의 운명이 아직 결정되지도 않은 상태에서, 그는 자신의 네 번째 서사 소설 『철도』Ж/Д, 2006에 대한 소문을 퍼뜨렸다. 얀 쉔끄만Я.Шенкман과의 인터뷰에서 비꼬프는, "이 책이 나오면 나를 러시아 혐오자 또는 유태인 혐오자로 분류하게 될까봐 이 책을 출판인들에게 넘기기가 두렵다."라고 에둘러서 말했다. 비꼬프는 자신의 네 번째 소설에 관해 다음과 같이 언급했다.

"이 소설은 러시아와 유태인 간에 벌어진 전쟁 시기에 관한 이야기를 네 개의 긴밀한 사건들로 엮은 것이다. 첫 번째는 휴가를 나온 어느 장병이 전선에서 여자 친구한테 가는 이야기다. 또 다른 사건은 전쟁의 무의미함을 깨달은 장교가 자신의 부대를 데리고 전쟁에서 이탈한다는 내용이다. 세 번째 이야기는 어느 러시아 주지사가 자신의 원주민 정부情婦와 함께 추적을 피해 도망간다는 내용이다. 네 번째 사건은 어느 소녀가 원주민 대표를 구출하는 내용으로 이뤄져 있다. 모두가 도망과 관련된 내용이다.

또한 비꼬프는 얀 쉔끄만과의 인터뷰에서 이렇게 주장했다.

민족을 결속시킬 수 있는 유일한 신앙이나 사상은 존재하지 않는다는 것이 이 소설의 주제다. 왜냐하면 민족은 하나가 아니기 때문이다. 그래서 유일한 민족 사상이나 유일한 목적은 있을 수 없다. 그래서 모든 혁명은 피할 수 없이 자멸하게 된다. 이 문제는 영토적 분할로 해결될 수는 없지만, 대신 신앙적으로 해결될 수 있다. 한때 모든 민족을 '소비에뜨'라는 유일 신앙으로 묶으려는 시도가 있었다. 하지만 그 소비에뜨 신앙은 70년 동안 작동하다가 멈춰버렸다. 나는 우랄 산맥을 기준으로 러시아를 분할하자는 사상을 오랫동안 견지했다. 체코슬로바키아 방안이 그렇다. 이쪽은 체코, 저쪽은 슬로바키아. 자유주의자들은 이쪽, 보수주의자들은 저쪽이다. 주민들의 주업主業이 한 지역에서 다른 지역으로 왔다갔다한다는 것을 나중에서야 깨닫게 되었다."〈Ex libris НГ〉2005년 10월 6일

모스끄바 국립대학교에서 획득한 문학 비평가라는 자신의 첫 번째 직함을 절대 잊어버리지 않는다는 점에서 비꼬프의 행보를 높이 살 수 있다. 그의 분석들이 혹독한 성격을 띠는 것도 사실이다. 그렇다고 해서 그가 내린 모든 평가들에 대해 동의할 수만은 없다. 대신에 그는 지루한 논문을 쓰진 않는다.

2005년 비꼬프는 '위대한 사람들의 인생' 시리즈로 보리스 빠스쩨르나끄Б. Пастернак의 실제 전기를 내놓으면서 전기 작가와 문학 이론가라는 새로운 영역의 길로 들어섰다. 이 책에서 비꼬프는 자신의 우상인 빠스쩨르나끄에 대해 일반적으로 알려진 많은 생각들을 반박하였다. 예를 들어, 그는 빠스쩨르나끄를 현실과의 모든 관계를 상실했던 어떤 유치한 천재로 묘사하는 학자들의 의견에 동의하지 않는다. 어느 한 인터뷰에서 비꼬프가 다음과 같이 지적했던 것은 우연이 아니다.

"빠스쩨르나끄가 자신의 현실을 이해하지 못하는 돌발적인 낭만주의자라고 생각하는 것은 니나 베르베로바Н. Берберова[32]로부터 나온 것이다. 그녀의 추측은 다음과 같다. 빠스쩨르나끄는 자신을 인식하지 못한다. 그런 부분에 대해서 나는 동의한다. 빠스쩨르나끄는 자신이 어떤 식으로 글을 쓰고 있으며, 창작 메커니즘이 어떤 것인지 충분히 알지 못했기에 이 주제에 대해 특별히 반응하지 않았다. 그 이유는 간단하다. 그는 자신을 신뢰하였기에 자료들을 근거로 하지 않

았다. 유치함에 대한 비난 역시 근거가 없다. 과연 어떤 것을 성숙함이라고 부를 수 있단 말인가? 성숙함이란 우선은 현실에 적합하게 적응하는 능력이다. 빠스쩨르나끄는 성숙함이라는 용어를 그렇게 이해했던 것이고, 그의 적응 능력에 대해 의심을 품을 수 없을 정도로 빠스쩨르나끄는 용의주도하게 행동했다." 〈Ex libris HГ〉2005년 10월 6일

빠스쩨르나끄 이후 비꼬프는 불라뜨 오꾸좌바Б. Окуджава의 전기 집필에 착수했다.

비꼬프가 너무 정치화된 작가라는 평가도 있다. 살띠꼬프 쉐드린Салтыков-Щедрин과 막심 고리끼М. Горький 식의 동화로 위장한 정치적 팸플릿 『뿌찐은 어떻게 미국 대통령이 되었는가』Как Путин стал президентом США, 2005 와 막심 체르따노프М. Чертанов와 공저한 악한 소설 『진리』Правда가 그렇다.

그 중 『뿌찐은 어떻게 미국 대통령이 되었는가』라는 책은 2002년에 완성됐다. 초고가 수십 개의 출판사들을 거쳐 갔다. 어느 출판사에선 조판까지 준비했고, 또 다른 출판사에서는 화가가 겉표지를 만들기도 했었다. 그러나 조판 원본을 인쇄소에 넘기려는 단계에서 발행인들은 갑자기 계획을 바꿔 출판을 거부하기 시작했다. 2005년에서야 쌍뜨 뻬쩨르부르그의 출판사 '암포라'Амфора가 용기를 발휘하여 출판을 결정했다. 얀 쉔끄만은 그 후 이 책을 다음과 같이 특징 지웠다.

"비꼬프의 주제들은 정치에 대한 우리들의 높은 기대와 깊은 절망이 공존했던 시기와 관련된 것들이다. 쉐드린의 발자취를 추종했던 비꼬프지만, 짜르는 바보, 고관들은 도둑, 민중은 불행한 사람들이라는 것을 증명하는 것으로 자신의 소설을 한계 짓지는 않았다. 세부 묘사도 충실히 제공하고 있다. 비꼬프는 자신의 책에 "권력이란 왼쪽과 오른쪽 장화를 꿰매 만드는 것과 같은 부담을 가지는 것 같다. 왜냐하면 장화란 양쪽이 서로 다른 모형지를 본떠 만들어진 것이기 때문이다. 이것은 이중 작업이다. 그런데 지금의 장화들은 모두 하나의 평균화

> 된 모형에 따라 만들어졌다. 그래서 장화들은 자신만의 정치적 확신을 상실하게 되었다."라는 글귀를 적어놓았다. 비꼬프가 이솝우화적 언어와 동화적 형식에 의존했다는 사실도 많은 것을 이야기해준다."〈Ex libris НГ〉2005년 9월 8일

비꼬프는 체르따노프와 공저한 『진리』에 세 개의 장과 텍스트에 대한 전반적 요약을 포함시켰다. 이에 대해 비꼬프는 이렇게 언급한다.

> "막심 체르따노프의 명예에 빌붙고 싶진 않지만, 내 생각에 이것은 상당히 진지한 역사철학적 작품이다. 역사 속 개인의 역할에 대한, 개인의 무력과 사건들의 소용돌이에 대한 소설이다. 이 주제를 가장 잘 보여주는 일화는 레닌이 대중 앞에 나와서 '4월 테제' 대신에 다음과 같이 말하는 장면이다. "우리는 모두 맥주를 좋아합니다!" 열광한 대중은 그의 손을 붙들고 겨울 궁전을 쳐부수러 간다…"〈Ex libris НГ〉2005년 10월 6일

많은 비평가들이 『뿌찐은 어떻게 미국 대통령이 되었는가』와 『진리』를 비꼬프의 가장 훌륭한 작품이라고 평한다.

비꼬프가 시도했던 '학술적 대중 문학' 이라는 또 다른 장르에도 주목할 필요가 있다. 2001년 그는 부인 이리나 루끼야노바И. Лукьянова와 함께 『작은 동물들의 세계』В мире животиков, 2005를 집필했는데, 교사들에게 이 책을 동물학에 관한 보충 교재로 삼자고 제안하기도 했다.

물론 비꼬프와 같은 그런 멀티 플레이어들은 항상 많은 논쟁을 불러일으킨다. 비판자들이 무엇을 얘기할지는 분명했다. 그러나 가장 예기치 못한 평가는 주변의 지인들로부터 시작되었다. 비평가와 소설가를 겸업하고 있는 노비꼬프В.Новиков[33] 부부가 〈리쩨라뚜르나야 가제따〉Литературная газета, 2000년 30-31호에 게재한 기사 '개념없이 살고 싶다' Не хотим жить по понятиям가 그런 평가에 속한다. 이 부부는 비꼬프에 대해 다음과 같이 지적하면서, 흥미로운 사실을 알려준다.

"우리 중 가장 활기찬 지마 비꼬프[34]라는 인물이 있다. 그는 자연 자체에 의해 창조된 인물이며, 가능한 모든 장르에서 창작하는 종합적 프로다. 시와 사회평론에서는 자기 자신과 동일한 모습을 보인다. 그러나 소설에서는 자신의 커다란 얼굴에 꽉 끼는 가면을 쓰곤 한다. 때로는 스딸린 테러의 역사학자의 가면을 쓰고, 혁명 시대에는 체호프라는 우스운 성을 가진 저널리스트의 가면을 쓰기도 하며, 또 때로는 사랑에 빠진 외계인의 가면을 쓰기도 한다. 그는 우리가 살아가는 시공간의 영웅이다. 자화상은 아직 없다. 그러나 박스트Бакст는 레비딴Левитан을, 소모프Сомов는 오스뜨로우모바Остроумова[35]를 그리지 않았는가. 꾸스또지예프Кустодиев는 심지어 예술가 집단 전체를 그렸다. 이렇듯 우리 중에 한 사람은 도저히 참을 수가 없었고, 소설 『세 동무, 아가샤, 노인』Три товарища, Агаша, старик에서 우리의 젊은 동료작가와 상당히 비슷한 등장인물 미짜Митя를 등장시켰다. 그 젊은 작가가 과연 이 등장인물의 원형일까? 비꼬프와 그 젊은 작가 모두 서로 접촉을 피하기 시작했다. 직접적으로 해명하지도 않았다. 일단 피하고 보자는 심산일까? 끝까지 밝혀보는 것도 흥미로울 것이다. 결투까지 가도 좋다. 우리의 무기는 말言이다. 비꼬프도 우리[36]를 상대로 한 훌륭한 패러디물인 『엄격한 올랴』Строгая Оля, 『뛰어내리기』Соскок 등을 썼다. 이제는 서로의 사적인 관계도 밝혀야 한다는 말인가?"

어쩌면 노비꼬프 부부의 말처럼 적나라하게 작가들의 사적인 관계를 토대로 작품을 쓰는 것이 현대 러시아 문학에서 유행되었을 지도 모른다.

29) 1980년대에 형성된 러시아 시인 단체로 1988년 12월 22일에 공식 등록하였다. 이 단체의 첫 번째 시선집 『사랑의 요술 독약』Волшебный яд любви, 1989 에는 바짐 스쩨빤쪼프В.Степанцов, 알렉산드르 바르도짐А.Бардодым, 꼰스딴찐 그리고리예프К. Григорьев, 빅또르 펠레냐그르В.Пеленягр, 안드레이 도브리닌А.Добрынин, 드미뜨리 비꼬프Д.Быков의 작품들이 수록되었다. 기사 풍으로 저작된 시들은 시니컬한 유머를 담은 고상함이 특징이다.

30) 이 잡지는 〈옵샤야 가제따〉Общая газета를 대신해서 발간되었다.

31) 미하일 벨레르(1948~): 우끄라이나 공화국의 까메네츠-포돌스끼에서 출생하였고, 러시아 펜클럽 회원으로 다수의 문학상을 받았다. 작품으로는 『거창한 랑데뷰』Рандеву со знаменитостью, 1990, 『즈뱌긴 소령의 모험』Приключения майора Звягина, 1991, 『소설』Романы, 2003, 『마흐노』Махно, 2007 등이 있고, 모스끄바에서 거주하고 있다.

32) 니나 베르베로바(1901~1993): 러시아의 여류작가. 러시아 프리메이슨 운동의 역사학자. 아버지는 아르메니아 인이었고, 어머니는 러시아 귀족 출신이었다. 1921년 첫 시집이 발표되면서 뻬뜨로그라드의 시인들과 교류하였다. 1922년 망명하였다. 첫 남편인 호다세예비치В. Ходасевич와 독일, 이탈리아, 파리 등에서 거주하였으나, 1932년 이혼하였다. 신문 〈뽀슬레드니예 노보스찌〉Последние новости에서 일하였다. 제2차 세계대전 중에 프랑스에 있었고, 1947년 두 번째 남편인 마께예프Н.Макеев와 이혼한 뒤로 1950년 미국으로 건너갔다. 미국 예일대와 프린스톤 대학교에서 강의했으며, 1989년 구 소련을 방문하여 모스끄바와 상뜨 뻬쩨르부르그의 문인들과 교류하였다. 1993년 필라델피아에서 사망하였다. 대표작으로는 망명생활을 다룬 『처음이자 마지막』Последние и первые, 1930, 『알렉산드르 블록과 그의 시대』Александр Блок и его время, 1947, 『차이꼽스끼. 고독한 인생사』Чайковский.История одинокой жизни, 1936, 자서전으로는 『이탤릭체 강조-필자』Курсив мой, 1972 등이 있다.

33) 블라지미르 노비꼬프(1948~): 모스끄바 국립대학교를 졸업하였고 여러 잡지에 비평서를 발표하면서 왕성한 비평 활동을 하고 있다. 작가인 올가 노비꼬바와 결혼하였다.

34) 지마는 블라지미르의 애칭으로, 여기서는 블라지미르 비꼬프를 일컫는 것이다.

35) 19세기 러시아의 '이동파' 화가들로서 비판적 리얼리즘의 영향을 받아, 민중들의 다양한 삶을 주제로 한 풍속화와 러시아 자연의 아름다움과 삶의 철학을 반영한 풍경화를 많이 그렸다.

36) 여기서 '우리'는 노비꼬프 부부(블라지미르 노비꼬프, 올가 노비꼬프) 자신들을 일컫는다.

06. 스베뜰라나 바실렌꼬

Светлана Василенко

스베뜰라나 바실렌꼬는 90년대 이후 러시아 문학이나 사회, 문화 전 영역에 걸쳐 주요 화두로 부상한 페미니즘과 밀접한 관련이 있는 작가다. 바실렌꼬는 문학에서뿐만 아니라 예술 각 영역에서 활동하는 여성주의자들의 정신적 지주라고 할 수 있다.

스베뜰라나 바실렌꼬는 1956년 1월 24일 까뿌스찐 야르에서 태어났고 유년시절을 그곳에서 보냈다. 바실렌꼬가 태어나고 자란 까뿌스찐 야르는 로켓을 만드는 군사도시였다. 그곳에선 외부와의 왕래가 철저하게 제한되어 있었고, 그 도시를 들고나려면 반드시 통행증이 있어야만 했다. 이러한 도시에서 유년시절을 보낸 바실렌꼬는 자신의 유년시절을 다음과 같이 회상한 바 있다.

> "지금도 나는 '카리브 해 위기' Карибский кризис[37]가 일어났던 때를 선명하게 기억한다. 아버지는 거의 집에 들어오지 않았고, 모두는 불안과 공포에 떨고 있었다. 그 후 어른이 되어서야, 나는 그 당시 아버지가 지구를 완전히 지옥으로 날려 보낼 수 있던 '단추' 하나를 눌러야 하는 장본인이 될 수도 있었다는 것을 알았다." 〈과학 · 예술의 수호자와 세계〉Меценат и мир, 2000년 11호

18세가 되던 해 바실렌꼬는 모스끄바로 이주했고, 시간제 우체부로 일하면서 고리끼 문학 대학을 다녔다. 대학을 졸업하고 극작가 및 연출가 양성 최고 과정을 수료했다.

바실렌꼬는 1973년 〈꼼소몰스까야 쁘라브다〉Комсомольская правда에 시를 게재하면서 창작 활동을 시작했다. 당시 그녀의 나이는 17세였다. 바실렌꼬의 고백에 의하면, 그녀가 글을 쓰게 된 계기는 레프 똘스또이Л. Толстой의 『전쟁과 평화』Война и мир를 읽고 난 후, 똘스또이의 소설에서 여자의 삶이 올바르게 조명되지 않은 한계를 절감했기 때문이라고 한다. 1982년 바실렌꼬는 잡지 〈리쩨라뚜르나야 우쵸바〉Литературная учёба에 단편 『산양을 찾아서』За сайгаками를 게재했는데, 후일 이 작품은 비평가들이 뽑은 그 해 최고의 단편으로 선정되기도 했다. 그러나 바실렌꼬의 작가로서의 삶은 결코 평탄하지 않았다. 작품을 출간할 기회는 많지 않았고, 극작가와 연출가로 일하려고 최고의 교육을 받았음에도 오랫동안 일할 곳을 찾을 수 없었다. 그런 상황에서 바실렌꼬는 소비에뜨 사회에도 뿌리 깊게 자리한 남성 우월주의, 여성차별을 절감했다. 바실렌꼬는 주물공으로 일할 것을 제안받던 어느 날, 남성 우월주의를 타파하는 사회활동가가 될 것을 결심한다. 그리고 러시아 개방이 본격화되면서 러시아 최초의 여성운동 단체인 '새로운 아마조네스' Новые амазонки가 창립되자 주저 없이 그 조직에 가입한다. 이 조직을 통해 많은 여성 작가들의 작품이 세상에 소개되었고, 세 권의 여성작가 산문 모음집이 발행되었다.

1991년 바실렌꼬는 니꼴라이 쉬뻴로프Н. Шипилов[38]의 후기가 실린 첫 번째 소설 『울려퍼지는 이름』Звонкое имя을 출간하였는데, 이 작품은 바실렌꼬에게 프라하에서 '올해 유럽 최고의 책' 으로 선정되는 쾌거를 안겨 주었다. 이어서 출간된 중편 『샤마라』Шамара에 대하여 빠벨 바신스끼П. Басинский[39]는 다음과 같이 평하고 있다.

"바실렌꼬는 그 누구보다 재능 있는 작가이다. 그녀는 현대 문학에서 종종 객관성, 현실에 대한 세세한 묘사라는 명분으로 윤리적 도도함과 오만함을 가지고 우리의 시대와 사람을 비하하고 폄하하면서 돈과 명성을 함께 얻은 작가들과는 다르다. 바실렌꼬의 작품에 나타나는 사실주의적 색채는 인간에 대한 연민과 애정을 바탕으로 한 것들이다. 그것은 어쩌면 '사회주의 리얼리즘'의 토양에서 비롯된 것이라 할 수도 있을 것이다. 여하튼 바실렌꼬의 사실주의적 현실 묘사는 '악의가 없는 사실주의'라고 명명될 수 있다." http://www.mecenat-and-world.ru/11-13/basinsk.html

반면 마르끄 리뽀베츠끼M. Липовецкий는 바실렌꼬의 작품을 '다른 산문'Другая проза에 포함시키면서 그 '자연주의 경향'을 천착한다. 리뽀베츠끼는 바실렌꼬의 작품에 나타난 자연주의 경향은 생리적인 묘사에 치중했던 전통적인 자연주의 학파와 같이 이해될 수 없으며, 바실렌꼬의 자연주의 경향이 궁극적으로 지향하는 바는 부조리한 사회의 병폐에 주목하고 세세한 삶의 현상을 파헤치는 데 있음을 강조한다.

그 어느 작품보다 커다란 반향을 일으킨 바실렌꼬의 소설은 『백치』Дурочка 이다. 1998년 문예지 〈노비 미르〉Новый мир가 주관하는 문학상을 받은 『백치』는 일종의 성자전과 같은 작품으로, 1930년대 아스뜨라한의 한 시골 마을에서 일어난 사건을 주요 내용으로 삼고 있다. 이 작품은 성자전의 성격이 강한 만큼 바실렌꼬의 종교적 관점을 보여줄 뿐만 아니라, 가장 혼란스럽고 어려웠던 소비에뜨 시대를 예술 철학적으로 조명하고 있다. 작품에서 바실렌꼬는 능란한 서술 기법을 통하여 집단화가 가속화되던 30년대와 흐루쇼프의 농업정책이 실패했던 60년대를 접목하고 있다. 소설의 사건은 교묘하게 접목된 두 시간의 층위에서 일어난다. 시간의 이중적 구조는 주인공의 삶과도 관련있다. 벙어리인 주인공 나지까는 자신의 전생을 찾아 현실로 헤엄쳐 온다. 그 현실에서도 그녀는 벙어리이지만 이름은 간나가 된다. 벙어리인데다 정상적인 지능조차 갖추지 못한 백치이지만, 간나는 세상 그 어디에도 존재하지 않는 선량함과 아량을 가진 소녀이다. 간나는 자신을 사정없이 짓밟고 모욕한 세상을 원망하거나 저주하지 않고, 오히려 세상의 마지막이 임박한 순간 그들을 구원하는 구세주가 된다. 이 때문에 간나가 살았던 세상, 폭력과 파괴를 상징하는 까뿌스찐 야르는 간나로 인해 신성한 도시로 탈바꿈하게 되고, '성스러운 역사' 의 새로운 도약을 위한 본거지로 바뀌게 된다.

바실렌꼬는 영화와 드라마 시나리오 작가로도 유명하다. 자신의 소설을 각색한 영화 '샤마라' 의 시나리오를 직접 썼으며, 드라마로는 '고랴체프와 일당들' Горячев и другие, '러시아 수사의 왕' Короли российского сыска 등이 있다.

한편 1996년 바실렌꼬는 '러시아 작가 협회' Союз российских писателей 의 수석 비서관이 되었다. 1991년 가을 '소비에뜨 작가 동맹' Союз писателей СССР 은 두 그룹으로 분리된다. 보수주의 노선을 지향한 작가들은 그 후신이라 할 수 있는 '러시아 작가 동맹' Союз писателей России 을 중심으로 단합하였고, 자유주의 노선을 지향하는 작가들은 '러시아 작가 협회' 를 중심으로 단합하였다. 그러나 '러시아 작가 협회' 에 가담한 작가들 사이에서 대대적인 싸움이 벌어졌고, 비방과 음모에 의한 싸움에서 이고르 졸로뚜스끼 И. Золотусский 와 나제쥐다 꼰다꼬바 Надежда Кондакова[40] 가 최초의 희생양이 되었다. 결국 '러시아 작가 협회' 는 모스끄바와 상뜨 뻬쩨르부르그를 중심으로 다시 두 그룹으로 분리되었다. 이 와중에서 바실렌꼬는 어떤 영향력도 행사하지 못했다. 이런 이유로 바실렌꼬의 많은 동료는 그녀가 수석비서관을 수락한 것이 작가로서의 명예에 오히려 독이 되었다고 말하기도 했다.

37) 1962년 10월에 있었던 소련과 미국의 초긴장 상태를 말한다. 1961년 미국이 터키에 중거리 미사일 '주피터'를 설치하자, 1962년 소련은 쿠바에 핵 미사일을 설치하였다. 이 때문에 소련과 미국 간의 초긴장 상태가 초래되었는데, 쿠바에서는 이 사건을 '10월 위기'로, 미국에서는 '쿠바 미사일 위기'라고 부른다. 긴장 상태는 13일간 계속되었고, 인류가 최초로 스스로 자멸을 자초할 수도 있었던 역사적인 사건으로 평가된다.

38) 니꼴라이 쉬뻴로프(1946~): 러시아와 백러시아의 작가 동맹 회원이다. 오랫동안 공장의 운전사로 일하다가 노보시비르스끄 오페라 극장의 배우로 활약하였다. 그뿐만 아니라 음유 시인으로 자신이 직접 만든 노래를 가지고 한동안 TV 방송 프로그램에 출연하기도 했다. 주요 작품으로 『5번째 조수』Пятый асситент, 1986 가 있다.

39) 빠벨 바신스끼(1961~): 문학 비평가. 현재 〈리쩨라뚜르나야 가제따〉Литературная газета의 논설위원으로 일하고 있다. 2008년 출간된 창작 소설 『러시아 소설, 혹은 존 뽈로빈낀의 삶과 모험』Русский роман, или Жизнь и приключения Джона Половинкина은 '위대한 책' 문학상 후보에 오르기도 했다.

40) 나제쥐다 꼰다꼬바(1949~): 시인. 주요 시집으로 『아름다운 날』День чудесный, 1975, 『너른 들판의 오두막』Дом в чистом поле, 1981, 『황금 세기』Золотой век, 2001 등이 있다. 이외에도 남편 체쁘꾸노프B. Чепкунов와 함께 『뿌쉬낀 달력』Пушкинский календарь, 1999 을 출간하였다. 1992년부터 1997년까지 '러시아 작가 협회'СРП의 조직운영위원이었다.

07 :: 안드레이 볼로스

Андрей Волос

안드레이 볼로스는 『후라마바드』Хуррамабад 라는 작품으로 무려 5개의 문학상을 받은 작가이다. 이러한 사실 때문에 세르게이 추쁘리닌С. Чупринин 은 안드레이 볼로스를 『기네스 북』에 올려야 한다고 주장하기도 하였다. '러시아 국가상' Госпремия России 예술부문을 비롯하여, 『후라마바드』가 받은 문학상은 '모스끄바-뻬네' Москва-Пене 41, '안티 부커' Антибукер, 〈즈나먀〉Знамя, 〈노비 미르〉가 주관하는 문학상 등이 있다.

안드레이 볼로스는 1955년 8월 4일, 두샨베에서 태어났다. 1929년 당시 백러시아 토박이인 볼로스의 조부는 지질학자로 근무 중이었다. 사라또프 대학이 설립되고, 조부가 중앙아시아로 파견되면서 볼로스 가족들은 모두 중앙아시아로 이주해야만 했다. 1977년 모스끄바에 있는 석유화학 연구소에서 지구물리학을 전공하고, 다시 두샨베로 돌아온 볼로스는 따쥐끼스딴 문학, 특히 시를 번역하면서 문예활동을 시작했다.

1979년 잡지〈빠미르〉Памир 에 볼로스의 창작시가 처음으로 게재되었고, 1988년에는 첫 번째 시집, 『낡은 고속도로』Старое шоссе 가 출간된다. 볼로스는 시와 함께 산문도 집필했는데, 1980년에 탈고한 첫 소설이 『브로찌』Брошь 이다. 이 작품의 주인공은 젊은 화가이다. 그는 사기꾼이 운영하는 회사에 입사하여,

그곳에서 고가의 브로찌를 훔친다. 주인공은 훔친 브로찌를 팔아서 생긴 돈으로 자신이 원하는 그림을 마음껏 그릴 수 있을 것이라는 희망에 부풀어 있었다. 하지만 그가 훔친 브로찌는 모두 가짜였고, 모든 계획이 물거품이 된다.

산문작가로 볼로스가 알려지기 시작한 것은 1980년 말 〈노비 미르〉에 장편소설 『후라마바드』를 게재하면서부터이다. 『후라마바드』는 비평가들로부터 많은 주목을 받았는데, 그것은 호평과 혹평이 엇갈린 것이었다. 예를 들어, 인나 로스돕쩨바И. Ростовцева[42]는 『후라마바드』는 소설이지만 어떤 시보다 뛰어난 서정성이 돋보이는 작품이라고 극찬했다. 반면 유리 뽈랴꼬프Ю. Поляков는 이 작품이 5개나 되는 문학상을 받았다는 사실을 도저히 이해할 수 없을 만큼 졸작에 불과하다며 비웃었다. 더욱이 〈리쩨라뚜르나야 가제따〉Литературная газета의 편집장이 된 이후, 뽈랴꼬프는 거의 매 호 '볼로스 물어뜯기'에 초점을 맞춘 내용의 글을 실을 정도였다.

볼로스의 두 번째 소설은 『부동산』Недвижимость이다. 이 작품 역시 『후라마바드』만큼이나 커다란 반향을 불러 일으켰다. 작가는 『부동산』의 집필과 관련하여 다음과 같이 고백하고 있다.

> "처음 작품을 쓰려고 했을 때, 나는 소설을 창작한다기보다 음악을 작곡하는 마음으로 집필에 임했다. 사건이 진행됨에 따라 고조되는 긴장과 불안을 극대화하고자 했으며, 더할 나위 없는 비극적 종말로 소설을 끝맺으려 했다. 소설의 초고는 계획대로 비극적인 결말로 끝이 났다. 여 주인공은 창에서 투신자살을 했고, 그 죽음은 소설을 비극이라는 장르에 귀속시키기에 충분했다. 그러나 초고를 마친 후 나는 극심한 우울증에 빠졌다. 술로도 우울함을 달랠 수 없었다. 그때 우연히 유리 비즈보르Ю. Визбор[43]의 노래를 듣게 되었다. 비행 중 불의의 사고로 한복판에 비상 착륙을 해야만 되는 어느 비행사에 관한 노래였다. 주택가에 비상착륙을 할 수 없다고 고집하며 비행사는 목숨을 건 사투를 벌인다. 노래는 탈출구가 없는 막다른 상황으로 치달았고, 손에 땀을 쥐게 하는 긴장감은 최

> 고조에 다다랐다. 그러나 노래는 해피엔딩으로 끝난다. 비행기는 안전하게 착륙했고, 비행사는 무사했다. 그 뜻하지 않은 결말은 나를 매우 흥분시켰고, 나는 다시 펜을 들었다. 초고의 결말을 고치기 시작했다. 연이어 일어났던 비극적 사건들을 고려한다면 행복한 결말이라는 급작스런 반전이 소설의 부자연스러운 구성을 야기할 수도 있다는 생각이 들기도 했지만, 돌연한 반전이 이전의 비극적 사건을 일종의 농담처럼 받아들이게 하는 서사적 장치가 될 수 있다고 나는 기대했다." 〈꿀뚜라〉Культура, 2003년 23호

마리야 레미조바는M. Ремизова[44]는 『부동산』을 두고 현대판 『죽은 혼』Мертвый душ이라고 말하면서, 무엇보다 개별적인 에피소드 사이를 종횡무진하면서 각각 하나의 주제로 통합하는 역할을 하는 주인공의 형상에 주목했다. 한편, 안드레이 우리쯔끼A. Урицкий[45]는 『부동산』은 표면적으로는 분주하고 소란하며 역동적이지만, 실제는 극도로 정체된 현시대의 삶과 시간을 표상하는 소설이라고 평가했다. 〈네자비시마야 가제따〉2001년 3월 29일

볼로스의 세 번째 소설은 『메카 마스끄바』Маскавская Мекка이다. 『메카 마스끄바』는 앞의 두 작품에 비해 수차례에 걸친 수정을 통해 완성된 작품이다. 소설이 출간되고, 로만 센친P. Сенчин은 흥미로운 견해를 내놓았다. 센친에 의하면 볼로스의 첫 번째 작품 『후라마바드』는 과거를, 두 번째 작품 『부동산』은 현재를, 그리고 세 번째 작품 『메카 마스끄바』는 미래를 조명하고 있다는 것이다. 이에 덧붙여 센친은 『메카 마스끄바』가 미하일 불가꼬프M. Булгаков의 『거장과 마르가리따』Мастер и Маргарита와 상호텍스트 성을 형성하고 있다는 점을 강조한다.

볼로스의 네 번째 소설, 『아니마또르』Аниматор는 2004년 잡지 〈옥짜브르〉Октябрь을 통해 발표되었다. 예브게니야 쉐글로바E. Щеглова[46]는 잡지 〈꼰찌넨뜨〉의 2005년 2호 지면에서, 『아니마또르』를 통해 볼로스가 지금까지의 작품에서 보여준 환상적이고도 사회 비평적 성향들을 총체적으로 집대성해 냈다고 평가했다. 무엇보다 쉐글로바는 소설을 관통하는 예리한 현실 비판적 요소에

관심을 집중하고 있다.

『아니마또르』의 주인공 바르민은 특별한 능력을 소유한 인물이다. 그는 죽은 자의 영혼을 느낄 수 있고, 그 영혼을 받아들여 죽은 자와 동일체가 되는 능력을 지니고 있다. 볼로스는 이와 같은 특별한 능력을 갖춘 주인공에 대한 서사의 바탕에 현재 러시아에서 일어나는 민족 간의 분쟁, 테러, 부정부패, 현 인류의 물질에 대한 과도한 탐욕 등 시의성 있는 문제들을 중첩하고 있다.

가장 최근에 발표된 볼로스의 작품으로는 『승리자』Победитель, 2008가 있다. 이 작품은 2008년 '러시아 부커'를 수상하기도 했다.

41) 이 문학상은 블라지미르 뿌찐이 2003년 로마를 방문했을 때, 이탈리아 대통령과의 합의로 만들어진 것이다. 매년 양국의 우호적 관계 발전에 도움이 된 단체나 개인을 선정하여 시상한다.

42) 인나 로스돕쩨바: 문학 비평가, 주요 저서로 『현대시에 관한 말과 침묵 사이』Между словом и молчанием о современной поэзии, 1989, 『자볼로쯔기의 시 세계』Мир Заболоцкого, 1998 등이 있다.

43) 유리 비즈보르(1934~1984): 배우이자 시나리오 작가이며, 기자로도 활동했다. 300여 편이 넘는 노래를 작곡하여 직접 노래한 음유시인의 대부이다. '보도 음악' Песня-репортаж이라는 장르의 창시자이기도 하다.

44) 마리야 레미조바(1960~): 문학 비평가. 〈네자비시마야 가제따〉Независимая газета에서 일하고 있다. '러시아 현대어문학 아카데미' АРСС 회원이다. АРСС Академия русской современной словесности의 설립은 1997년 9명의 문학 비평가를 주축으로 추진되었다. 같은 해 11월 사회단체의 하나로 정식 출범하였고, 현재 38명의 비평가가 회원으로 가입되어 있다.

45) 안드레이 우리쯔끼(1961~): 문학 비평가. 〈즈나먀〉, 〈드루쥐바 나로도프〉Дружба народов, 〈노보예 리쩨라뚜르노예 오보즈레니예〉НЛО 등 여러 잡지의 논설위원으로 활동 중이다.

46) 예브게니야 쉐글로바(1951~): 문학 비평가. 〈네바〉Нева, 〈즈나먀〉, 〈보쁘로시 리쩨라뚜리〉Вопросы литературы, 〈꼰찌넨뜨〉 등의 문학잡지에 다수의 현대문학 비평을 게재하면서, 현재 왕성한 비평 활동을 하고 있다.

08 :: 드미뜨리 갈꼽스끼

Дмитрий Галковский

드미뜨리 갈꼽스끼는 1960년 6월 4일 모스끄바에서 태어났다. 아버지는 엔지니어였고 어머니는 재봉사였다. 1977년부터 1980년까지 갈꼽스끼는 모스끄바 소재의 리하쵸프 자동차공장에서 집진기 설비 조절공으로 근무했다. 또한 군대징집을 피하고자 한동안 정신병자처럼 행동하기도 했다.

진위여부를 가늠하긴 힘들지만, 갈꼽스끼의 자서전에는 그가 1980년도에 뇌물을 주고 모스끄바 국립대학교 철학부 야간 과정에 들어갔다는 흥미로운 고백이 적혀 있다. 대학 시절 갈꼽스끼는 플라톤 창작에 나타난 죽음과 자살의 모티프에 심취했고, 이후 학위논문의 주제를 '플라톤과 아리스토텔레스의 사회적 관점에 대한 비교적 특성' Сравнительная характеристика социальных воззрений Платона и Аристотеля으로 결정했다. 대학원 과정 입학을 염두에 뒀던 그는 학사 학위논문에서 몇 가지 독특한 결론을 내놓게 된다. 하지만 강사들은 그가 내놓은 결론을 썩 마음에 들어하지 않았다. 학위논문 청구심사에서 몇몇 교수들은 갈꼽스끼를 향해 아예 대놓고 무뢰한 같은 놈이라고 말하며 불쾌해했다.

우여곡절 끝에 1986년 학위를 취득한 갈꼽스끼는 꽤 오랜 시간 동안 무직 상태로 지냈다. 1994년 『다른 이들』Иное이라는 선집 출간을 앞두고 내놓은 자서전에는 다음과 같은 글귀가 적혀 있다.

> “집에서는 말도 못할 정도로 추잡한 일들이 벌어지기 시작했다. 갈꼽스끼는 돈이 없다는 이유로 어머니와 누이와 함께 한집에서 살았다. 출신 성분만 놓고 보자면, 그의 어머니와 누이는 전형적인 소비에뜨형 인간이었다. 그들은 자신들에게 들러붙어 ‘기생’하듯 살아가는 갈꼽스끼를 집안의 수치로 여겼다.”

1980년대 중반에 갈꼽스끼는 이념선동가로서 두각을 나타냈다. ‘노비 가마윤’Новый Гамаюн[47]이라는 명칭의 프리메이슨[48] 지부를 설립하려는 계획을 세운 뒤, 어느 날 그는 〈꼼소몰스까야 쁘라브다〉Комсомолская правда[49] 편집국 앞에서 시위를 벌이며, 소비에뜨 연방 사회주의 공화국СССР 내에서 프리메이슨 조직을 합법화시켜줄 것을 요구했다. 이 사건 이후에 비상위원회ЧК[50]는 그를 비밀리에 감시하기 시작했다. 1985년에는 옙도끼모프В. Евдокимов[51]가 갈꼽스끼의 조각상을 청동으로 제작하기도 했다.

1991년 갈꼽스끼의 첫 번째 책 『끝없이 이어지는 막다른 골목』Бесконечный тупик에서 발췌된 일부가 꼬쥐노프В. Кожинов[52]의 서문과 함께 잡지 〈소베츠까야 리쩨라뚜라〉Советская литература에 게재됐다. 꼬쥐노프는 갈꼽스끼의 『끝없이 이어지는 막다른 골목』에 대해 “소위 ‘젊은 혈기’로 평가될만한 지적구성이 돋보이는 작품”이라는 평을 내렸다. 꼬쥐노프의 견해에 따르자면, 『끝없이 이어지는 막다른 골목』은 “1917년 이후 문단에 등장한 작가들에게서 거의 찾아보기 힘든 고차원적인 수준의 러시아적 사유를 부활시킨 예술-철학 산문이다.” 1990년 꼬쥐노프는 갈꼽스끼가 〈나쉬 소브레멘니끄〉Наш современник 잡지사에서 일할 수 있도록 주선해줬다. 하지만 정확히 1년 뒤에 갈꼽스끼는 이 잡지사의 초대 편집국 부장이였던 드미뜨리 일린Д.Ильин과 추문에 휘말린 뒤 잡지사를 나왔다.

1991년에서 1992년에 걸쳐 『끝없이 이어지는 막다른 골목』에 실린 일부 단편들은 잡지 〈소베츠까야 리쩨라뚜라〉외에도, 〈리쩨라뚜르나야 가제따〉

Литетарурная газета, 〈노비 미르〉Новый мир, 〈꼰찌넨뜨〉 및 다른 간행물에도 게재되었다. 머지않아 갈꼽스끼의 『끝없이 이어지는 막다른 골목』을 둘러싼 스캔들이 시작됐다. 얼마 뒤 알라 라띠니나A. Латынина[53]는 다음과 같은 평을 내놓았다.

> "사람들은 인종주의, 어린 소년들이나 가질 법한 니힐리즘, 반유태주의, 러시아 혐오주의, 공격성, 당황함, 지적인 약탈 행각, 질투심, 무정함, 무례함, 뻔뻔함, 정신적 퇴보현상 등을 이유로 갈꼽스끼를 비난해댔다. 그들은 갈꼽스끼의 작품에서 편집증적 신드롬, 과대망상증, 다중 인격적 특성을 발견해 냈으며, 그 기원을 도스또옙스끼의 '지하 생활자'로 규정했다."〈노비 미르〉 2004년 4호

정작 갈꼽스끼 자신은 949개의 주석으로 구성된 이야기인 『끝없이 이어지는 막다른 골목』을 "19세기에서 20세기에 이르는 러시아 문화사에 헌정하는 철학 소설이자, 약하고 불행하지만 어쨌거나 분명히 존재하는 '러시아적 인물'이 지닌 운명에 바치는 소설"로 간주한다. 1993년 그는 〈꼼소몰스까야 쁘라브다〉와 가진 인터뷰에서 자신의 견해를 분명히 밝혔다.

> "우선 『끝없이 이어지는 막다른 골목』은 현실의 사건들을 바탕으로 집필되었습니다. 말하자면 작품 내에 그 어떤 허구도 존재하지 않는다는 말이죠. 믿든지 말든지 그건 여러분 몫입니다. 심지어 '오진노꼬프'Одинокоп 라는 성조차 익명이 아닙니다. 이건 제 외가 쪽의 성이지요. 제 외할아버지는 세베르 일리치 오진노꼬프С. И. Одинокоп라고 불리셨죠. 할아버지는 혁명 전까지 뻬쩨르부르그 궁정 합창대 단원이었지만, 소비에뜨 권력이 들어선 다음 모스끄바로 돌아와서 인쇄소 식자공으로 일하셨습니다. 『끝없이 이어지는 막다른 골목』이라는 작품을 두고, 이를 존재하지 않는 텍스트에 대한 주석이라고 말하기도 하죠. 이 역시 신빙성 없는 얘기입니다. 정말로 존재하는 텍스트를 어째서 존재하지 않는 텍스트라고 이야기하는 건지 알다가도 모를 일입니다. 제 책은 세 부분으로 구성되어 있습니다. 비교적 분량이 작은 도입부에 해당하는 『동그란 세계』

Закруглённый мир, 본문에 해당하는 『끝없이 이어지는 막다른 골목』, 그리고 세 번째 부분에 해당하는 『주석』Премечания으로 이루어져 있죠. 다만 본문이 필요 없을 정도로, 주석이 너무 자세하게 달렸다는 게 문제죠. 그래서 저는 본문을 작품의 틀 바깥으로 빼냈습니다. 하지만 본문은 존재합니다. 만일 여기에 인문학적 유희가 존재한다면, 그건 현실에 기초한 유희, 삶의 논리에 의해 생겨난 유희라고 해야겠죠. 이것이 제가 첫 번째로 하고 싶은 말입니다. 두 번째로 『끝없이 이어지는 막다른 골목』이란 소설은 결코 '영혼의 절규'가 아니며, 그저 복잡하게 구성된 작품이라는 점을 지적하고 싶군요. 인문학적 사조와 반反사조가 만들어낸 도식으로 잘 가다듬어진 슈젯이 이 작품을 관통하고 있죠. 궁극적으로 이 소설은 '대중을 위해', '독자들의 호평'을 겨냥하여 집필된 작품입니다."

1997년 갈꼽스끼의 장편 『끝없이 이어지는 막다른 골목』은 '안티 부커' Антибукеровская премия[54]를 수상했다. 시간이 흐르고, 이 상의 심사 위원이었던 미하일 졸로또노소프M. Золотоносов는 당시 자신이 이 작품을 선택한 이유를 이렇게 설명했다.

"갈꼽스끼는 공격적이면서도 어딘지 거북살스러워 보이는, 아는 것은 많지만 성장하다 만 미숙아처럼 우리 앞에 나타났다. 〈…〉 그의 작품은 도스또옙스끼와 로자노프B. Розанов[55]의 텍스트와 맞먹을 정도로 매우 인상 깊었다".

하지만 갈꼽스끼는 12,500달러의 상금을 수여하는 '안티 부커'의 수상을 거부했다. 〈네자비시마야 가제따〉Независимая газета 편집국에 보낸 편지에서 그는 이렇게 선언했다.

"미래의 인텔리 세대는 약탈을 일삼는 수없이 많은 후원자나 은인들에게 손을 벌려 동냥질하지 않고, 제 힘으로 벌어서 먹고 살 수 있기를 바랍니다."〈네자비시마야 가제따〉1998년 1월 14일

『끝없이 이어지는 막다른 골목』은 꽤 오랫동안 작품에서 발췌된 일부분만이 잡지에 게재됐다. 소설의 완결판은 1997년 3월이되서야 처음으로 모습을 드러냈다. 당시 저자는 500권 분량의 초판을 출간했다. 마리야 로자노바M. Розанова[56]는 이 책을 읽고 나서, 안드레이 시냡스끼A. Синявский[57]와 유사한 평을 내놓았다. 하지만 블라지미르 본다렌꼬B. Бондаренко는 다른 의견을 내놓았다. 그가 보기에 갈꼽스끼는 "마치 '철학 소설'이라도 쓰는 듯한 모양새를 취하면서 〈…〉 자신의 문학 주인공 오진노꼬프의 생각인 것처럼 교묘히 위장하여 자신의 생각과 가설, 논의를 전개시키면서 과감한 결론을 내놓았다."

1991년 초에는 비소쯔끼B. Высоцкий[58] 백과사전을 제작해보자는 생각이 갈꼽스끼를 사로잡았다. 미하일 쉐먀낀M. Шемякин[59]과 비소쯔끼의 미망인인 류드밀라 아브라모바Л. Абрамова가 처음으로 이 프로젝트를 구상했다. 갈꼽스끼는 "내가 이 일에 뛰어든 이유는, 비소쯔끼라는 인물이 내게는 어떤 구체적인 상징처럼, 말하자면, 마치 어떤 '신비로운 후광'에 둘러싸인 사람처럼 자태를 드러냈기 때문이다."라고 고백한 바 있다. 갈꼽스끼가 말한 바와 같이, 그는 비소쯔끼라는 상징을 통해서 한 시대 전체를 상당 부분 파헤쳐냈으며, 결과적으로 비소쯔끼라는 인물에 대한 백과사전은 세대 전체를 아우르는 백과사전이 되었다. 그렇지만 여러 가지 이유 때문에 당시 비소쯔끼 백과사전의 출판 계획은 무산되었다.

그 후 갈꼽스끼는 자신이 비소쯔끼 백과사전을 위해 준비해 놨던 자료를 바탕으로 『우뜨꼬레치』Уткоречь라는 다분히 극우적極右的 경향을 띤 소비에뜨 시 선집을 기획, 출간했다. 이 선집은 2001년 쁘스꼬프에서 출판되었고, 발렌찐 꾸르바또프B. Курбатов[60]가 서문을 썼으며, 시인 유리 꾸블라놉스끼Ю. Кублановский와 비평가 안드레이 바실렙스끼A. Василевский[61]로부터 다양한 평가를 받았다. 〈노비 미르〉 2002년 제7호 꾸블라놉스끼는 이 선집을 "소비에뜨의 시적 동물원"이라고 일컬으며, "그 속에서 숨 쉬는 순간, 죽어버릴 것이다. 유머감각을 찾을 생각이라면 애초에 포기하라."라며 악평을 가한 바 있다.

갈꼽스끼는 1996년부터 1997년까지 총 3회에 걸쳐 〈망가진 콤파스〉Разбитый

компас라는 잡지를 발행했다. 1998년 1월에는 '지하출판. 드미뜨리 갈꼽스끼의 가상공간' Самиздат. Виртуальный сервер Дмитрия Галковского이라는 개인 인터넷 사이트를 개설했다. 그 후 갈꼽스끼는 인터넷 상에 일기를 쓰기 시작했으며, 바로 그 인터넷 공간을 통해 '새로운 러시아 지하출판에 관한 마니페스토' Манифест нового русского самиздата라는 글을 발표했다. 이 글은 1998년 12월 13일 〈리쩨라뚜르나야 러시아〉Литературная Россия 지면을 통해 재발표됐다.

비딸리 뻬뚜쉬꼬프В. Петушков[62]는 〈망가진 콤파스〉라는 잡지와 관련하여 다음과 같은 결론을 내렸다.

> "갈꼽스끼의 작업을 객관적으로 연구한다는 것은 불가능하다. 그의 작업 속에는 비밀스러우면서도 여간해서 참아내기 어려운 전쟁의 기운이 소용돌이친다. 그의 저술에는 한결 같이 자기 본연의 모습대로 존재할 권리를 위해, 동시에 침묵하지 않을 권리를 위해, 주변에서 요구하듯이 고분고분하게 무지無知의 상태로 빠져들지 않으려고 투쟁한 필사적인 흔적이 서려 있다. 돼지 같은 굴종의 자세로 머리를 조아리지 않으려고, 위대한 사회주의 피라미드와 찬란한 미래의 왕국을 떠받친 주춧돌 아래에서 시체가 되어 누워 있지 않으려고, 바로 지금, 당신이 태어난 바로 그 나라에서, 오늘날 그것을 현실로 만들려고 투쟁한 흔적이 서려 있다. 이렇듯 힘들기 짝이 없는 과제가 갈꼽스끼의 문학 행위를 강렬화시켰다. 그의 분노는 다름 아닌 분열된 상태로 존재해야 하는 상황, 소모된 대상으로 존재해야만 되는 피할 수 없는 운명에 대한 예감으로부터 발생한 것이다."
> 〈리쩨라뚜르나야 러시아〉2004년 12월 17일

2004년 갈꼽스끼는 『니꼴라이 레닌의 저술과 편지에서 발췌한 2,331개의 단편』2,331 отрывок из произведений и писем Николая Ленина이라는 책을 펴냈다. 갈꼽스끼 스스로 시인한 바와 같이, 그의 목적은 "독자들이 레닌에게 쉽게 다가설 수 있게 만들고, 진부하기 짝이 없는 레닌의 작품과 여기저기서 뜯겨 나온 편지들이 잔뜩 들어찬 55권의 책에서, 레닌이라는 인물에게는 존재하지 않았던 확실한 '투쟁 신념' Mein Kampf[63]을 만들어 내는 것이다. 레닌은 철저한 기회주의자였고, 문학적 소양이라고는 눈곱만치도 없었기 때문에 그의 책에는 그와 같은 '투쟁 신념' 이라는 것이 존재하지도, 존재할 수도 없었다."
1990년대 말과 2000년대 초를 거치면서 갈꼽스끼의 글은 더 이상 별다른 충격을 불러일으키지 않고 있다. 세르게이 꼬스띠르꼬 С. Костырко[64]는 갈꼽스끼의 최신작 중 하나인 『프로파간다』Пропаганда 2003 를 읽고 난 뒤 이렇게 평했다.

> "오늘날 이런 류의 글을 읽으면서, 저자인 갈꼽스끼와 논쟁을 벌여야 할 필요성을 느끼진 못할 것이다. 그가 써 놓은 내용이나 혹은 써놓은 것들의 어조에 동조해서가 아니다. 결코 그런 것은 아니다. 이는 다만 갈꼽스끼 텍스트의 기능이 변화되었기 때문이다. 10년 전 그의 텍스트들은 일종의 지적인 선동 장치였다. 오늘날 그의 작품은 이 사회가 안고 있는 이념 및 사회심리학적 상태의 현실을 전적으로 확인시켜주는 모종의 검증장치일 뿐이다. 알다시피 현실과는 논쟁을 벌이지 않기 마련이니까." 〈루스끼 주르날〉 Русский журнал, 2004년 1월 13일

2003년 10월 10일 갈꼽스끼는 〈쥐보이 주르날〉 ЖЖ: Живой Журнал 이라는 인터넷 잡지에 첫 메모를 남긴다. 그 이후 갈꼽스끼는 약 7메가바이트에 이르는 텍스트를 〈쥐보이 주르날〉 사이트에 남겨놓았으며, 실로 엄청난 양의 텍스트뿐만 아니라 다양한 주제에 대한 논의로 독자들의 관심과 놀라움을 한몸에 받았다. 갈꼽스끼는 〈쥐보이 주르날〉이라는 사이트를 개설한 이후 오랫동안 독자들과 함께 인터넷 상에서 대화를 나눠왔으며, 이 사이트의 방명록은 늘 엄청난 인기를 누렸다. 하지만 인터넷 상의 대화를 고의적으로 차단하고 끊어버리는 몇몇 악의적 누리꾼들의 소행으로 말미암아 〈쥐보이 주르날〉 싸이트의 방명록은 끊임없이 스캔들을 자아내는 공간이 되어 버렸고, 종국에는 폐쇄하기에 이르렀다. 하지만 갈꼽스끼의 글에 관심이 있는 독자들은 언제든지 그가 개설해 놓은 인터넷 잡지 〈쥐보이 주르날〉의 사이트 http://galkovsky.livejournal.com에 접속해서 다양한 정보와 글을 얻을 수 있

다. 2002년 갈꼽스끼는 『크리스마스 주간 이야기 No. 7』Святочный расскаэ No. 7 이라는 작품으로 '유리 까자꼬프 문학상' Премия им. Ю. Казакова[65]의 숏-리스트에 이름을 올렸다.

47) 가마윤Гамаюн: 러시아 신화에 등장하는 미래를 예언하는 새. 사람들에게 신의 노래를 불러주면서, 비밀을 듣는 능력이 있는 자들에게 미래를 예언해준다. 가마윤이 동쪽을 떠나 다른 곳으로 날아가면, 살인적인 폭풍우가 몰려온다고 전해진다.

48) 프리메이슨Freemason, масонство: 18세기 초 영국에서 시작된 윤리적 경향으로 비밀 결사적 성격을 띠고 있다. 프리메이슨의 윤리와 철학은 유일신 종교에 근거를 두고 있지만, 자유주의·개인주의·합리주의적 입장을 취한다는 점에서 기존의 종교 조직들과 대척 관계를 형성해왔다. 프리메이슨 조직은 40~50명 가량의 회원으로 구성된 '로좌'ложа라는 지부형태로 존재하며, 나라마다 하나씩 있는 '최고 로좌'가 이들 지부를 관리한다. 중세시대의 건설자-벽돌공 조합을 프리메이슨의 기원으로 보곤 하지만, 8세기 벽돌공 동업조합과 중세시대 성당을 중심으로 형성된 비밀기사단을 그 기원으로 간주하기도 한다. 러시아에서 프리메이슨은 8세기 중엽에 출현했으며, 뾰뜨르 1세와 그의 동료 프란쯔 레포르뜨를 러시아 프리메이슨의 설립자로 보는 것이 일반적이나, 문서적 정황은 확보되어 있지 않다. 1822년 알렉산드르 1세의 칙서에 의해 러시아 내에서 프리메이슨은 공식적으로 금지됐다. 20세기 초 러시아에서 프리메이슨 조직의 움직임이 재차 감지되었으나, 1917년 혁명 이후 다시 금지조치 당했다. 1991년 프랑스의 비호 하에 프리메이슨 러시아 지부가 재설립되었으며, 현재 러시아 내에는 프리메이슨 국내 지부들을 관리하는 '최고 로좌'가 운영되고 있다.

49) 꼼소몰스까야 쁘라브다: 1925년 5월 24일부터 꼼소몰에서 발행하기 시작한 공산당 기관지.

50) 비상위원회ЧК: 소비에뜨 정권 초기에 조직된(1917년 12월 7일) 반혁명·태업·투기반대 투쟁 비상위원회.

51) 발레리 옙도끼모프(1938~): 조각가. 1965년 모스끄바의 수리꼬프 국립예술대학을 졸업했으며, 12회 이상의 개인전을 개최했다. 옙도끼모프의 창작에는 리얼리즘적 경향과 아방가르드적 경향이 유기적으로 공존하며, 전통적인 조형미술 요소와 포스트모던적이며 추상적인 스타일이 결합되어 있다. 옙도끼모프의 작품에서 정적인 구성은 거의 찾아볼 수 없으며, 모든 작품에는 운동과 비상飛上의 모티프가 존재한다. 모스끄바 뜨레찌야꼬프 갤러리를 비롯한 수많은 박물관과 화랑, 국내외 개인 컬렉터들이 그의 작품을 소장하고 있다. 1993년 공훈예술가 칭호를 받았으며, 2002년에는 러시아 예술원PAX 회원이 됐다.

52) 바짐 꼬쥐노프(1930~2001): 모스끄바 출생. 평론가이자 문학연구가로 철학 및 역사에도 조예가 깊었다. 문학이론 및 19세기 러시아 문학, 현대 시문학의 흐름과 러시아 역사에 관한 30권 이상의 저서를 집필했다. 또한 꼬쥐노프는 바흐찐 저서출판을 비롯하여 바흐찐 연구 및 대중화에도 크게 이바지했다. 그의 노력에 힘입어 1963년에는 『도스또옙스끼 시학의 제문제』Проблемы поэтики Достоевского가, 1965년에는 『프랑스와 라블레의 창작』Творчество Франсуа Рабле이 러시아 내에서 출판되었다. 하지만 극우주의 사상에 관한 그의 저서 『극우주의자들과 혁명』Черносотенцы и Революция, 1998을 비롯하여 1937년 탄압과 소비에뜨 역사에서 유태인들의 역할에 관한 논의 등은 자유주의적 성향의 단체들로부터 빈축을 사기도 했다.

53) 알라 라띠니나(1940~): 모스끄바 출생. 1963년 모스끄바 국립대 어문학부를 졸업하고, 동대학 철학부 박사과정에 입학했으며, 1970년 '도스또옙스끼의 실존주의적 해석에 관한 비평' Критика экзистенциалистской интерпретации Достоевского 이라는 논문으로 박사학위를 받았다. 1969년부터 본격적으로 비평의 길을 걷기 시작했다. '소베츠끼 삐싸젤' Советский писатель 출판사를 거쳐, 1969~2003년까지 문학주간지 〈리쩨라뚜르나야 가제따〉 편집국에서 근무했다. '러시아 부커', '아뽈론 그리고리예프 문학상', '알렉산드르 블록 문학상' 등 다양한 문학상 심사위원을 역임했으며, 그 자신 역시 〈리쩨라뚜르나야 가제따〉에서 주관하는 문학상(1997), 〈노비 미르〉에서 주관하는 문학상을 수상(2005)하기도 했다. 현재 〈리쩨라뚜르나야 가제따〉, 〈노비 미르〉의 평론가로 활동 중이다.

54) 안티 부커 Антибукер (Антибукеровсккая премия): 1995년 말 〈네자비시마야 가제따〉에서 설립한 독립 문학상이다. 상의 명칭은 당시 이미 대중화되어있던 '러시아 부커'에 대한 대척적 경향을 표방하며 만들어진 것이다. '러시아 부커'는 권위 있는 영국 문학상 조직위원회에 의해 설립되었지만, 영국작가가 아닌 러시아 작가에게 수여되는 문학상이었다. '러시아 부커' 상에 대한 패러디적 의미는 문학적 애국주의와 반反영국적 경향에서 비롯된 것으로, 러시아 산문창작가들을 위한 순수 러시아 문학상을 설립하자는 취지를 담고 있다. 패러디는 문학상의 명칭뿐만 아니라 상금 규모의 설정을 통해서도 드러난다. '안티 부커'의 상금은 12001달러로 책정되었는데, 이는 '러시아 부커'의 상금액보다 1달러 높게 책정된 금액이다. 1995년 설립 당시 '안티 부커'는 산문 작품에 대해서만 시상을 거행했다. 이듬해 '안티 부커'는 시 작품에 대한 '네즈나꼼까' Незнакомка, 희곡 작품에 대한 '뜨리 세스뜨리' Три сестры, 산문 작품에 대한 '브라찌야 까라마조비' Братья Карамазовы 등 세 가지 분야로 세분화된 시상을 거행했으며, 1997년에는 '루치 스베따' Луч света 라는 명칭으로 문학연구 및 비평에 관한 상을 추가로 설립했다. 1998년에는 '체뜨뵤르따야 쁘로자' Четвертая проза 라는 상을 추가 설립하여 에세이, 회상록, 역사-다큐멘트 산문에 대한 시상을 거행했다. 현재 '안티 부커'는 러시아 현대문학에서 가장 권위 있고 영향력 있는 상 중 하나로 간주된다.

55) 바실리 로자노프(1856~1919): 러시아 종교 철학자, 문학 비평 및 평론가. '도스또옙스끼의 대심문관에 관한 전설'(1891)이라는 문학-철학적 논문으로 비평가로서의 입지를 굳혔다. 이 논문은 후일 베르쟈예프, 세르게이 불가꼬프와 같은 종교 사상가들에게 해석의 단초를 제공했다. 1900년에는 메레쥐꼽스끼 Мережковский, 기삐우스 Гиппиус 등과 함께 종교-철학 서클을 결성했다. 1890년대 말부터는 후기 슬라브주의적 경향을 지닌 잡지 〈루스끼 베스뜨니끄〉 Русский Вестник, 〈루스꼬예 오보즈레니예〉 Русское обозрение 에서 기자로 활동했으며, 〈노보예 브레먀〉 Новое время 라는 신문에도 꾸준히 평론을 기고했다. 로자노프의 대표작으로 손꼽히는 『외딴 곳』 Уединённое, 1912, 『낙엽』 Опавшие листья, 1913~1915 은 그동안 써놓았던 여러 가지 일기 및 에세이를 모아서 출판한 선집이다. 로자노프의 사상은 비관주의적 성향이 강하며, 키에르케고르적 사상에 입각한 '실존주의적'이며 주관적인 이상주의에 가깝다.

56) 마리야 로자노바(1929~): 비스끄 출생. 문필가이자 평론가로 활동하며, 동시에 출판자의 직함도 가지고 있다. 모스끄바 국립대 예술학분과를 졸업했으며, 브기끄ВГИК 및 모스끄바 시의회 극단 스튜디오에서 강의했다. 1973년 남편 안드레이 시납스끼А. Синявский와 함께 소비에뜨 연방을 떠났고, 파리에 정착했다. 그 후 남편 시납스끼와 함께 '신딱시스' Синтаксис 출판사를 설립하여 1977년부터 1997년까지 이 곳에서 출판 및 편집 일을 담당했다. '신딱시스' 출판사는 당시 해외로 망명을 나왔지만, 마땅히 글을 실을 잡지를 찾지 못한 러시아 문필가들에게 게재의 기회를 제공하며 유럽 내 대중적 잡지로 자리매김했지만, 〈루스까야 미슬〉Русская мысль, 〈꼰찌넨뜨〉Континент 등 다른 러시아 망명 문학잡지와 끊임없는 논쟁을 벌여야만 했다. 레미조바는 라디오 '스보보다' Свобода에서 '러시아 해외 통신' Мы за границей 이라는 프로를 진행하기도 했다.

57) 안드레이 시납스끼(1925~1997): 모스끄바 출생의 문학연구자. 작가 또는 비평가로도 명성을 떨쳤으며, 필명은 아브람 테르쯔Абрам Терц이다. 1945년 모스끄바 국립대 어문학부 통신과정에 입학했으며, 제대 후 정규과정으로 편입했다. 졸업 후 고리끼 세계문학연구소에서 근무하며, 모스끄바 국립대 신문방송학부 및 므하뜨МХАТ 초등학교 스튜디오에서 강의했다. 시납스끼는 뜨바르돕스끼А. Твардовский가 잡지 〈노비 미르〉를 이끌던 시절, 이 잡지의 중요한 비평가 중 한 명이었다. 시납스끼는 고리끼, 빠스쩨르나끄, 바벨, 아흐마또바 등의 작품 등을 연구한 글을 게재했고, 1955년부터는 자신도 산문작품을 집필하기 시작했다. 하지만 당시 소비에뜨 연방 내에서는 검열 문제 때문에 시납스끼의 작품을 출판할 수 없었고, 망명할 때까지 '아브람 테르쯔' 라는 필명으로 서방에서 자신의 작품을 출판했다. 당시 시납스끼는 『아브람 테르쯔의 환상 세계』Фантастический мир Абрама Терца 라는 선집에 포함된 장편 『재판 진행 중』Суд идёт, 중편 『류비모프』Любимов를 비롯하여, 소비에뜨 문학에 대해 신랄한 조소를 퍼부은 논문 '대체 사회주의 리얼리즘이란 무엇인가?' Что такое социалистический реализм? 등을 서방세계에서 출판했다. 망명 시절 시납스끼는 『로자노프의 낙엽들』Опавшие листья В. В. Розанова, 자전적 소설 『잘 자』Спокойной ночи, 『바보 이반』Иван-дурак 등을 집필했다. 1978년부터는 아내인 마리야 로자노바와 함께 잡지 〈신딱시스〉를 출판했다. 1997년 2월 25일 세상을 등지고, 파리 근교의 폰테네 오 로즈에 안장되었다.

58) 블라지미르 비소쯔끼(1938~1980): 모스끄바 태생의 음유시인이자 배우. 따간까 극장에서 상영되는 드라마 및 코미디의 고정 출연자로 활동했으며, '약속 장소를 바꾸면 안돼요' Место встречи изменить нельзя, '소비극' Маленькие трагедии, '짧은 만남' Короткие встречи, '북방밀림의 주인' Хозяин тайги, '수직선' Вертикаль 등 30여 편에 이르는 영화에 출연했다. 사후에는 '소비에뜨 연방 국가상' 수상자로 호명되었다. 비소쯔끼는 또한 어쿠스틱 7현 기타로 자작곡을 연주한 가수로도 유명하다. 2010년 '전 러시아 여론연구센터' ВЦИОМ에서 실시한 '20세기의 우상' 명단 조사에서, 인류 최초의 우주비행사 유리 가가린이 1위, 비소쯔끼는 2위에 오른 바 있다.

59) 미하일 쉐먀낀(1943~): 모스끄바 태생의 조각예술가이며, 그 외에도 '러시아연방 국가상' 수상자, 러시아연방 까바르지로-발까리야 공화국의 국민예술가, 샌프란시스코 대학 명예박사 등의 직함을 갖고 있다. 현재 '소유즈 멀티필름' 스튜디오와 함께 '고프마니아다' Гофманиада 라는 장

편만화영화를 제작 중이다.

60) 발렌찐 꾸르바또프(1939~): 울리야놉스까야 주 태생의 비평가. 잡지 〈모스끄바〉의 고정 논설위원이며, 그 외에도 〈젠〉День, 〈리쩨라뚜르나야 러시아〉Литературная Россия, 〈리쩨라뚜르나야 가제따〉Литератураная газета 등의 신문을 비롯하여, 〈즈나먀〉Знамя, 〈노비 미르〉Новый мир, 〈리쩨라뚜르노예 오보즈레니예〉Литературное обозрение, 〈나쉬 소브레멘니끄〉Наш современник 등의 잡지에도 꾸준히 기고하고 있다. 그의 글에서는 러시아 정교적인 정신적 기반과 서구 문화를 조화시키기 위한 노력이 엿보인다. 꾸르바또프는 현재 '러시아 현대어문학 아카데미' 회원이며, '아뽈론 그리고리예프 문학상' 및 '내셔널 베스트셀러' 심사위원을 역임했다. 2003년에는 뿌쉬낀 메달을 수여 받았으며, 현재 쁘스꼬프에 거주 중이다.

61) 안드레이 바실렙스끼(1955~): 모스끄바 태생의 비평가이자 〈노비 미르〉의 편집국장으로, 문학 관련 정기간행물 및 신간 서적에 대한 서평을 꾸준히 게재하고 있다. '러시아 현대어문학 아카데미' 회원이며, 2001~2003년에는 회장직을 맡기도 했다.

62) 비딸리 뻬뚜쉬꼬프(1964~): 모스끄바 태생으로, 모스끄바 국립대 인공두뇌학 학부를 졸업했다. 『레이스 옷을 입은 검투병』Меченосец в кружевах이라는 소설의 저자이자, 문학비평가로도 활동 중이다.

63) 『나의 투쟁』Mein Kampf: 히틀러가 뮌헨 봉기 이후 수감된 1924년 저술을 시작하여 1925~1927년 사이에 2권으로 나눠 출판한 자서전으로, 자신의 정치적 강령을 상세하게 정리해놓은 책이다. 히틀러 자신의 정치신념을 담아놓은 책이므로, 본문에서는 '투쟁 신념'이라고 번역했다.

64) 세르게이 꼬스띠르꼬(1949~): 문학 비평가이자 에세이 및 산문작가이다. 1974년부터 1980년까지 잡지 〈리쩨라뚜르노예 오보즈레니예〉에서 근무했다. 1986년부터는 〈노비 미르〉지의 비평분과에서 근무했으며, 1998년부터는 〈노비 미르〉의 인터넷 버전 편집장으로 일하고 있다. 꼬스띠르꼬는 주로 현대 러시아 산문에 대한 평론을 게재하곤 하는데, 그의 글은 특히나 객관성과 절제미로 차별화된다. 1990년대 말 꼬스띠르꼬는 이미 인터넷 상의 문학 평론을 체계적으로 재평론하는 최초의 문학비평가로 명성을 떨쳤으며, 인터넷 상에 작품을 발표하는 저자들의 작품뿐만 아니라, 문학 사이트 및 인터넷 문학 콩쿠르 등 인터넷 상에서 전개되는 문학 프로젝트 자체를 분석하는 비평가로도 유명하다.

65) 유리 까자꼬프 문학상: 2000년도에 잡지 〈노비 미르〉에서 설립한 문학상으로, 러시아에서 출판된 작품을 대상으로 러시아 작가가 쓴 그해 최고의 단편에 대해 시상한다. 수상자에게는 3000달러가 주어진다. 빅또르 아스따피예프(2001), 올가 슬라브니꼬바(2008) 등이 이 상을 받은 바 있다.

09 :: 안드레이 겔라시모프
Андрей Геласимов

안드레이 겔라시모프는 1965년 10월 7일 이르꾸츠끄에서 태어났다. 1987년 이르꾸츠끄에서 외국어학부를 졸업했으며, 1988년에서 1992년에 걸쳐 기찌스ГИТИС 연출학부에서 아나똘리 바실리예프А. Васильев[66]의 지도 하에 수학했다. 훗날 겔라시모프는 『갈증』Жажда, 2002이라는 중편에서 과거에 자신이 연극작업을 하던 시절의 경험을 재현해 내 바 있다.

겔라시모프는 이르꾸츠끄 대학에서 학위를 받은 뒤 야꾸찌야로 떠났으며, 약 10년 동안 야꾸찌야 대학에서 교편을 잡았다. 야꾸찌야에서 강의를 하던 중 1996년과 1997년 약 2년여에 걸쳐 영국 헐대학University of Hull에서 연수생 과정을 밟기도 했다. 또한 교편생활 틈틈이 '오스카 와일드 시학에 나타난 동양적 모티프'라는 주제로 박사학위 논문을 썼으며, 1997년에는 학위논문 심사를 통과했다.

창작 초기에 겔라시모프는 주로 대학생들을 위한 작품을 집필했다. 그는 자신이 교편을 잡았던 시절에 대해 이렇게 이야기한다.

"수업시간에 우리는 텍스트를 연구해나갔다. 나는 학생들에게 문체적 방법론의 체계를 보여주면서, 저자가 지향하는 구체적인 콘셉트가 어떤 식으로 조직되며,

이것들이 구성적 · 문체적 · 어휘 선택 등의 층위에서 어떻게 실현되는지 일목요연하게 설명해줬다." 〈끄니쥐노예 오보즈레니예〉Книжное обозрение, 2003년 3월 17일

겔라시모프는 자신이 문학에 입문했던 과정을 회상하면서, 초기에 집필한 몇몇 작품들은 토마스 만Thomas Mann의 영향을 받아 양식화된 것이지만, 이후 뚜르게네프의 영향을 받아 이 작품들을 다시 수정해나갔다고 고백한다. 그는 이런 식으로 자신만의 스타일을 찾아나갔다.

겔라시모프의 초기 단편 중 하나인 『어린 시절』Нежный возраст, 1995은 사춘기 소년의 일기 형식으로 쓰였다. 세르게이 꼬스띠르꼬С. Костырко는 이 작품이 '샐린저'Salinger[67] 류의 '성장소설'을 변형시킨 것이라고 평했다. 〈노비 미르〉Новый мир, 2002년 10호

리자 노비꼬바Л. Новикова는 〈꼬메르산뜨〉Коммерсантъ 신문에 게재할 현재 가장 전도유망한 러시아 산문작가 명단을 작성하면서, 그 첫 번째 자리에 안드레이 겔라시모프를 올려놓았다. 하지만 그녀가 겔라시모프에 대해 다분히 야유 어린 평가를 한 것도 사실이다. 노비꼬바가 써놓은 요약문을 그대로 옮겨 적어보면 다음과 같다.

"안드레이 겔라시모프. 1966년 생. 『돼지를 닮은 폭스테리어 말제르』Фокс Малдер похож на свинью, 2001, 『갈증』, 『거짓말의 해』Год обмана, 2003, 『라힐』Рахиль, 2003[68]의 저자. 우리에게 친숙한 60년대 이전 소비에뜨 인텔리들이 외쳐대던 자유민주주의적 견해를 떠올리게 하는 꽤 괜찮은 사실주의 작가. 향수에 젖은 독자를 위해 잡지 〈유노스찌〉Юность에 게재되었던 중편 소설에 쓰인 상투적 문구들을 모조리 재현해 냄. 하지만 상변 『라힐』에서는 이전 세대의 대표자들을 주인공으로 채택함." 〈꼬메르산뜨〉2005년 8월 18일

겔라시모프의 중편 『돼지를 닮은 폭스테리어 말제르』와 『갈증』은 신문잡지 지면에서 엄청나게 기사화됐다. 중편 『돼지를 닮은 폭스테리어 말제르』는

'이반 뻬뜨로비치 벨낀 문학상' Премия им. Ивана Петровича Белкина[69] 숏-리스트에 올랐으며, 중편 『갈증』으로 겔라시모프는 '아뽈론 그리고리예프 문학상' Премия Аполлона Григорьева[70]을 수상하게 된다. 『돼지를 닮은 폭스테리어 말제르』에 대한 비평가들의 평은 하나같이 우호적이었지만, 또 다른 중편 『갈증』에 대한 평은 더욱 복잡한 양상을 띠고 전개되었다. 신문과 잡지 곳곳에서 질책의 소리가 들려왔고, 어떤 이들은 다분히 국내 정세를 의식한 글을 썼다는 이유로 작가를 비난하기에 이르렀다. 정작 작가 자신은 체첸에서 전쟁을 치뤄보지도 않은 채, 체첸전에 관한 이야기를 썼다는 의견이 지배적이었다. 하지만 겔라시모프는 자신이 체첸전 현장에 없었다는 사실을 한 번도 부인해 본 적이 없었다.

"때마침 내게 아이들이 태어나서였는지도 모르겠지만, 난 당시 체첸에서 일어나는 사건들에 대해 심적으로 매우 이끌려 있었다. 누군가에게 생명을 줄 수 있을 뿐만 아니라, 그 생명을 앗아갈 수도 있다는 생각이 내게는 큰 충격으로 다가왔다. 『갈증』을 쓰지 않고는 못 배길 정도로 상실의 아픔이 강하게 느껴졌다. 체첸에서 전쟁을 치른 수많은 학생이, 풋풋한 소년들이 당시 내가 강의를 하던 대학으로 돌아왔다. 〈…〉 나는 작가가 자신의 작품에서 진실을 기술한 것인지, 혹은 사건 일부를 상상해서 기술한 것인지에 대해 일일이 해명할 필요는 없다고 생각한다. 예술적 진실은 삶의 진실과 일치하지 않는다. 삶의 진실이 훨씬 더 강하고 혹독하기 마련이다."〈꿀뚜라〉Культура, 2004년 35호

『갈증』이 출판되자마자 비평가들은 마치 기다렸다는 듯이 겔라시모프를 새로운 감상주의의 선구자로 명명했다. 하지만 정작 당사자인 겔라시모프는 이러한 명칭이 자신의 예술적 경향과는 아무런 상관이 없다고 생각한다.

"내가 데뷔 초기에 쓴 텍스트에서 엿보이는 특수한 신경증적 긴장감은 내가 살아온 삶의 정황과 관련된 것들이었다. 아이들이 태어나고 병을 앓으면서, 나는

신경질적으로 변해갔다. 맹렬한 기세로, 도무지 이해되지 않게 변해 가는 나라꼴과 어딜 가나 배를 곯는 상황에 대한 공감도 한 몫을 했다. 〈…〉 난 그저 감정적으로 멍한 상태에 빠져 있었고, 구체적인 수단을 통해 이런 상태를 전달해 낼 수 있었다." 〈꿀뚜라〉 2004년 35호

알렉산드르 가브릴로프A.Гаврилов는 러시아가 모라토리엄을 선언했던 1998년을 배경으로 사건이 전개되는 겔라시모프의 장편 『거짓말의 해』를 연구하면서, "본질적으로 봤을 때, 겔라시모프는 러시아 산문에서 새로운 소설적 전형을 창조해낸다. 그는 마치 러시아적 소재를 에리히 마리아 레마르크Erich Maria Remarque [71], 혹은 독자의 구미에 맞도록 단맛이 살짝 가미된 샐린저 류의 소설로 변형시켜서 작품을 써내려가는 듯하다."라고 평한 바 있다.
겔라시모프는 『거짓말의 해』라는 소설을 구상하게 된 계기를 다음과 같이 회상한다.

"어느 파티석상에서 한 지인이 내게 어떤 이야기를 들려줬다. 부유한 사업가 모某씨가 17살짜리 아들을 가르칠 요량으로, 그러니까 소위 인생의 쓴맛을 알게 해줄 속셈으로, 자신의 예전 동료를 가정교사로 들였다는 이야기였다. 나의 지인은 이 이야기가 실제로 어떻게 끝났는지는 몰랐다. 하지만 늘 그렇듯이, 구성적인 시각에서 바라봤을 때 이 이야기를 어떤 식으로 마무리해야 좋을까라는 호기심이 내게 발동했다. 〈…〉 나는 문학연구자의 입장이 되어, 이 이야기 속에 18세기 정신에 입각한 성장소설적 내용을 첨부해도 좋겠다고 직감적으로 생각했다. 또한 오늘날 우리가 살아가는 시대가 충분히 우스꽝스럽기 때문에, 이 이야기에 악한 소설적인 요소를 보태어도 나쁘지 않겠다고 생각했다. 결과적으로 『거짓말의 해』라는 작품은 성장 소설과 악한 소설이라는 두 개의 장르가 합쳐져서 나온것이다. 그 외에도 내게 속임수라는 테마는 매우 흥미롭게 비쳤다. 소설 속에서도 모두가 서로서로 속이고 있지 않은가. 나는 계절에 맞춰 책을 구성해 나갔고, 덕분에 순환론적 사고에 엄청나게 빠져들었다. 처음에 나는 소설에 『계절』이라는 제목을 붙이려고 했다. 하지만 그런 제목은 어딘지 신선한 감이

떨어져 보였고, 그 외에도 지나치게 '음악적인'[72] 것처럼 비쳤다."〈끄니쥐노에 오보즈레니예〉2003년 3월 17일

비평가들의 의견에 따르자면, 겔라시모프는 영어권 현대문학에 관한 전문가이며, 의식적으로 영미문학 기법을 자신의 산문에 도입하여 적용해보곤 한다. 2003년 9월 겔라시모프는 잡지 〈옥쨔브르〉Октябрь의 지면에 장편소설 『라힐』을 발표했다. 이 소설은 유태인 혼혈 출신의 중년 어문학부 교수 스뱌또슬라프 꼬이프만С. Койфман이라는 인물을 주인공으로 내세워, 1960년대 소비에뜨 인텔리들의 삶을 그려낸 작품이다. 이 책의 주인공은 '작은 인간'маленький человек이며, 그 뜻은 고전적 의미에서 이 용어가 사용되던 것과 거의 일맥상통한다고 보면 된다. 그의 초기작들과 마찬가지로, 이 작품에서도 '감상주의적 구성 경향'이 매우 강하게 드러난다. 하지만 겔라시모프의 다른 작품들과 달리, 『라힐』은 아마도 그의 글 중에서 영화적 스타일을 취하지 않은 최초의 작품일 것이다. 겔라시모프는 이 소설로 2004년 '대학생 부커'Студенческий Букер[73]를 수상했다. 한편 2009년에는 장편 『초원의 신들』Степные боги로 '내셔널 베스트셀러'Национальный бестселлер[74]를 수상했으며, 같은 해 연말에는 장편 『호숫가 마을의 집』Дом на Озёрной을 출간했다. 이 작품은 위기의 시대에 접어들며 그동안 자신들이 모아놓은 것을 모두 잃어버린 수많은 가장家長들에 대한 이야기이다. 현재 겔라시모프는 북극 지방을 배경으로 하는 『한기』Холод라는 가제의 작품을 집필 중이다.

66) '기찌스' 라는 약어로 더 잘 알려진 국립연극예술원ГИТИС:Государственный институт театрального искусства은 유럽뿐만 아니라 전 세계적으로도 그 명성이 자자한 연극예술학교이다. 1991년 아카데미로 승격됐으며, 이후 러시아 연극예술 아카데미(라찌)РАТИ로 칭호를 변경했다. 현재 '라찌' 는 모스끄바 끼슬롭스끼 골목 6번지에 있다.

67) 제롬 데이비드 샐린저Jerome David Salinger, 1919~ : 뉴욕 출생의 유태계 미국 작가. 21살에 단편 『젊은이들』로 데뷔했으며, 주로 〈뉴요커〉라는 잡지에 작품을 발표했다. 상처 입은 청소년기를 소재로 삼아 집필된 장편 『호밀밭의 파수꾼』1951은 지금까지도 미국을 비롯한 전 세계 문단에서 걸작으로 평가된다.

68) 라헬Рахиль, רחל : 히브리어로 '양' 이라는 뜻으로 사용되며, '온순한 사람', '어진 이' 라는 의미도 지니고 있다. 성서에 따르자면, '라헬' 은 야곱의 두 번째 아내이며, 라반의 작은 딸이자 리야의 동생이다. 또한 요셉과 베냐민의 어머니이기도 하다. 야곱과 라헬의 결혼에 관한 이야기는 야고보서 29장에 나와 있다. 라헬은 둘째 베냐민을 출산하다가 베들레헴 근처에서 사망했다. 라헬은 출산을 통해 삶의 가치를 느끼는 어머니를 상징할 뿐만 아니라, 최후의 순간까지 자신의 아이들을 가엽게 여기고, 아이들의 운명을 염려하는 어머니를 상징한다.

69) 이반 뻬뜨로비치 벨낀 문학상Премия им.Ивана Петровича Белкина : 뿌쉬낀의 유명한 중편소설에서 그 명칭이 유래된 '이반 뻬뜨로비치 벨낀 문학상' 은 2001년 '엑스모-프레스' ЭКСМО-пресс 출판사와 문학월간지 〈즈나먀〉Знамя가 함께 설립한 문학상이다. 당해년도에 최초로 출판되었고 러시아어로 쓰인 중편소설이 수상대상이며, 총 5000달러의 상금이 책정되어 있다. 매년 12월 15일까지 후보작 추천을 받으며, 신문 · 잡지 편집국, 창작협회, 전문 비평가, 서평가, 출판 및 편집 종사자들이 후보작을 추천할 수 있다. 5편의 단편으로 이루어진 뿌쉬낀의 『벨낀 이야기』처럼 최종리스트에 총 5편의 후보작을 올리고, 그 중 최고수상작을 가린다. 심사 위원단 역시 5명으로 구성되며, 심사 위원은 매년 교체되는 것이 원칙이다. 2003년에는 마리나 비쉬네베쯔까야M. Вишневецкая가 『A.K.C. 사랑의 경험』 А.К.С.Опыт любви으로, 2004년에는 발레리 뽀뽀프В. Попов가 『세 번째 호흡』Третье дыхание으로, 2005년에는 블라지슬라프 오뜨로쉔꼬В.Отрошенко가 『엔지니어 시市에 관한 업무』Дело об инженерском городе라는 중편으로 수상의 영광을 안았다.

70) 아뽈론 그리고리예프 문학상Премия Аполлона Григорьева : 1997년 러시아 현대어문학 아카데미의 주관으로 제정되었으며, 2005년을 기점으로 문학사 뒤편으로 사라졌다. 비평을 제외한 시, 산문, 희곡 등 장르를 불문하고 수상작을 선정했으며, 매년 미화 25,000달러에 해당하는 상금이 수여되는 대상, 그리고 각각 2,500달러의 상금이 수여되는 장려상малая премия 두 편을 선정했다. 2001년부터는 최종 수상작을 지명한 비평가에게도 미화 1,000달러에 해당하는 상금을 수여하고, 젊은 작가에게도 2,500달러에 해당하는 추가 격려금을 지급했다. 2002년에는 마리나 비쉬네베쯔까야M. Вишневецкая가 중편 『A.K.C. 사랑의 경험』으로, 2003년에는 유리 아라보프Ю. Арабов가 장편 순교록 『비그-비뜨』Биг-бит로, 2004년에는 알렉산드르 까바꼬프А. Кабаков가 장편 『모든 것은 고칠 수 있다』Все поправимо로 대상의 영광을 안았다.

71) 에리히 레마르크(Erich Maria Remarque, 1898~1970): 독일의 소설가. 1929년 제1차 세계대전의 참전 경험을 소재로 한 소설 『서부 전선 이상 없다』로 세계적인 명성을 얻었다. 그는 이 소설로 1931년 노벨문학상 후보에 올랐지만, 수상의 영광을 얻진 못했다.

72) 여기서 겔라시모프가 '음악적'이라고 말하는 것은 비발디의 작품 '사계四季'를 염두에 둔 발언으로 보인다.

73) 대학생 부커Студенческий букер: 2004년 러시아 국립인문대학교가 '러시아 부커' 펀드와 함께 'Atlantis Communications'라는 기업의 후원을 받아 설립한 문학상이다. 2005년부터는 상뜨뻬쩨르부르그 국립대학교의 어문학부가, 2007년에는 모스끄바 국립대학교의 신문방송학부 및 어문학부, 모스끄바 국립 국제관계대학의 국제신문방송학부, 뻬름 국립사범대학의 어문학부가 이 프로젝트에 참여하기 시작했다. 2008년부터 '대학생 부커'는 전 러시아로 영역을 확대하여 러시아 대학에 재학하는 학부생이나 대학원 과정 학생들이 이 프로젝트에 참여할 수 있게 됐다. 2010년부터는 '러시아 통신수단 협회'가 '대학생 부커'의 주요 후원사가 되었다.

74) 내셔널 베스트셀러Национальный бестселлер: 2001년 뻬쩨르부르그에서 제정된 민간 문학상. '러시아 부커'와 달리 수상 대상을 소설에만 국한시키지 않고, 예술 산문, 다큐멘터리 산문, 평론, 에세이, 초고草稿 등 다양한 분야로 확장했다. '내셔널 베스트셀러'의 모토는 '자고 일어났더니 유명해졌다.'이다. '러시아 부커'와 유사하게 1단계 후보작 추천을 통해 롱-리스트를 작성하고, 2단계에서는 전문 문학 비평가 20명 가량으로 구성된 '대 심사단'에서 5-6편에 해당하는 숏-리스트를 작성한다. 1, 2단계의 심사내용은 모두 언론에 공개된다. 마지막 3단계에서는 전문 작가가 아닌 타 예술 분야 및 정·재계 인사들로 구성된 '소 심사단'이 숏-리스트에 올라간 작품 중 최고의 수작을 가려낸다. 최고수상자에게는 1만 달러의 상금을 주지만, 이 상금은 다시 수상자와 추천자가 각각 7:3의 비율로 나눠 가지게 된다. 숏-리스트에 올라간 다른 작가들에게도 1,000달러의 격려금이 지급되지만, 시상식 당일 해당 작가 또는 해당 작가에게 위임장을 받은 대리인이 시상식장에 참석한 경우에만 받을 수 있다는 흥미로운 조건이 붙어 있다. 시상식은 매년 5월 마지막 금요일 뻬쩨르부르그에서 개최된다.

10 :: 다니일 그라닌
Даниил Гранин

다니일 그라닌에게는 '회색의 추기경'[75]이라는 별명이 오랫동안 따라다녔다. 그 이유는 상뜨 뻬쩨르부르그 출신의 많은 작가의 운명이 그의 손에서 좌지우지되었기 때문이다. 그 영향력이 현재까지 이어지는 것일까?

그라닌의 실제 성은 게르만Герман이다. 전쟁 이후, 그라닌으로 성을 바꾸었다. 다니일 그라닌은 1919년 1월 1일 사라또프 주州의 볼리스끄라는 도시에서 태어났다. 이곳에서 부친은 산림 보호국 직원으로 일하다가 나중에 시베리아로 좌천되었다.

그라닌은 18세에 창작 활동을 시작했다. 첫 번째 단편 소설은 잡지 〈레제쯔〉Резец를 통해 발표되었다. 당시 〈레제쯔〉의 주요 기고 작가들은 숙청의 소용돌이에 휘말리게 되었고, 수록할 작품 수가 부족했던 잡지 측은 급하게 원고를 조달해야 했다. 이런 사정 덕분에 미숙한 그라닌의 첫 단편이 잡지에 실릴 수 있었던 것이다. 누구보다 그라닌 자신이 이러한 상황을 잘 이해하고 있었기 때문에 자신도 첫 작품 발표에 그다지 큰 기대를 하지 않았다. 그리고 한동안 학업에만 전념했다. 그때 그는 상뜨 뻬쩨르부르그의 종합기술 대학 전기공학과 학생이었다. 그러나 사그라지지 않은 창작에 대한 열정은 그로 하여금 대학을 졸업하기 전에 다시 펜을 들게 했다. 무엇보다 그라닌은 야로슬라브 돔브롭스끼Я. Домбровский[76]에 대한 흥미롭고 독특한 역사 소설을 쓰고 싶었다.

1940년 대학을 졸업한 그라닌은 끼로프 공장에서 일하다가 전쟁을 맞이한다. 젊은 혈기에 그라닌은 한치의 주저함도 없이 바로 민병대에 지원했고, 주로 탱크 부대에서 복무했다. 전쟁에서 돌아온 후, 그라닌은 상뜨 뻬쩨르부르그 동력기지의 기술자로 일하면서 자신의 글을 잡지에 기고하기 시작했다. 그런 가운데 박사과정 학생들의 일화를 그린 단편 『두 번째 대안』Вариант второй이 잡지 〈즈베즈다〉Звезда에 게재되었다. 이 단편은 유리 게르만Ю. Герман의 호평을 받았고, 그 덕분에 중편 『대양을 넘은 논쟁』Спор через океан이 연이어 게재될 수 있었다. 하지만 『대양을 넘은 논쟁』으로 인해 그라닌은 많은 비평가로부터 서구 추종주의자라는 비난을 받았다.

그라닌에게 작가로서의 확고한 명성을 가져다준 작품은 1955년에 출간된 장편 소설 『모험가들』Искатели이다. 그리고 7년 후, 그라닌은 『뇌우 속으로 가다』Иду на грозу라는 소설도 내놓았다. 이 소설의 주인공은 화학자로, 현실과 환상의 경계를 넘나드는 엽기적인 형상을 가지고 있다. 빅또르 또뽀로프В. Топоров는 익명의 글에 실린 내용을 인용하면서 그라닌이 미첼 윌슨Mitchell Wilson의 『번개와 살다』Live with Lightning, 1949라는 작품의 많은 부분을 표절하고 있다고 지적하기도 하였다. 그럼에도 불구하고 소설 『뇌우 속으로 가다』는 출간되자마자 많은 문학 비평가들로부터 극도의 찬사를 받았다. 미하일 로바노프М. Лобанов[77]만이 '과학의 유혹' Искус научности이라는 글에서 그라닌의 작품에 쏟아지는 찬사와는 다른 견해를 피력했다. 로바노프의 이 글은 1970년에 쓰인 것이지만, 1988년이 되어서야 세상에 소개되었다. 이 글에서 로바노프는 그라닌의 작품에 등장하는 이론가들의 오만에 차고 황당무계한 과학적 지식이 무슨 의미가 있는가에 대한 회의를 표명했다.

이와 관련하여 그라닌은 다음과 같이 자신의 뜻을 밝히고 있다.

"60년대 나는 과학적 진보가 인간의 삶을 모든 영역에서 새롭게 할 것이라고

> 믿었다. 그래서 그 당시 과학자는 나에게 가장 중요한 인물들이었고, 나는 그들을 시대의 영웅으로 추앙했다. 그러나 70년대에 이르러 내 생각은 바뀌었다. 이러한 변화를 보여준 작품이 중편소설 『같은 성姓』Одно фамилец이라 할 수 있다."
> 『러시아의 작가들: 동시대인들의 자서전』Писатели России: Автобиографии совеременников, 1998

무엇보다 많은 논쟁을 일으킨 그라닌의 작품은 『그림』Картина이다. 하지만 그 논쟁은 그라닌의 이름을 알리려고 그라닌의 배후에 있는 소위 '문학계 장성'들이 고의로 일으킨 것이다. 일종의 노이즈 마케팅이라 할 수 있을 것이다. 이 외에도 『고집불통』Зубр를 둘러싼 소음 또한 만만치 않았다. 이 소설에서 그라닌은 독일에서 인간을 상대로 유전자 실험을 했던 니꼴라이 찌모페예프-레솝스끼Н. Тимофеев-Ресовский[78]를 옹호하고 있다. 이 소설을 두고 알렉산드르 보르쉬곱스끼A. Борщговский는 다음과 같이 평가했다.

> "도무지 인간의 도덕과 윤리라고는 찾아볼 수 없는 작품이다. 작품의 주인공은 히틀러가 마련해 준 안락한 은신처에서 러시아로 향한 잠망경의 대안렌즈를 들여다보고 있다. 마치 러시아의 모든 부정과 죄악을 낱낱이 들춰내기라도 하려는 듯 말이다. 유럽은 과학의 '위대한' 진보 덕분에 폐허가 되어가고, 수만의 사람들이 죽어가고 있다. 그러한 비극에는 아랑곳하지 않은 채, 그는 초파리에만 몰두하는 것이다. 만일 두진쩨프가 『흰 옷』Белые одежды[79]에서 그 초파리들이 미래의 예술과 위대한 삶의 요소임을 보여주었다면, 그라닌의 작품에 등장하는 초파리들은 단지 성과를 위한 수단이자 도구일 뿐이다."

오랜 시간 동안 비평가들은 이미 고령의 나이에 접어든 그라닌의 작품에 대한 언급을 회피하였다. 그 터부를 깨고 빅또르 또뽀로프는 그라닌을 형편없는 작가라고 비판했다. 특히 소비에뜨 연방 공산당 중앙위원회 정치국 위원이었던 게오르기 로마노프Г. Романов를 비방하는 그라닌의 작품[80]에 대하여 혹평을 서슴치 않았다. 다음은 그 혹평의 일부이다.

> "나는 그라닌에 대하여 개인적인 어떤 감정도 가지고 있지 않다. 다만, 한때 로마노프에게 온갖 아부를 했던 그라닌이 로마노프가 권력에서 물러나게 되자 그를 비방하는 내용을 담은 작품을 썼다는 것은 도저히 용인할 수 없는 일이다."

이외에도 또뽀로프는 그라닌의 판에 박은 문체, 빈약한 심리 표현, 지루하게 이어지는 이야기의 구성들에 대하여 신랄한 비판을 하기도 했다.

고령의 나이에도 그라닌은 왕성한 창작력을 발휘했다. 하지만 그의 소설은 극히 소수에 불과한 독자층을 형성하고 있다. 그럼에도 그라닌은 1998년 러시아 대통령 훈장을 받았다. 가장 최근의 작품으로 『모든 것에 작은 아쉬움이 남았다』Все было не совсем так, 2010 가 있다. 이 작품은 유년시절부터 현재에 이르기까지 일어난 주요사건과 주변 인물들을 중심으로 한 일종의 회상록이라 할 수 있다.

75) '회색의 추기경' 이란 표현은 실세를 가진 인물을 일컫는다. 곧 그라닌이 문학계에서 상당한 지위와 힘을 가지고 있음을 의미한다.

76) 야로슬라브 돕브롭스끼(1836~1871): 코시치우슈코가 러시아에 대항해 일으킨 반란에서 뛰어난 활약을 보여 폴란드의 민족 영웅으로 존경받는 인물이다.

77) 미하일 로바노프(1925~): 문학비평가. 1968년 잡지 〈몰로다야 그바르지야〉Молодая гвардия에 글을 기고하면서 비평가로서의 입지를 굳혔다. 대표적인 저술로 『희곡작가 오스뜨롭스끼와 슬라브주의자 악사꼬프의 전기傳記』биография драматурга А.Н. Островского и славянофила С.Т. Аксакова와 다큐멘터리 형식의 소설 『스딸린』Сталин, 1995이 있다.

78) 니꼴라이 찌모페예프-레솝스끼(1900~1981): 유전자 복제에 관해 연구한 소비에뜨 생물학자이다.

79) 두진쩨프의 『흰 옷』은 소비에뜨 시대에 이루어진 유전학 연구의 비인간성과 비도덕성을 고발하는 소설이다. 이 작품은 당시 진행되던 유전학 연구를 반대한 뜨로핌 리센꼬T.Лысенко의 상황을 대변하는 '리센꼬주의' Лысенкощина를 옹호하는 소설이라 할 수 있다.

80) 1990년에 발표한 것으로, 게오르기 로마노프를 풍자한 소설 『우리의 소중한 로만 안드레예비치』Наш дорогой Роман Андреевич를 의미한다.

11 :: 예브게니 그리쉬꼬베쯔

Евгений Гришковец

예브게니 그리쉬꼬베쯔는 오늘날 가장 필요로 하는 극작가 중 하나이다. 그의 공연을 보려는 관객들이 길게 줄을 서 있는 풍경은 비단 모스끄바에서만 연출되는 것이 아니다. 전 유럽인들이 그리쉬꼬베쯔의 희곡을 감상하고 싶어하며, 그리쉬꼬베쯔는 하루가 멀다 하고 산더미처럼 쏟아지는 순회공연 제안에 몸이 열 개라도 모자랄 판이다.

예브게니 그리쉬꼬베쯔는 1967년 2월 17일 께메로보 시에서 태어났다. 그가 처음으로 연극에 관심을 보인 시기는 16살 때였다. 돔스끄 지역에 머물며 겨울방학을 보내던 중, 그는 어느 지방극단에서 올린 판토마임 공연에 완전히 매료되어 버렸다. 그리쉬꼬베쯔는 연극과 관련된 일을 하고 싶어 했지만, 그의 부모님들은 끈질기게 그를 설득하며 말렸고, 고등학교를 졸업하자마자 연극학교가 아닌 께메로프 대학 어문학부에 입학원서를 내도록 압력을 가했다.

그리쉬꼬베쯔가 대학 1학년에 다니던 시절 뻬레스뜨로이까가 선포되었고, 그는 곧 군대에 징집당해 태평양 함대에 배치되었다. 그가 군대를 제대한 이후 집으로 돌아왔을 때는 상점에서 비누조차 찾아볼 수 없을 정도로 주변 상황이 악화되어 있었다. 그리쉬꼬베쯔는 진지하게 이민을 고민하기 시작했고, 독일에서 판토마임 공연을 하면서 살아볼 생각까지 했다. 하지만 풍요로운 유럽은 그에게 이내 싫증을 안겨다 주었다.

그는 러시아로 돌아와서 '께메로프 예술가 연합회' Кемеровская организация Союза художников의 단장과 협력 관계를 맺게 된다. 동향 출신의 젊은이가 학생 극장을 설립하려 한다는 사실을 알게 된 께메로프 예술가 연합회 단장은 그리쉬꼬베쯔에게 전시홀을 극장으로 사용하라는 제안을 선뜻 건넸다. 1991년 그리쉬꼬베쯔는 첫 번째 연극 '우리는 헤엄쳐간다'Мы плывём를 관객들에게 선보였다. 하지만 초연이 끝나자마자 그리쉬꼬베쯔는 공연장소를 박탈당했다. 당분간 공연을 올리진 못했지만, 그리쉬꼬베쯔는 1편의 단편소설과 시 몇 편을 습작하며 계속해서 필력을 쌓아나갔고, 1994년 께메로프 대학 어문학부를 졸업했다.

1992년 그리쉬꼬베쯔는 자신의 극단 '로좌' Ложа 의 창단을 공표한다. 그는 하루 온종일 아버지와 함께 새로운 강당을 지었고, 해가 진 뒤에는 밤마다 연극 '타이타닉' Титаник의 리허설을 진행했으며, 1998년에는 께메로프에서 깔리닌그라드로 이주를 결심하게 된다.

연극 '나는 어떻게 멍멍이를 먹어치웠나' Как я съел собаку, 1999 는 그리쉬꼬베쯔에게 커다란 부를 안겨주었다. 당시 그는 우연한 기회에 모스끄바로 초대를 받게 됐고, 수도 모스끄바는 쌍수를 들어 환영하며 그리쉬꼬베쯔를 열렬히 맞이했다. 드미뜨리 비꼬프Д. Быков는 그리쉬꼬베쯔의 무대에 관해 다음과 같은 평론을 썼다.

"그리쉬꼬베쯔는 극장을 규정하는 조건적 형식을 허물어뜨렸다. 더 정확히 말하자면, 그는 극장의 조건성을 다른 영역으로 옮겨놓았다. 그의 작품들이 전통적인 연극에 대해 대척적인 경향을 보인다고 말할 수는 없다. 고차원적인 의미에서 보자면, 그의 작품들은 오히려 모든 효과를 배제한 채 무無에서 창조되는 군더더기가 없는 연극이다. '나는 어떻게 멍멍이를 먹어치웠나', '동시에' Одновр ЕмЕнно, 1999같은 희곡 작품들은 유희와 형상에 익숙해 지는 과정, 다시 말하자면, 매우 전통적 방식에 가까운 배우의 등장인물화를 염두에 두고 제작된 것들이다. 따라서 단순히 작가 자신이 연기에 직접 참여했기 때문에 이 작품들이 호평을 받는 것은 아니다."〈노비 미르〉Новый мир, 2001년 1호

그리쉬꼬베쯔의 수많은 작품은 이동 중에 집필된 것이다. 그는 어느 개인 인터뷰를 통해, 모스끄바에서 깔리닌그라드로 가는 열차 안에서 '러시아 여행객의 수기' Записки русского путешественника, 1999라는 희곡을 구상했으며, 깔리닌그라드에서 모스끄바로 돌아오는 열차 편에서는 '겨울' Зима, 1999 이라는 희곡을 집필했다고 밝힌 바 있다. '겨울' 에 관해서는 수많은 논쟁이 있었다. 드미뜨리 비꼬프는 '두 명의 남성이 한 명의 여성을 사랑하는' 삼각관계 속에서 있음직한 모든 경우의 수를 묘사하는 것이 바로 이 희곡 작품의 본질이라고 규정했다. 유럽에서는 그리쉬꼬베쯔의 모놀로그 연극 '대전투함' Дредноуты, 2001 이 남다른 인기를 끌었다. 젊은 연극평론가 마리나 다비도바M. Давыдова는 '대전투함' 에 관해 이렇게 평한다.

"이 작품에서 저자와 연기자의 위상은 매우 엄격하게 정식화되어 있다. 오로지 격전의 현장 속에서만 평범한 인간에서 영웅으로의 변신이 가능하다."〈이즈베스찌야〉Известия, 2003년 10월 8일

그리쉬꼬베쯔 역시 자신이 니체 역할을 맡아 연기했던 연극 '대전투함' 을 "여성들을 위해 남성들이 이룩한 공적"에 관한 작품으로 간주한다.
그리쉬꼬베쯔가 모스끄바에서 초연을 마친 이후, 문단 및 연극계에서는 그에 관한 수많은 대화들이 오갔다. 극작가이자 시인인 나딸리야 보가또바Н. Богатова는 다음과 같이 매우 흥미로운 관점을 제시한 바 있다.

"그리쉬꼬베쯔라는 현상의 본질은 화자 예술, 다시 말하자면, 즉흥예술 속에서 찾을 수 있다. 그는 약 20여 년 전에 즉흥적인 단편 작품을 들고 무대에 올랐

던 이라끌리 안드로니꼬프И. Андроников[81]의 직접적인 후계자다. 지금까지 아무도 구전되어 내려오는 단편 이야기들을 반복하거나 혹은 이라끌리가 사용했던 방식을 계승해 보려고 시도하지 않았다. 그리쉬꼬베쯔는 세 가지 얼굴을 하나로 통합해낸다. 그는 텍스트를 쓰고, 감독의 자격으로 그 작품을 무대에 올리고, 또 자기 스스로 연기도 한다. 만일 이런 '도식'에서 그리쉬꼬베쯔를 지워버리게 되면, 더 이상 아무것도 남지 않게 된다. 극예술의 핵심이 부재하기 때문이다. 〈…〉 물론 그리쉬꼬베쯔는 뛰어난 사람이다. 이는 뚜렷한 현상이다. 매력적인 사람이다! 그의 희곡은 인텔리들이 행하곤 하는 흔하디 흔한 자기분석이다. 다른 말로 하자면, 그의 희곡은 인텔리 계층이 자기 삶의 의미를 이해해나가는 과정의 일환이다. 하지만 그 의미탐색은 드라마적인 법칙보다는 다른 법칙에 따라 이루어진다."〈리쩨라뚜르나야 러시아〉Литературная Россия, 2005년 12월 2일

한편 그리쉬꼬베쯔는 우연히 올레그 멘쉬꼬프О. Меньшиков[82] 소유의 극장 대행사를 위해 특별히 개인 극단용 희곡작품을 써 달라는 청탁을 받았다. 인기절정의 배우 멘쉬꼬프는 그 대가로 그리쉬꼬베쯔에게 엄청난 금액을 지급하겠다고 제안했다. 하지만 그리쉬꼬베쯔는 멘쉬꼬프의 청탁을 도도하게 거절했다. 이로 인해 멘쉬꼬프는 막심 꾸로치낀М. Курочкин[83]에게 희곡을 의뢰할 수밖에 없었고, 그 요청을 수락한 꾸로치낀은 '부엌' Кухня이라는 희곡을 선보이게 된다.

그리쉬꼬베쯔는 심각한 재정난을 모르는 안정된 자산가가 된 지 오래이다. 하지만 그는 창작적 형식을 유지하기 위해 관객들이 딱 적절한 만큼의 공연비만 지불하는 지방의 작은 도시로 끊임없이 순회공연을 떠나야만 한다고 여긴다. 노비 루스끼[84]들은 자신들의 기업체 행사에 그리쉬꼬베쯔가 나타나기만 한다면야, 1회 출연당 미화 1만 달러에서 2만 달러에 이르는 금액까지도 지불할 준비가 되어 있지만, 거대기업체의 수뇌부들을 위한 파티에 참가해달라고 그를 설득하는 것은 실질적으로 거의 불가능하다. 그리쉬꼬베쯔 스스로 생각하듯이, 쉽게 번 돈은 절대 행복을 가져다 주지 않기 때문이다.

또한 그리쉬꼬베쯔는 반드시 필요한 경우라면 자신의 신념을 꺾지 않는 것으로도 유명하다. 2001년 모스끄바 소재 어느 대형출판사에서 그리쉬꼬베쯔의 첫 번째 희곡 선집 『도시』 Город, 2001를 출간했다. 그리고 2년 후에는 두 번째 희곡선집이 출간되었다. 하지만 출판업자들은 저자인 그리쉬꼬베쯔에게 쥐꼬리만한 인세를 지급했다. 그러자 그리쉬꼬베쯔는 출판 비지니스 세계의 파렴치한들을 두려워하지 않고, 전 세계를 향해 해당 출판사의 비열함을 폭로하며 모욕적인 발언을 퍼부었다. 비지니스는 정직하게 이뤄져야 한다는 것이 그의 신념이었던 것이다.

극장 외에도 그리쉬꼬베쯔는 오래전부터 음악에 몰두해왔다. 2002년 그는 '비구디' Бигуди[85]라는 그룹과 함께 '지금' Сейчас이라는 앨범을 제작했다. 유리 야로쯔끼Ю. Яроцкий는 '비구디'의 음악을 "속이 훤히 다 들여다뵈는 경솔하기 그지없는 시시한 짓거리"에 불과하다고 평한 바 있다.

> "대도시의 삶에서 얻은 느낌, 보통 아주 가까운 지인을 제외하고는 좀처럼 누군가에게 말하고 싶어하지 않는 느낌을 이야기하는 그리쉬꼬베쯔의 텍스트는 '비구디'의 음악과 매우 유사하다. 담배, 레스토랑, 교통 혼잡, 나이, 기타 등등 사람들이 파묻혀 살아가는 모든 것들이 등장한다. 때때로 사물들이 중요한 것처럼 보이기도 하지만, 유행의 첨단에 선 그리쉬꼬베쯔 감독은 그런 것들에 대해, 갑자기 찾아든 행운과 더불어 생겨난 엄청난 가벼움 그 이상도, 그 이하도 아니라는 투로 말하곤 한다." 〈꼬메르산뜨〉 Комерсантъ, 2003년 2월 21일

2004년 그리쉬꼬베쯔는 우연한 기회에 산문을 집필하게 되면서 이미지 변신을 시도하게 된다. 그는 모든 기교를 배제하고, 자신의 첫 번째 장편소설의 제목을 『셔츠』 Рубашка, 2004라고 명명했다. 비평가 블라지미르 엘리스뜨라또프 В. Елистратов[86]는 이 소설에 대해 다음과 같은 평을 내렸다.

> "『셔츠』는 그리쉬꼬베쯔가 새로운 경계를 개척하려는 시도이다. 그는 '무대 위

청년'이라는 협소한 이미지 속에 갇혀버렸다. 하지만 그리쉬꼬베쯔는 매우 오래된 '음성적인' 방식을 통해 새로운 '문어적' 경계를 완전히 제 것으로 만들었다. 이것이 과연 좋은 선택일까? 잘은 모르겠지만, 시간이 말해줄 것이다. 『셔츠』는 결국 '예브게니 그리쉬꼬베쯔의 하루'이다. 그리쉬꼬베쯔야말로 과거에는 시골뜨기였지만 지금은 성공한 건축가 사샤의 모습 그 자체이다. 사샤는 아침에 새로운 셔츠를 입고, 그 옷을 걸친 채로 하루 종일 돌아다닌다. 그는 셔츠를 입은 채로 먹고, 이발도 하고, 셔츠에 관해 생각하며, 막스Макс라는 다른 사람과 대화를 나누고, 전쟁에 관한 꿈을 꾼다. 물론 셔츠는 점점 더러워진다. 사샤는 생기 넘치는 인물이다. 이발을 한 뒤에 머리카락들은 셔츠 깃에 떨어지고, 사샤는 땀범벅이 되고, 뭐 온통 그런 이야기들이다. 이게 전부다. 말하자면 『셔츠』는 고전주의 연극에서 요구했던 '3일치一致의 법칙'[87]에 입각하여 집필된 작품이다. '3일치의 법칙'은 시간(24시간), 장소(셔츠, 물론 사샤가 연극에서 내내 모스끄바를 돌아다니긴 하지만, 어쨌든 간에 셔츠를 입은 채로 돌아다닌다), 그리고 행위의 일치를 의미한다. 본질적으로 이 작품에서 행위는 존재하지 않기 때문에, 행위에 관한 사항을 논의하자면 이야기는 좀 더 복잡해진다. 의미상으로 보자면, 줄거리도, 슈젯도 없고, 발단, 절정, 결말을 비롯하여 다른 문학적 구미를 당기는 구성도 부재한다. '이상적인 내용'에 관해 언급하는 일은 불필요하다. 연출은 비판적 리얼리즘 혹은 사회주의 리얼리즘을 떠올리게 하는 점잖지 못한 방식으로 전개된다. '예술적인 수단, 즉, 묘사적이며 표현적인 수단'에 관한 것이라면 아예 입을 다무는 게 좋다. 그의 텍스트에는 '비도상성', 즉 형체를 알아볼 수 없는 것이 가득하다. 은유도, 의인화도, 과장법도 아니다... 그렇다고 정말 시시하기 그지없는 형용어구들도 아니다. 그냥 아무것도 아니다. '난 출발했다'. '난 떠났다'. '난 도착했다' 뭐 이런 식이다. 첫 번째 장에는 '나'Я라는 단어가 12번, '있었고, 있었고, 있었다'был, была, было가 8번, '들리고—들렸다'слышал–услышал가 6번, '소리'звук라는 단어가 5번 나온다. 문체는 스파르타적이면서도 샤머니즘적이다. 한마디로 단어는 적게 들어가고, 사람을 홀리거나 마비시키는 소리가 내내 반복된다." 〈즈나먀〉Знамя, 2005년 2호

그리쉬꼬베쯔는 모스끄바에 위치한 최고급 호텔 '발축' Балчуг 의 객실에서 자신의 장편소설 『셔츠』를 탈고했다. 애국주의 시인 알렉산드르 보브로프 А. Бобров 는 '발축' 호텔에 관한 이야기를 전해 듣고 불같이 화를 냈다. 그가 계산해 본 바로는, 이 호텔에서 가장 저렴한 객실에 묶더라도 하루에 보통 300달러를 지불해야만 했다. 말하자면, 그리쉬꼬베쯔가 2주간 호텔에 머물면서 사용한 비용은 4000달러 이상이 되는 셈이다. 보브로프는 '꿀뚜라' Культура 채널에 출연해서 진정한 러시아 작가라면 그런 식으로 살 수 없다고 단언했다. 하지만 살아가는 모습만으로 작가를 판단하지 않고, 텍스트를 이해할 줄 아는 비평가들이 등장했다. 예를 들어, 마르끄 리뽀베쯔끼 М. Липовецкий[88]는 다음과 같이 확언한다.

"『셔츠』는 힘과 남성적 형제애라는 환영에 홀린 채, 발육 부전증을 앓는 자가 우아한 문체로 행하는 고백이다. 다른 말로 하자면, 소설 내에서 제국주의적이며 심리학적인 복합체는 예리하게 파고드는 아이러니와 더불어, 낭만주의적 연상을 불러일으키는 후광 속에서 슬며시 모습을 감춘다. 이것이야말로 현자들을 위한 '형제-2' Брат-2[89]가 아니고 또 무엇이란 말인가?" 〈Ex libris НГ〉 2004년 10월 21일

그리쉬꼬베쯔의 두 번째 장편소설은 『강』 Реки, 2005 이라는 제목을 달고 있다. 저자가 밝힌 바와 같이, 그는 이 소설을 2003년에 구상을 해 두었다가 어느 순간 그 구상을 대작으로 만들어냈다.

"이 소설은 내가 여행 틈틈이 써두었던 메모와 노벨라로 구성된 작품이다. 이 작품은 전부터 내가 출판하고자 했던, 내용적 · 형식적으로 볼 때 어슴푸레하고 그야말로 유쾌함이 가득한 소책자, 혹은 에세이 모음집이라고 할 수 있다. 이 책은 중편소설보다 3배 혹은 4배 이상 더 많은 분량으로 나와야만 했다. 나는 그런 책을 만들자고 내심 자신에게 강요했고, 바로 이 때문에 이 작품의 언어,

형태, 구성이 애매모호해져 버렸다. 소위 재료역학이라는 것이 존재하지 않았기 때문이다. 그런데 2년 전 나는 컴퓨터를 도둑맞고 말았다. 하지만 나는 아무것도 복원시키지 않기로, 원래 텍스트에 연연해 하지 않기로 마음먹었다. 그러다가 올해 초, 1월 중순 즈음에 우연히 최초의 텍스트로 되돌아가 버렸다. 나이도, 문제에 대한 이해방식도, 성품도 달라진 상태에서 최초에 써놨던 텍스트를 접하게 된 것이다. 그리고 스스로도 놀래버릴 만큼 간결한 책이 완성되었다."〈이즈베스찌야〉2005년 4월 27일

이후 그리쉬꼬베쯔는 영화계를 정복하러 나선다. 2005년 그는 스따니슬라프 고보루힌С. Говорухин[90]의 제안을 받아들여, 두진쩨프[91]의 소설을 각색한 영화 '빵만으로는 살 수 없다' Не хлебом единым에 출연했다. 여기서 유명한 극작가 그리쉬꼬베쯔는 죄없는 사람에게 스파이 누명을 덮어 씌우는 국가 안전 기관 요원 역할을 맡아서 연기한 바 있다.

81) 이라끌리 안드로니꼬프(1908~1990): 작가이자 문학연구가이며, TV 프로그램 진행자로도 활동했다. 1967년 '레닌상'을, 1976년에는 '소비에뜨 연방 국가상'을 수상했다. 1982년에는 소비에뜨 국민 배우라는 직함을 받았다.

82) 올레그 멘쉬꼬프(1960~): 배우이자 연극 감독으로, 1981년 쉐쁘낀 연극학교를 졸업하고 말리 극장에 입단했다. 제대 후 1985년에는 예르밀로프 극단으로 이적하여 1989년까지 무대에 올랐으며, 1995년에는 '814 집단'이라는 자신의 극단을 설립했다. 2008년 초에는 '벚나무 숲' Черешневый лес 페스티벌에 참여하여, 자신이 직접 제작한 최초의 모노드라마 '1900'을 모스끄바 시의회 극장에서 상연했다. 1995년 '태양에 지친 사람들' Утомлённые солнцем, 1994 로 '러시아 국가상'을 수상했으며, 1997년에는 '깝까즈의 포로' Кавказский пленник, 1996 로, 2년 뒤인 1999년에는 '시베리아 이발사' Сибирский цирюльник, 1999 로, 총 3차례에 걸쳐 '러시아 국가상'을 수상했다. 2003년 러시아 연방 국민 배우 호칭을 얻었으며, 2010년 러시아 영화예술 발전 및 다년간에 걸친 창작활동에 대한 공을 인정받아 러시아연방 대통령령에 따라 명예훈장을 수여 받았다.

83) 막심 꾸로치낀(1970~): 우끄라이나 극작가. 『드라마의 새로운 길을 모색하기 위해』 За поиск новых путей в драматургии, 1998로 '안티 부커'에서 심사위원 특별상을 받았다. 대표작으로는 『까르빠찐 대위의 권리』 Право капитана Карпатин, 1996, 『스위치』 Выключатель, 2007 등이 있다.

84) 노비 루스끼: 소비에뜨 연방 사회주의 공화국 붕괴 이후 등장한 신흥재벌세력.

85) '비구디' Бигуди 라는 단어는 파마용 그루프라는 의미를 담고 있다.

86) 블라지미르 엘리스뜨라또프(1965~): 시인이자 작가, 평론가, 번역가 등 다방면으로 활동 중이며, 현재 모스끄바 국립대 외국어학부 교수로 재직 중이다. 『모스끄바 통용어 사전』 Словарь московского арго, 『러시아 통용어 사전』 Словарь русского арго, 『러시아 슬랭 주석사전』 Толковый словарь русского сленга, 『바실리 숙쉰 언어사전』 Словарь языка Василия Шукшина 등 다수의 사전을 편찬했으며, 『모스끄바의 선원』 Московский Водолей, 『스틱스 강 너머 저편에』 По ту сторону Стикса 등의 시선집 및 『통용어와 문화』 Арго и культура 라는 저서를 출간했다. 러시아 작가협회 회원이며, 월간 문예지 및 사회정치 관련 월간지에 러시아 문학 · 어학 · 문화에 관한 글을 꾸준히 기고 중이다.

87) 1637년 '르 시드' 논쟁을 필두로 연극에서의 규범적용 필요성을 제기하는 소논문들이 쏟아져 나왔으며, 1640년대 들어서는 엄격한 극작술이 정형화되기에 이른다. 아리스토텔레스의 카타르시스 개념을 적용하려면 연극적인 재현이 현실과 유사해야만 한다는 전제 하에, 무대에 신빙성을 부여하기 위한 다양한 규칙들, 즉 무대에서 재현되는 사건의 시간과 작품의 지속시간을 일치시키려는 '시간의 단일성', 제한된 시간 속에서 많은 지역을 이동할 수 없다는 '장소의 단일성', 하나의 주제에 모든 것을 종속시켜야 한다는 '사건의 단일성' 원칙이 만들어졌다. 후일 각 작품은 일정한 변수에 따라 제작되지만, 반드시 하나의 단일한 장르에 속해야 한다는 '장르혼용의 금지원칙'이 추가되었다.

88) 마르끄 리뽀베쯔끼: 문학연구자이자 비평가. 소비에뜨 시기 문학 및 현대 문학사, 러시아 포스트

모더니즘이 주요 연구대상이다. 현재 미국의 콜로라도 대학 교수로 재직 중이며, 대표 저서로는 『문학 설화의 시학』Поэтика литературной сказки, 1992, 『현대 러시아 문학. 1950-1990년대까지』 Современная русская литература. 1950-1990-е годы 등이 있다.

89) 형제-2 Брат-2: 보드로비 С. Бодровый 2세가 주연을 맡았던 영화를 염두에 둔 말. '형제-2'는 세르게이 보드로프 С. Бодров가 주연으로 나온 알렉세이 발라바노프 А. Балабанов의 영화로 2000년 개봉 당시 영화 및 사운드트랙 랭킹 1위를 차지했다. '형제-2'는 전편인 '형제' Брат의 후속작으로, 주요 인물 및 슈젯이 전작과 관련을 맺고 있다.

90) 스따니슬라프 고보루힌(1936~): 영화배우이자 감독, 시나리오 작가로, 2006년 러시아 국민 배우의 호칭을 받았다. 2005년부터는 '통일 러시아' Единая Россия 당의 당원으로 활동 중이다.

91) 블라지미르 두진쩨프(1918~1998): 우끄라이나 하리꼬프 주의 꾸반스끄 태생의 작가. 2차 대전에 장교로 참여했다가 부상을 당한 뒤, 1945년에 전역할 때까지 시베리아에서 군 검찰관으로 근무했다. 전쟁이 끝난 뒤 모스끄바로 돌아와서 1951년까지 〈꼼소몰스까야 쁘라브다〉에서 기자로 근무했다. 1952년 단편 선집 『7명의 영웅들 곁에서』 У семи богарырей를 선보였고, 이듬해에는 중편 『내게 주어진 자리에서』 На своём месте를 내놓았다. 1952년 장편 『빵만으로는 살 수 없다』를 출간하며 엄청난 반향과 논쟁을 불러일으켰다. 소설의 주된 내용은 스딸린 시대에 권력층의 압제와 관료주의에 대항하여 덧없는 투쟁을 벌이는 발명가에 관한 것이다. 볼프강 까작 В. Казак은 "예술적 가치보다는 당시 소비에뜨 연방의 집권층과 민중들 사이에 존재하던 단절과 결렬의 상황을 솔직하게 묘사했다."라는 점에서 이 소설을 높이 평가했다. 흐루쇼프의 '해빙기'가 끝난 뒤 두진쩨프의 작품은 실질적으로 출판이 금지되었다. 1987년 두진쩨프는 20여 년에 걸쳐 집필한 장편 『하얀 옷』 Белые одежды을 출간했고, 1988년 이 소설은 '소비에뜨 연방 국가상'을 수상했다.

12 :: 다리야 돈쪼바

Дарья Донцова

다리야 돈쪼바, 보리스 아꾸닌Б. Акунин, 알렉산드라 마리니나A. Маринина는 2005년 미국에서 발행되는 비즈니스 잡지 〈포브스〉Forbes에서 연간 백만 달러가 넘는 수익을 올리는 러시아 작가로 나란히 이름을 올렸다. 더욱이 〈포브스〉는 돈쪼바의 수입이 약 210만 달러라고 구체적으로 밝혔다. 이것은 러시아 작가들에게 있어서는 거의 천문학적인 숫자에 가깝다. 돈쪼바는 2004년에 이미 99권에 이르는 책을 발간했으며, 평균 발행 부수가 거의 200만부에 이른다. 러시아 출판시장에서는 이것 또한 기록적인 숫자가 아닐 수 없다. 돈쪼바보다 많은 책을 출간한 작가는 끄라스노야르스끄 출신의 추리작가, 알렉산드르 부쉬꼬프A. Бушков[92]밖에 없다.

다리야 돈쪼바는 1952년 모스끄바에서 태어났다. 아버지, 아르까지 바실례프A. Васильлев도 작가였다. 아버지는 주로 열성적인 혁명가들에 대한 책과 안드레이 블라소프A. Власов[93]의 체포를 모티프로 한 소설을 썼다. 돈쪼바는 모스끄바 대학교 언론학부를 졸업한 후, 통역가로 시리아 영사관에서 일했다. 한때, 〈베체르냐야 모스끄바〉ВечерняяМосква 신문사에서 기자로 일하기도 했다.

1979년 돈쪼바는 처음으로 〈유노스찌〉 잡지에 추리소설을 기고한다. 그러나 당시 심사를 담당했던 미하일 오제로프M. Озеров[94]로부터 거절을 당한다. 두 번째 쓴 중편소설 역시 그로부터 매우 부정적인 평가를 받았다.

돈쪼바가 추리소설을 쓰기 시작한 것은 심리학자였던 세 번째 남편의 권유 때문이었다. 그때 돈쪼바는 유방암 수술을 받은 후, 오랜 시간 병상에 있었다. 신문기자 니까 드랍끼나Н.Драбкина는 돈쪼바가 추리소설 작가로 탄생하는 첫 순간을 다음과 같이 적고 있다.

> "항암 치료로 머리카락이 다 빠진 머리에 털실 모자를 쓰고 깡 마른 몸으로 돈쪼바는 자신의 추리소설을 들고 '엑스모' Эксмо 출판사를 찾아갔다. 문에서 따찌야나 뽈랴꼬바Т.Полякова[95]와 마주쳤는데, 그녀가 편집 책임자의 방을 알려 주었다. 돈쪼바는 망설이다가 문을 두드렸다. 그리고 안으로 들어갔다. 방 안에는 산더미처럼 쌓인 원고에 둘러싸인 한 여자가 앉아 있었다. 그 여자는 새내기 추리소설 작가의 말을 진지하게 들어주었고, 옆에 산처럼 쌓여 있던 원고의 맨 위에 그녀의 원고를 놓으며 연락해 주겠다고 말했다. 돈쪼바는 아무런 기대도 하지 않았다. 그러나 몇 주일이 지난 후, 출판사로부터 연락이 왔다. 『막대한 재산의 상속자들』Куртые наследнички의 출판 계약을 하자는 것이었다. 그리고 필명을 만들 것을 제안했다."〈저녁 클럽〉Вечерний клуб, 2005년 5호

현재 돈쪼바는 추리소설의 황제로 일컬어진다. 작가 자신의 말에 따르면, 돈쪼바에게 많은 영향을 준 작가는 요안나 흐멜렙스까야Иоанна Хмелевская[96]이다. 돈쪼바는 자신의 소설이 도스또옙스끼 혹은 카를로스 카스타네다Carlos Castenada와 같은 재능있는 작가가 쓴 소설과는 다르다고 인정한다. 이에 덧붙여 그녀는 자신은 어른들을 위한 이야기를 쓸 뿐, 문학사 전당에 길이 남을 작가가 되고 싶은 허황한 꿈은 꾸지 않는다고 말했다.

그와 같은 입장을 고수하는 돈쪼바의 소설에 대하여 뽈리나 꾸베예바П.Кубеева는 다음과 같이 평한 바 있다.

> "돈쪼바의 소설을 읽는 것은 즐겁다. 개구쟁이 아이들, 심술 맞은 이웃들, 늘 짖

어대는 개까지, 그녀의 소설에는 주변에서 흔히 마주치는 사람들이 주인공으로 등장한다. 그들은 특별한 주목을 받을 만한 사람들도 아니고, 운이 그리 좋은 편도 아니다. 그들이 처한 상황은 늘 코미디를 방불케 할 정도로 황당하다. 이로 인해 작품의 줄거리를 일목요연하게 정리하여 다시 전달할 수는 없지만, 소설을 읽는 동안 느낄 수 있는 흥미는 매우 크다."〈이즈베스찌야〉2002년 4월 24일

돈쪼바는 컴퓨터를 사용하지 않고 직접 손으로 원고를 쓴다. 매일 아침 6시부터 오후 4시까지 창작에 전념하는데, 하루에 18~19쪽 분량의 글을 쓴다. 2002년 상반기까지 돈쪼바는 30권에 달하는 추리소설을 발간했다. 각 소설의 발행 부수는 평균 2천만 부에 달했으며, 2004년 초까지 이미 62권의 소설을 집필하였다.

돈쪼바는 한때 유명세를 치르기도 했다. 연극 감독 끼릴 가닌K. Ганин에 의해 명예훼손으로 고소를 당한 것이다. 그 이유는 돈쪼바의 소설 중 『치과의사도 운다』Дантисты тоже плачут에 등장하는 인물인 경찰 서장이 '가닌 극장'에서 상연되는 연극은 거의 포르노 수준이라는 말을 했기 때문이다. 이를 빌미로 가닌은 명예 훼손과 정신적 피해에 대한 보상액으로 일만 루블을 낼 것과, 책의 판매를 전면 중단시킬 것을 요구했다. 고소를 하기 1년 전, 가닌은 돈쪼바의 불운한 미래를 예견했던 '다리야 돈쪼바, 가닌 극장에 대한 에로틱 판타지' Дарья Донцова. Эротическия фантазия про театр Ганина라는 연극을 상연했었다. 이 연극을 통해 경찰서장이 한 말에 대한 응분의 복수를 하고자 한 것이었다. 이때 '엑스모' 출판사 측이 문제 해결에 나섰다. '엑스모' 측은 경찰서장의 대사를 수정하여 재발간할 것을 약속했다. 그러자 가닌도 더는 연극을 상연하지 않을 것을 약속했었다. 그렇게 문제가 일단락 지어지는가 싶었지만, '엑스모'는 재발행 약속을 이행하지 않았다. 이에 격분한 가닌이 결국 고소를 감행한 것이다. 이때 출판사 측은 자신들이 약속을 지키지 않은 것을 빌미로 삼아, 가닌 감독이 러시아에서 가장 인기 있는 추리소설 작가와의 스캔들을 이용하여 자신의 극장을 광고하려는 의도를 품고 있다고 비난했다. 결

국 돈쪼바는 유능한 변호사를 선임했고, 재판에서 승소했다.

현재 출간되고 있는 돈쪼바의 소설들은 이미 이전의 인기를 지속하기에는 많은 약점을 가지고 있다는 평가를 받기도 한다. 다작의 당연한 결과일지도 모른다. 대중들의 흥미를 유발할 수 있는 소재들이 화수분처럼 쏟아져 나오는데도 분명히 한계가 있을 것이다. 그러나 이는 한때 가볍게 읽을 수 있는 독서를 선호했던 대중들의 기호가 변화되었다는 또 다른 측면에서 생각해 볼 수도 있다. 즉, 인쇄매체가 미디어에 밀리는 현실은 차치하고라도, 독서를 하고자 하는 대중들이라면, 이제 삶의 깊이와 향기를 사색할 수 있는 '문학' 을 원하는 쪽으로 기울어진 것이다. 돈쪼바 스스로 인정했던 것처럼, 그녀의 작품은 문학사에 길이 남을 명품의 '문학' 은 아니었기에 말이다.

92) 알렉산드르 부쉬꼬프(1956년~): 추리소설, 환상소설, 역사소설, 스릴러 등 부쉬꼬프가 지금까지 발간한 소설은 1,700만부에 달한다.

93) 안드레이 브라소프(1901~1946): 소비에뜨 육군 중장이었다. 제2차 세계 당시 대전 독일의 포로가 되었다가 독일로 전향하여 조국의 배신자로 낙인찍힌다. 1945년 소련군에게 체포되어 사형선고를 받았다.

94) 미하일 오제로프: 작가이자, 신문기자, 국제논설위원, 정치학 전문가이다. 2006년부터 〈이즈베스찌야〉 국제 통신원으로 일하고 있다. 2008년 기자 연맹에서 수여하는 기자상을 받았다.

95) 따찌야나 뽈랴꼬바: 추리소설 작가. 유치원에서 14년간 일하다가, 1997년부터 취미로 추리소설을 쓰기 시작했다. 발행 부수가 255백만 부를 훌쩍 넘는 소설이 약 60권에 이른다. 그녀의 작품 중 『까탈스런 사람』Тонкая штучка이 영화로 만들어졌으며, 『그렇게는 안되지』Как бы не так, 『맞추기 힘든 표적』Строптивая мишень이 연작 드라마로 만들어졌다.

96) 요안나 흐멜렙스까야(1932~): 폴란드 출신의 추리소설 작가로, 러시아 추리소설 독자들에게 매우 인기가 높다. 현재까지 왕성한 창작활동을 하고 있다.

13 :: 보리스 옙세예프
Борис Евсеев

보리스 옙세예프는 1951년 11월 10일 헤르손에서 출생했다. 6세부터 바이올린을 켰던 그는, 1970년에 헤르손 음악학교Херсонское музыкальное училище를, 1974년에는 그네신 음악학교Институт им. Гнесиных를 졸업했다. 1995년에는 모스끄바에서 고등 문학과정을 마쳤다. 그네신에서 수학할 당시, 게오르기 꾸니찐Г. Куницын이라는 인물은 젊은 옙세예프에게 특히나 강한 인상을 안겨줬다. 그는 당 조직에서 축출된 뒤 그네신에서 미학을 가르치던 사람이었다. 꾸니찐의 사상에 영향을 받은 옙세예프는 소비에뜨 연방에서 추방된 솔제니찐을 변호하기 위해 1974년 공개적으로 단상에 나서게 된다. 그의 이런 행동은 관할 기관에도 모두 알려졌고, 후일 옙세예프는 꽤 오랫동안 공식적인 출판을 금지당했다.

1974년 옙세예프는 첫 번째 단편을 쓰게 된다. 내용은 감옥에서 죄수들을 총살시킨 인물에 관한 것이었다. 이때부터 '양심의 자각' 이라는 문제는 옙세예프에게 있어서 중요한 주제가 되었다. 빠벨 바신스끼П. Басинский[97]는 자신의 친구였던 옙세예프를 '고전적인 진리탐구자' 라고 칭하기도 했다.

1978년 옙세예프의 친구들은 사미즈다뜨самиздат[98]를 통해 2권의 선집으로 옙세예프의 초기작들이 출간될 수 있도록 지원해줬다. 처음에 옙세예프는 시를 통해 대중에게 이름을 알렸다. 1993년 옙세예프는 『타오르는 슬픔의 불꽃 사이로』 Сквозь восходящее пламя печали 라는 첫 번째 시선집을 출간했다. 하지만 시는 옙세예프의 생활고를 전혀 해결해 줄 수 없었다. 처음에는 생계를 위해 음악으로 돈벌이에 나서기도 했다. 결국 옙세예프는 1992년 〈리쩨라뚜르나야 가제따〉에 취직했다가, 1999년에는 주간지 〈끄니쥐노예 오보즈레니예〉로 자리를 옮겼고, 2001년에는 '흐로니꾜르' Хроникёр 출판사로 다시 한 번 일자리를 옮겼다.

옙세예프의 산문 중에서 가장 먼저 비평가들의 평가를 받은 작품은 중편 『바보 성인』 Юрод 이다. 이 작품은 바보 성인에게 맞서 싸우는 광인들의 전쟁에 관한 이야기로 〈P.S.〉 Постскриптум 라는 잡지에 게재되었다. 옙세예프는 이 작품이 허구를 바탕으로 창작된 것이 아니므로 더욱 빛을 발한다며 스스로도 만족스러워했다.

> "모든 것들은 존재하는 것들이다. '세르기예프-빠사드' Сергиев-Посад[99]라는 장소도, 정신병자들을 위한 병동도, 정신 나간 동성연애자, 검사 등 이 모든 것들은 나만의 특별한 경험에 기대어 써 내려간 것들이다." 〈리쩨라뚜르나야 러시아〉 2000년 4월 14일

바신스끼의 지적처럼, 옙세예프는 다양한 "형상들 가운데에서 매우 불손하고 형이상학적인 암시와 유사성을 솜씨좋게 실현해내는 재주"를 타고났다. 시간이 흐른 뒤 옙세예프의 친구들은 그의 장편소설 『배척된 찬가들』 Отреченные гимны 에 대해 엄청난 찬사를 보냈다. 처음에 이 작품은 〈노비 미르〉 지면을 통해 발표될 예정이었지만, 결국에는 매우 축약된 형태로 2002년 〈드루쥐바 나로도프〉 Дружба народов 제11호, 제12호 지면에 게재됐다. 저자의 구상에 따르자면, 작품을 이끄는 모험 슈젯은 주인공들의 종교적 · 철학적인 탐색과 긴밀하게 엮여 나가야만 했다. 주인공은 예전의 집주인이자 공장주의 증손자로, 세속적인 시련을 헤쳐나가야 되는 운명에 처한 인물이다. 따라서 작품

전체를 통틀어 기독교 관련 모티프가 출현하는 것은 우연이 아니다.
장편 『배척된 찬가들』이 잡지에 게재되자마자, 몇몇 비평가들이 이 작품을 불가꼬프의 『거장과 마르가리따』Мастер и Маргарита와 비교하면서 수많은 유사성을 지적했다. 당시 고리끼 세계문학연구소의 이론 분과장이었던 유리 보레프Ю. Борев[100]가 특히나 이 점을 밝히는 데 있어서 큰 성과를 거뒀다.

> "보리스 옙세예프는 현대 도시를 발견해 낸 사람이다. 그는 처음으로 신비에 휩싸인 현대의 모스끄바를 우리들에게 보여준 작가이다. 나는 『배척된 찬가들』이라는 소설을 읽어 내려가다가, 갑자기 모스끄바의 앞마당과 인적이 드문 뒷골목에 간직된 은밀한 신비로움을 느꼈다." 〈리쩨라뚜르나야 러시아〉2004년 6월 4일

이후 알라 볼샤꼬바А. Большакова는 『바보 성인』, 『숫양』Баран, 2001, 『개의 권력』Власть собачья, 2003, 『배척된 찬가들』 등과 같이 1990년대 말에서 2000년대 초반에 집필된 옙세예프의 저서를 치밀하게 분석해냈다. 그 후 볼샤꼬바는 옙세예프라는 작가가 현대 산문 분야에서 새로운 경향의 개척자, 특히 기독교적 신모더니즘의 선구자라는 결론을 내리게 된다. 그녀는 옙세예프가 시적 언어에 내재된 놀라운 물질적 표현성과 패러독스한 형상들, 그리고 리얼리즘적 요소와 모더니즘적인 요소들의 결합을 기반으로 삼아 수많은 작품을 창작해 낸다고 간주한다.
한편 인나 로스돕쩨바И. Ростовцева[101]는 다음과 같은 의견을 내 놓았다.

> "마치 바흐찐의 생각을 검증하기라도 하는 듯한 보리스 옙세예프의 산문은 우리가 살아가는 세계의 뒤엉킨 상태를 보여준다. 하지만 그의 산문은 대부분 현대작가들이 세계를 그려내는 방식과는 완전히 다른 측면에서 세계를 보여준다. 움베르토 에코는 '전형적 작가'라는 개념을 도입한 바 있다. '전형적 작가'는 문체적 기법의 총체이다. 이는 거시적 구조 속에 나타나는 저자의 스타일이자, 늘 감지되곤 하는 저자의 목소리에 비견된다. 나는 독자들이 화자로서 옙세예

프의 목소리를 절대적으로 구분해 낸다고 생각한다. 옙세예프의 중편 『한밤의 사열』Ночной смотр, 혹은 단편 『앉으렴. 쓰렴. 죽어버려…』Садись. Пиши. Умри…, 『삶의 가느다란 끈』Узкая лента жизни 등을 읽어나가다보면, 우리는 금세 그의 목소리를 알아차리곤 한다. 또한 옙세예프의 산문은 형이상학적이다. 즉, 다분히 '비물질적이며', '철학적이다'. 하지만 그렇다고 해서 그의 글을 전적으로 '순결무구한' 산문이라고 말할 수는 없다."〈리쩨라뚜르나야 러시아〉2004년 6월 4일

그 후 옙세예프는 『초소형 바이올린 제작에 관한 몇 가지 서설』Некоторые подробности мелкой скрипичной техники이라는 작품을 쓰게 된다. 이 작품은 2005년 잡지 〈옥짜브르〉Октябрь 지면에 『글쟁이』Романчик라는 제목으로 게재되었다. 옙세예프는 이 작품을 집필하던 도중 갑자기 다음과 같은 느낌이 들었다고 고백한다.

"오늘날 우리 시대는 가슴이 저밀 정도로 70년대 초반을 떠올리게 한다. 나는 현대의 세계와 70년대 사이에 유사성이 존재한다는 사실에 깜짝 놀랐다. 〈…〉 내 학창시절의 파편 중 하나가 수면으로 떠올랐고, 밀고자들과 돌아오지 않는 자들이, 망명자들이, 명랑한 음악가들이, 솔제니찐이, 로스뜨로뽀비치Ростропович[102]가, 비소쯔끼Высоцкий가, 당시 온갖 영웅들이 떠올랐다. 〈…〉 어느 순간 갑자기, 70년대 당시에 필요했던 것은 그 유례를 찾기 어려울 정도로 비참한 결과를 가져왔던 전쟁과 반체제 운동이 아니라, 음악, 사랑, 그리고 언어가 아니었을까라는 생각이 들었다. 정말 그런 것인지는 잘 모르겠다. 하지만 당시에는 미처 존재하지 않았던 새로운 단어가 이제는 고통 속에서 생겨나고 있다. 소설 분량이 많은 편은 아니지만, 이 작품에는 이런저런 사상보다는 에로틱한 사랑과 음악에 관한 이야기가 더 많이 들어가 있다."〈리쩨라뚜르나야 러시아〉2002년 12월 20일

옙세예프의 『글쟁이』는 수많은 평론의 대상이 되었다. 2005년도에 이 작품은 '러시아 부커' 숏-리스트에 포함되기도 했다. 하지만 당시 비평계는 매우 조심스러운 태도를 보였다. 세르게이 호드네프С. Ходнев[103]는 이렇게 단언했다.

"… 이 책은 저 멀리 지평선에 자리한 안드로뽀프Андропов라는 위협적인 인물과 더불어, 음울했던 브레쥐네프Брежнев 집권 후기의 침체된 상황에 대해 내리는 뼈아픈 선고처럼, 오랜시간 고민을 거듭하며 집필된 작품 같다. 하지만 결국엔 세련되지 못하고, 신경질적인 산문 형식으로 쓰인 폭로 문건만 남겨 놓은 결과를 낳았다. 그 문건은 도무지 해소되지 않는 히스테리, 갈피를 잡기 어려운 히스테리에 의해 이끌려나온 침체기 시대의 사람들을 대상으로 쓰인 것이다."〈꼬메르산뜨〉2005년 11월 30일

아마도 옙세예프의 『글쟁이』를 무조건 수용한 유일한 비평가는 레프 안닌스끼Л. Аннинский[104]일 것이다. 그는 2005년 6월 17일자 〈리쩨라뚜르나야 러시아〉 지면에 '기악 연주용 찬가'Инструментальные гимны라는 제목으로 이 작품에 관한 호평을 실은 바 있다.

현재 옙세예프는 잠시 소설 창작을 중단하고 아동을 대상으로 한 위대한 음악가에 관한 책을 집필 중이다.

97) 빠벨 바신스끼(1961~): 문학 연구자이자 비평가. 러시아 작가 협회 회원이며 러시아 현대 어문학 아카데미의 정회원이다. 1997년부터는 '솔제니찐 문학상'의 고정 심사위원으로 활동 중이며, '야스나야 뽈랴나' Ясная Поляна 문학상 심사위원단이기도 하다. 〈노비 미르〉, 〈옥짜브르〉, 〈즈나먀〉 등의 잡지와 〈리쩨라뚜르나야 가제따〉에 꾸준히 문학비평을 게재하고 있다. 고리끼, 안드레예프, 만젤쉬땀, 꾸즈민 등의 작품 선집을 기획, 출간했다. 2010년 출간한 저서 『레프 똘스또이: 천국으로부터의 탈주』Лев Толстой: бегство из рая는 '위대한 책' 문학상을 받은 바 있다.

98) 사미즈다뜨 самиздат: 구 소비에뜨 시절 검열과정을 거치지 않은 채, 비공식적으로 문학작품 또는 비평텍스트를 배포하던 방식을 일컫는다. 주로 해당 작품의 저자나 그 작품을 먼저 접한 독자들이 타자본이나 필사본의 형태로 복사본을 제작하여 텍스트를 배포시켰다. 비소쯔끼 В. Высоцкий, 오꾸좌바 Б. Окужава, 율리 킴 Ю. Ким 등의 녹음테이프도 사미즈다뜨와 유사한 방식을 통해 배포되었으며, 녹음자료의 사미즈다뜨 형태를 '마그니찌즈다뜨' магнитиздат 라고 규정하기도 한다. 이와 유사하게 해외에서 출판된 금서나 잡지들을 '따미즈다뜨' тамиздат 라고 일컫는다.

99) 세르기예프 빠사드 Сергиев-Посад: 러시아 모스끄바 시 북쪽으로 약 52km 떨어진 곳에 있는 도시로 1782년에 세워졌다. 이 도시의 중심을 가르는 '세르기예프 빠사드' 역은 모스끄바 철도의 야로슬라블 노선에서 중요한 역 중 하나이다. 또한 이 도시는 유네스코에서 지정한 전 세계 문화·예술 유산 중 하나인 '세르기예프 성삼위일체 대사원' Троице-Сергиева лавра 으로도 유명하다.

100) 유리 보레프(1925~): 우끄라이나 하리꼬프 태생의 소설가이자 비평가. '미학 및 자유예술 독립 아카데미' 회장직을 맡고 있으며, 러시아 작가협회와 영화인 협회 모스끄바 지부 회원이기도 하다. 1965년부터는 고리끼 세계문학연구소의 이론분과 학과장 직을 맡고 있다. 미학 및 구비문학 분야에서 뛰어난 성과를 내놓으며, '인텔리 구비문학'이라는 용어가 문학연구에서 널리 사용되도록 전파시켰다.

101) 인나 로스돕쩨바(1938~): 쮸체프, 부닌, 아흐마또바, 구밀료프, 예세닌, 자볼로쯔끼 등 러시아 및 소비에뜨 시인들에 관한 연구로 유명하며, 현재 고리끼 문학 대학 창작분과에서 강의 중이다. 로스돕쩨바는 시 비평 및 연구뿐만 아니라 자신이 직접 시를 쓰기도 하며, 대표 시선집으로는 『개인에 관한 시』Стихи частного человека,1999가 있다. 2006년 '숄로호프 탄생 100주년 기념 메달'을 받았다.

102) 미스찌슬라프 로스뜨로뽀비치(1927~2007): 러시아 첼로연주가이자 지휘자. '레닌 상'(1964), 소비에뜨 국민예술가(1966), '러시아 국가상'(1991), '러시아연방 국가상'(1995) 등 다수의 상과 직함을 받았다. 로스뜨로뽀비치는 예술가로서뿐만 아니라 정신적 자유 및 인권 보호에 앞장서는 사회적 인사로도 유명하다. 1969년부터 솔제니찐을 도와줬으며, 브레쥐네프에게 그를 보호해 달라고 요청하는 편지를 쓰기도 했다. 이 일로 그에게 예정되어 있던 콘서트 및 녹음이 모두 취소되었고, 1978년에는 소비에뜨 국적을 박탈당했다. 1974년부터 로스뜨로뽀비치는 서구

음악계를 이끄는 유명한 지휘자 중 한 명으로 지목되어 왔다. '워싱턴 내셔널 심포니 오케스트라', '베를린 필하모니', '런던 심포니 오케스트라', '런던 필하모니'에서 상임 및 객원지휘자로 활동했다. 로스뜨로뽀비치의 마지막 녹음 곡은 슈니뜨께의 첼로협주곡 2번이며, 1990년 '내셔널 심포니 오케스트라'와 함께 러시아를 방문한 그의 여정을 그린 다큐멘터리 영화 '러시아로의 귀환' Возврат в Россию이 제작되기도 했다. 2007년 간암으로 생을 마감했으며, 모스끄바 음악원에서 로스뜨로뽀비치와의 작별을 고하는 공연이 열렸다. 구세주 그리스도 사원에서 추도예배를 거행하고, 로스뜨로뽀비치의 유해는 모스끄바 노보제비치 묘지에 안장되었다.

103) 세르게이 호드네프: 음악비평가이자 〈꼬메르산뜨〉지의 평론가. 현재 '꿀뚜라' Культура 채널에서 '연주 선집' Собрание исполнений이라는 프로그램을 진행 중이다.

104) 레프 안닌스끼(1934~): 문학비평가이자 작가. 〈리쩨라뚜르나야 가제따〉, 〈즈나먀〉, 〈드루쥐바 나로도프〉, 〈리쩨라뚜르노예 오보즈레니예〉등 다양한 신문 및 잡지사에서 근무하며 경력을 쌓았다. 1998년에는 미국에서 발행되는 러시아 잡지 〈브레먀 이 미〉Время и мы의 편집국장으로 발령받았으며, 현재 '야스나야 뽈랴나' 문학상 심사위원단에 속해있다.

14 :: 빅또르 예로페예프
Виктор Ерофеев

빅또르 예로페예프는 1947년 9월 19일 모스끄바의 외교관 집안에서 태어났으며, 그 덕분에 파리에서 유년시절을 보냈다. 예로페예프는 1970년 모스끄바 국립대학교의 인문학부를 졸업하고, 고리끼 세계문학연구소의 박사과정에 입학했으며, 같은 해 〈보쁘로시 리쩨라뚜리〉Вопросы литературы 지면에 『마르키 드 사드와 20세기의 사디즘』Маркиз де Сад и садизм XX века[105]이라는 에세이를 게재한 일로 스캔들을 일으키면서 유명세를 타게 된다. 이때부터 예로페예프는 엘리트 작가군을 자극하는 인물이자 평온함을 교란시키는 주범으로 간주되며, 크고 작은 스캔들을 불러일으켰다.

한편 예로페예프는 1975년 '도스또옙스끼와 프랑스 실존주의' Достоевский и французский экзистенциализм라는 주제로 논문을 써서 박사학위를 취득했다. 훗날 예로페예프의 박사학위 논문은 미국에서 단행본으로 출간되기도 했다.

1979년 예로페예프는 〈메뜨로뽈〉Метрополь[106]이라는 문예작품집의 공동편집장이자 저자 중 한 명으로 참여하게 된다. 이후 그는 소비에뜨 사회주의 연방공화국 작가동맹에서 제명되었다. 당시 오로지 세묜 리쁘낀С. Липкин[107] 단 한 사람만이 용기 있게 나서서 예로페예프와 그의 동료들을 공식적으로 옹호했다. 비록 소비에뜨 시절 공식적으로 인쇄 매체에 실리진 못했지만, 모두에게 공개된 1979년도 7월 13일자 서한에서 리쁘낀은 이렇게 고백한 바 있다.

"32살의 빅또르 예로페예프는, 대부분의 경우 범상치 않은 인물로 거론되곤 하는 사드와 레프 쉐스또프Лев Шестов[108]의 저술에 관한 연구로 내 관심을 끌었다. 그의 단편 3편이 〈메뜨로뽈〉에 실렸다. 처음에 실린 두 작품은 성공적이라고 말하기 어렵다. 하지만 세 번째 작품에 해당하는 『머리 셋 달린 아이』Трехглавое детище 라는 단편은 이 문예작품집에 실린 가장 뛰어난 작품 중 하나에 속한다. 예로페예프는 위세당당한 다차 마을[109], 동료들과 연구소 복도, 나젠까의 놀라운 죽음, 그리고 그에 못지않을 만큼 경악을 자아내는 이고르의 정신적 죽음을 거장의 필치로 그려냈다."

당시 오스트리아 비인에서 소비에뜨 사회주의 연방 공화국의 대사로 근무 중이던 예로페예프의 아버지는 아들과 인연을 끊어버리라는 압력까지 받았다. '메뜨로뽈' 스캔들이 터진 뒤에 예로페예프는 고리끼 세계문학연구소에서 본인의 의사와 상관없이 울며 겨자먹기로 캐나다 문학을 연구해야만 했다.
소비에뜨 시절 그는 드미뜨리 쁘리고프Д. Пригов[110], 블라지미르 소로낀В. Сорокин과 함께 〈ЁПС〉Ерофеев-Пригов-Сорокин 라는 선집을 출판하려고 했지만, 실제로 이 책은 2002년이 되어서야 세상에 모습을 드러냈다.
1989년 예로페예프는 자신의 첫 산문집 『안나의 육체, 혹은 러시아 아방가르드의 최후』Тело Анны, или Конец русского авангарда를 러시아에서 출판했다.
한동안 공식적인 비평은 예로페예프를 언급하려 들지 않았다. 이로 인해 아나똘리 꾸르차뜨낀А. Курчаткин[111]은 분통을 터뜨리기에 이르렀다. 꾸르차뜨낀은 잡지 〈오고뇩〉Огонёк에서 예로페예프의 단편 『아기 앵무새』Папугайчик를 읽고 난 뒤 이렇게 언급했다.

"예로페예프가 지닌 차가운 이성과 침착한 감정은 이 작품 속에서 눈부시게 타오르며 그의 지적인 기교와 결합되었다. 난 그 불꽃을 기억한다. 하지만 그 어

> 느 곳에서도, 문학관련 서적 그 어디에서도 예로페예프의 단편 『아기 앵무새』에 관한 언급을 읽지 못했다." 〈소베츠까야 리쩨라뚜라〉 Советская литература, 1990년 8호

『아기 앵무새』에 대해 처음으로 진지한 해석을 내놓은 비평가는 마르끄 리뽀베쯔끼 M.Липовецкий 일 것이다.

> "『아기 앵무새』는 괴로움에 시달리는 소년의 아버지에게 형리(刑吏)가 써 내려간 편지 형식을 취하고 있다. 〈…〉 편지가 쓰여진 스타일은 '단어를 사용하는 방식이나 사건묘사'로 미루어볼 때 형틀이 존재하던 16세기에서 17세기를 연상시킨다. 하지만 예로페예프는 형리의 말 속에 끊임없이 현대적인 표현들을 삽입함으로써 시간의 단일성을 의도적으로 파괴한다. 〈…〉 예로페예프의 관심을 끈 것은 구체적인 형리의 형상이 아니라, 러시아에 존재하는 잔인무도한 행위의 원형이며, 시대를 막론하고 이와 유사한 행위들 속에서 관찰되는 변함없는 특징이다." 『현대 러시아 문학: 1950년대에서 1990년대까지』 Современная русская литература: 1950-1990-е годы, 2003

1990년 7월 4일 〈리쩨라뚜르나야 가제따〉 지면에 실린 예로페예프의 '소비에뜨 문학의 추도식' Поминки по советской литературе 이라는 기사는 광범위한 반향을 불러일으켰다. 이 기사에서 예로페예프는 공식적 · 자유적 · 농촌적 경향으로 소비에뜨 문학 흐름을 분류해냈으며, 작가들의 여론도 이미 예로페예프의 분류법에 동의할 태세였다. 하지만 문학계의 수장들은 '새로운 물결'이 도래할 것이라는 예로페예프의 의견에 도저히 동의할 수가 없었다. 예로페예프는 반역에 가까운 말을 해댔다. 그는 어떤 '진실'을 찾으려고 헤매지 않는 '새로운 문학'의 출현이 임박했으며, 다음 세대의 작가들은 세계를 바라보는 협소하기 그지없는 사회주의적 시각을 극복하고, 그 무엇보다도 미학적 과제들을 우선적으로 해결할 것이라고 생각했다.
이 시기에 예로페예프 역시 새로운 양식의 글쓰기를 습득하고자 노력했다.

그는 자신만의 기법을 찾아냈다. 리뽀베쯔끼는 예로페예프가 습득한 기법을 일컬어, 다양한 시대어를 하나로 묶어주고, 개편된 고전텍스트를 당대 통속 소설들에 대한 패러디와 엮어주며, 섬세한 문학적 젠똔 центон[112]에 자연주의적 디테일을 가미시킨 독특한 '시간차적 스까즈 межвременный сказ[113]' 라고 명명했다.

예로페예프의 초기 소설들은 서구에서 먼저 유명세를 탔다. 하지만 올레그 다비도프 О. Давыдов[1114]는 1992년에 이미 『러시아 미녀』 Русская красавица, 1990 를 비롯한 예로페예프의 다른 작품들을 읽어본 뒤, "예로페예프의 프로타고니스트가 벌이는 성교행위는 여성들과 이뤄진다기보다는, 비유적으로 말하자면, 러시아 문학과의 구술적 차원에서 벌어진다."라고 지적한 바 있다.

예로페예프는 뻬레스뜨로이까 이후 처음 몇 년 동안에 걸쳐, 그 무엇보다도 이성적인 동기화를 중요하게 여기는 서구적 유형의 인텔리를 자처하고 나선 듯이 비춰졌다. 그는 포스트모더니즘과의 유희를 매우 마음에 들어했다. 예로페예프가 포스트모더니즘을 어떻게 해석하는지를 살펴보면 그 흥미로움이 배가될 것이다. 예로페예프는 포스트모더니즘에 관해 이렇게 언급한다.

> "포스트모더니즘은 개인주의적 스타일의 종언을 의미한다. 개인주의적 스타일은 존재할 권리를 상실해간다. 개인주의적 스타일, 개인이 지닌 감정선, 무언가에 관해 진심으로 올바르게 이야기할 수 있는 개인의 능력과 관련된 모든 기법들은 써먹을 대로 써먹었고 숱하게 산재 되어 있기 때문이다. 따라서 포스트모더니즘은 기존의 스타일에 마침표를 찍고, 낯선 스타일을 기반으로, 좀 더 확실히 말하자면, 다양한 스타일들을 절충하여 구축된 문학의 새로운 전환점을 마련했다. 이러한 절충안을 기반으로 하여 예술가와 독자가 소통하는 형태인 메타 양식이 발생한다." 『'포스트모더니스트' 작가와 비평가들의 인터뷰 선집』 Сборник интервью с писателями и критиками 〈Постмодернисты〉, 1996

1990년대 초의 예로페예프 작품들을 분석해 가면서, 미하일 베르그 М. Берг[115]

는 이 작가가 반개인주의적 성향의 근본적 특징인 경계적이고, 이국적이며 기괴한 형태의 주인공들을 선호한다는 결론을 내놓았다. 예로페예프의 슈젯들이 하나같이 모두 고의로 패러디 되는 점, 어떤 슈젯 구성을 막론하고 그것이 대부분 실제화 된 은유라는 사실은 결코 우연한 일이 아니다. 베르그는, 예로페예프 창작에서 "풍부하게 넘쳐나는 세밀한 자연주의적 묘사와 포르노그래피적인 돌발 사건들은 등장인물이 지닌 상징성과 부자연스러움에 전혀 위배되지 않는다. 부자연스러운 형상은 인형을 조종하는 자의 권력이 더욱 또렷이 드러나도록 해주며, 자연주의적 디테일들은 조종의 실체와 현실을 확인시켜준다. 저자는 대중문화 속에서, 탐정소설 혹은 공포소설 속에서 이런 일들이 발생하는 것과 다를바 없이, 자신의 주인공들 위에 군림하는 권력을 일목요연하게 보여주면서, 과도하다 싶을 정도로 흘러 넘치는 피와 정액을 주인공들에게서 쥐어짜낸다. 등장인물들이 보여주는 상징성은 문화적 장場 또는 정치적 장場에 대한 주의를 집중시키도록 도와준다."라는 결론을 내린다. 『리쩨라뚜로끄라찌야』Литературократия, 2000

예로페예프의 작품 중 『인생에 존재하는 다섯 개의 강』Пять рек жизни, 1998 이라는 책은 나름대로 혁신적이라는 평가를 받았다. 이 책은 제목에서부터 어딘지 모르게 아프리카에서, 미국에서, 아시아에서, 유럽에서, 전 세계의 가장 거대한 물길을 따라 여행하는 듯한 느낌을 자아낸다. 비평가들은 작가가 마치 새로운 신의 형상이 탄생한 장소를 탐색해나가는 것 같다는 결론을 내렸다. 그렇지만 안나 꼬즐로바А.Козлова[116]는 다른 결론을 내렸다.

> "만일 『남자들』Мужчины, 1997 혹은 『러시아 미녀』라는 작품이 포스트모던적 유희와 아무런 주제도 없이 끝없이 이어지는 대화로 가득함에도 불구하고, 모종의 사회적인 보편화와 어떤 관습에 대해 써내려간 수필이라 한다면, 『인생에 존재하는 다섯 개의 강』이라는 작품은 절대적인 유희라고 볼 수 있다. 그뿐만 아니라 그 유희는 일정 부분 다른 것으로부터 빌려온 것이다. 책은 마치 두 층위로 구성된 것처럼 비춰진다. 첫 번째 층위는 현실에 대한 무의식적인 패러디라고

볼 수 있으며, 두 번째 층위는 어쩐지 실없는 이야기와 머리를 맞대고 있는 듯 한 불변의 메타포라고 정의할 수 있다." 〈리쩨라뚜르나야 러시아〉 1999년 12월 31일

1992년 슈니뜨께 A.Шнитке[117]는 예로페예프의 단편 『바보와 함께하는 삶』 Жизнь с идиотом, 1980을 원작으로 하는 오페라를 작곡하여 네덜란드 암스테르담에서 초연을 가졌다. 이듬해에는 알렉산드르 로고쥐낀 A.Рогожкин 감독이 원작과 같은 제목으로 영화를 찍기도 했다. 한편 2001년 예로페예프는 『해산기 解産期』 Время рожать 라는 현대 산문 선집을 기획했다.

이 산문 선집은 문학적 유행을 한 눈에 보여주는 일종의 희귀 공개본으로, 21세기 초 러시아 문단에서 활약 중인 젊은 작가들의 작품이 수록되어 있다.

105) 마르키 드 사드(Marquis de Sade, 1740~1814): 18세기 후반 프랑스의 소설가로, 교양소설 형태를 취한 『쥐스틴, 또는 미덕의 불행』1791, 서간체 형식을 빌린 철학 소설 『알린과 발쿠르』 등의 대표작이 있다. 사드의 작품은 오랜 시간 동안 외설과 부도덕을 이유로 문학적 가치를 인정받지 못했다. 하지만 19세기 말엽부터 초현실주의 작가와 실존주의자들의 노력에 힘입어 사드의 작품이 재평가되기 시작했으며, 성 본능에 대한 날카로운 관찰을 통해 자유와 악에 관한 문제를 철저히 파헤친 작가, 사회에 대한 반항정신을 자유롭게 표출한 작가로 인정받게 된다. '사디즘'(sadism)이라는 용어는 그의 이름에서 유래한 것이다.

106) 메뜨로뽈: 아흐마둘리나Б. Ахмадулина, 보즈네센스끼A. Вознесенский, 꾸블라놉스끼Ю. Кублановский 등 유명 작가들을 비롯하여 공식적인 출판이 금지된 작가들의 검열받지 않은 텍스트들을 모아놓은 문예작품집. 1979년 모스끄바에서 사미즈다뜨самиздат의 형태로 12부가 출간되었다. 그 중 한 부가 비합법적인 경로를 통해 미국으로 보내져서 '알디스 퍼블리싱'(Ardis Publishing) 출판사를 통해 재판 형태로 출간되었다.

107) 세묜 리쁘낀(1911~2003): 시인이자 번역가. 1931년부터 작품 출판이 금지된 이후 페르시아 언어를 공부한 뒤 동양권 문학번역에 몰두했다. 또한 리쁘낀은 민족문학 번역가로도 유명하다. 깔미끄 서사시 『잔가르』Джангар, 1940, 끼르끼즈의 서사시 『마나스』Манас, 1941 등이 리쁘낀의 손을 거쳐 러시아어로 재탄생되었다. 그 외에도 『용사 숍수르의 모험』Приключение богатыря Шовшура, 1947, 『어둠의 도시에서 온 공주』Царевна из города Тьмы, 1961 와 같이 민중 설화를 모티프로 삼은 아동소설을 쓰기도 했다. 1981년 잡지 〈브레먀 이 미〉에 리쁘낀의 시가 게재되었고, 그 후 미국에서 『의지』Воля라는 제목의 선집으로 출판되었다. 리쁘낀의 복권은 1986년 이루어졌다.

108) 레프 쉐스또프(1866~1938): 러시아 실존주의 철학자. 도스또옙스끼, 똘스또이, 체호프, 메레쥐꼽스끼, 솔로구프 등의 창작에 나타난 철학적 내용들을 분석한 저서를 집필했다. 1905년 후일 쉐스또프의 철학적 마니페스트가 된 저서 『근거 없는 것에 대한 찬미(비교조주의적 사고에 관한 체험』Апофеоз беспочвенности (опыт адогматического мышления)이 출간된 이후, 러시아 지식층 사이에서 쉐스또프의 의견에 대한 찬반여론이 극명하게 갈리며 격렬한 논쟁이 오갔다. 쉐스또프는 전제정치에 대해 늘 반대입장을 취했지만, 2월 혁명은 그에게 특별한 감흥을 불러일으키지 못했다. 1920년 쉐스또프는 가족들과 함께 러시아를 떠나 프랑스에 정착했으며, 이후 남은 생애 동안 중세독일 신비주의자를 비롯하여 스피노자, 키에르케고르, 에드문트 후설 등의 철학적 입장에 관심을 두고 연구했다.

109) 다차Дача: 러시아 도시 근교에 있는 작은 농지가 딸린 가옥. 1821년 니꼴라이 1세가 자신의 아내인 알렉산드르 표도로브나에게 선물로 증정한 것이 최초의 다차 형태 중 하나로 여겨진다. 당시 건축된 다차는 3층 건물에 27개의 방으로 이뤄진 호화로운 형태였다. 러시아에서 일반인들을 위한 휴식처 개념의 다차는 1860년대부터 형성되었으며, 소위 '다차 생활', '다차 시즌'이라고 불릴 만큼 여름이나 겨울에 장기간에 걸쳐 다차에 거주하는 현상은 러시아만의 독특한 생활

문화를 형성해냈다. 소비에뜨 시대의 다차는 휴식처의 개념보다는 '농장'의 개념이 더 강했다. 소비에뜨 붕괴 이후에는 호화로운 별장형태의 다차가 우후죽순으로 건설되었지만, 여전히 러시아인들에게 다차는 '주말농장'의 개념이 더 강하다. 2009년 실행한 조사에 따르자면, 현재 러시아인들 중 약 3천 만에 해당하는 인구가 다차 부지를 소유하고 있다. 모스끄바 근교에만 약 100만 채 가량의 다차가 존재하며, 그 중 15만 채는 거의 주택처럼 거주인이 상주한다.

110) 드미뜨리 쁘리고프(1940~2007): 시인이자 화가, 조각가. '모스끄바 개념주의'의 창시자이다. 쁘리고프는 1960년대 말부터 70년대 초반 사이에 모스끄바 언더그라운드 예술가들과 사상적 교류를 나눴다. 1975년에는 소비에뜨 예술가 협회 회원이 되었지만, 소비에뜨 시절에는 한 번도 제대로 된 전시회를 열 수 없었다. 1956~1986년에 집필한 글 역시 소비에뜨 연방에서 출판이 금지되었고, 해외에서 출판되는 러시아 어 신문 〈루스까야 미슬〉Русская мысль, 잡지 〈아-야〉 А-Я등을 통해 간간이 글을 게재했다. 1989년부터 '모스끄바 아방가르드 클럽' КЛАВА에 참여했다. 또한 쁘리고프는 패러디적 록그룹 '중부 러시아 고지대' Среднерусская Возвышенность를 결성해서 활동하며, 러시아 록음악 요소에는 그 어떤 의미도 없다는 것을 증명하고자 했다. 쁘리고프는 생전에 약 35,000편 이상의 시를 써냈으며, 2002년부터는 자신의 부인 및 아들과 함께 행위예술 그룹 'Prigov Family Group'을 결성하여 활동한 바 있다.

111) 아나똘리 꾸르차뜨낀(1944~): 비평가이자 작가. 1977년부터 소비에뜨 작가 협회 회원으로 활동했고, 1991~1994년까지 모스끄바 작가 협회 서기장을 지냈다. 1990년대에는 잡지 〈우랄〉의 편집위원회 및 〈옥짜브르〉의 사회분과협회에서 근무했다.

112) 젠똔 центон: 작품 전체가 다른 시작품들로부터 인용된 시구로 구성된 시. 젠똔의 예술적 효과는 새로운 컨텍스트의 대비, 유사성, 혹은 각 부분에서 취한 원본 텍스트를 상기시키는 것에 있다.

113) 시간차적 스까즈: 다양한 시대의 표현 및 관용어들을 하나로 결합하고, 고전 텍스트에 나오는 우회적 표현을 현대 대중소설에 대한 패러디와 연결하는 서사 기법. 경우에 따라서는 우아한 문학적 젠똔에 자연주의적 디테일을 가미하는 형식을 취하기도 한다. 예로페예프의 작품에서 한 시대의 문화와 역사를 풍미한 다양한 언어들의 충돌은 통합적이거나 포괄적인 메타 언어를 창조하는 것이 아니라, 텍스트 전체에 스며 있는 불협화음을 생성해내는 형식을 통해 시간차적 스까즈를 구사해낸다.

114) 올레그 다비도프(1952~): 평론가이자 작가. 1997년부터 〈네자비시마야 가제따〉 편집국 부장으로 근무했으며, 2002년부터는 잡지 〈노바야 모델〉Новая Модель 편집국 부장으로 일했다. 2004년에서 2007년에 걸쳐 〈뽈리찌체스끼 주르날〉Политический Журнал의 편집국 부장과 국장을 역임했으며, 이 시기에 인터넷 잡지 〈뻬레메니〉Перемены에도 꾸준히 글을 게재했다. 프로이드적 심리학을 지적인 선동장치로 사용하여 러시아 문학 및 현대 러시아 정치에 관한 글을 쓰는 것으로 유명하다. 똘스또이, 도스또옙스끼, 블록, 솔제니찐 등의 작품 및 일대기에 관한 연구와 옐찐, 고르바쵸프 등에 대한 정치적 분석 글을 썼다.

115) 미하일 베르그: 작가이자 문화평론가. 러시아 포스트모더니즘의 대표자 중 한 명이다. 1980년

파리에서 발행되는 잡지 〈에호〉Эхо에 『줄 사다리』Верёвочная лестница를 게재한 뒤, 소비에뜨 권력에 의해 기존에 활동하던 모든 곳에서 해임되었다. 이후 뻬레스뜨로이까 시기 전까지 사미즈다뜨 및 해외문학잡지를 통해서만 글을 게재하며 보일러공으로 일했다. 베르그는 1989년부터 1995년까지 미하일 쉐인께르와 함께 최초의 민간문학잡지 〈베스뜨니끄 노보이 리쩨라뚜리〉 Вестник новой литературы를 발간했으며, 1992년에는 이 잡지의 발간으로 '미니 부커'를 수상했다. 2010년 국제 러시아 해외문학상 'Franc-Tireur'을 수상했으며, 이후 미국 출판사들이 베르그의 저술을 재출판하기로 했다.

116) 안나 꼬즐로바(1981~): 제3세대 여류작가로, 꼬즐로바의 할아버지는 『돌섬의 대통령』Президент Каменного Острова이라는 소설로 유명한 뻬쩨르부르그 작가 빌리얌 꼬즐로프Вильям Козлов이다. 〈리쩨리뚜르나야 러시아〉, 〈쁘라브다〉에 꾸준히 평론을 게재하고 있다. 2004년 『울보』Плакса라는 산문집을 내놓았으며, 선집에 포함된 『낚시대의 발견』Открытие удочки은 '내셔널 베스트셀러' 롱-리스트에 포함되기도 했다.

117) 알프레드 슈니뜨께(1934~1998): 러시아 작곡가이자 음악이론가. 20세기 후반 가장 뛰어난 음악가 중 한 명으로, 1987년 소비에뜨 사회주의 연방 공화국의 예술 공로자로 명명되었다. 1990년 독일로 건너가 함부르크 음악원에서 강의했다. 말년에는 병마에 시달렸지만, 여전히 창작의지를 불태웠으며, 함부르크에서 사망한 뒤 모스끄바 노보제비치 수도원 묘지에 안장되었다.

15 :: 세르게이 예신

Сергей Есин

세르게이 예신은 1935년 12월 18일 모스끄바에서 태어났다. 소비에뜨 시절 그의 아버지는 군인검사로 근무했지만, 1943년 반反 소비에뜨 선전이라는 명목으로 실형을 선고받았다. 후일 예신은 아버지에 관해 이렇게 말하곤 했다.

> "1941년 모스끄바에서 퇴각이 이뤄지던 당시, 아버지는 연발권총을 들고 '일리치 초소'에 서 있었다. 가족들 사이에서 전해 내려오는 말을 빌자면, 아버지는 세우지 말아야 할 몇 대의 차를 세웠고, 그 이유로 2년 뒤에 체포를 당했다".

예신의 어머니는 농촌출신으로 법학공부를 했다. 예신의 외할아버지는 전러시아 중앙집행위원회ВЦИК: Всероссийский Центральный Исполнительный Комитет의 당원이었고, 한때 보로네쥐에서 기관 전차고를 관리하기도 했지만, 1937년부터 딘압 대상으로 분류되었다.

2차 대전 당시 예신은 깔루그에 있었다. 그곳에서 예신은 어느 날 우연히 복음서를 손에 넣게 된다. 후일 그는 "할머니가 글을 읽을 줄 몰라서, 나는 할머니께 복음서를 읽어 드렸다. 이 때의 경험을 통해 나는 성경용어를 습득할 수 있었다."라고 고백한 바 있다.

예신은 1960년에 모스끄바 국립대학교 어문학부 통신과정을 졸업했고, 1981년에는 소비에뜨 연방 공산당 중앙위원회ЦК КПСС: Центральный комитет Коммунистической партии Советского союза 산하 사회과학 아카데미Академия общественных наук를 졸업했다. 이후 예신은 빠벨 안또꼴스끼П. Антокольский[118]가 좌장으로 있던 문학협회의 문하생으로 들어가서 시를 습작했다. 모스끄바 국립대학교 재학 당시에는 〈모스꼽스끼 꼼소몰레쯔〉Московский комсомолец라는 신문에서 일하기도 했다. 1년간 군부대 극단에서 연기하면서 예신은 온갖 아마추어 역할들을 섭렵했으며, 그 외에도 한동안 영화의 군중동원 장면에 출연하기도 했다. 이처럼 예신은 다양한 직업을 거쳤지만, 그중에서도 라디오에서 가장 오랜 기간에 걸쳐 근무했다.

예신의 첫 번째 중편소설 『딱 두 번만 산다』Живём только два раза는 대조국전쟁에 참여한 일반병사들 중 한 명에게 헌정한 작품으로, 1969년 〈볼가〉Волга 지면에 게재되었다. 이 소설의 필사본을 읽은 꼬르네이 추꼽스끼К. Чуковский[119]는 작품을 다 읽은 후 예신에게 이런 내용의 편지를 보냈다.

> "한마디로 말해서, 자네의 작품에는 재능이 넘쳐나네, 보통 정도가 아니라 아주 많이 넘쳐나네. 난 그걸 두 번이나 대단히 만족스럽게 읽었다네. 작품은 아주 독창적인 언어로 쓰여졌어. 자네는 온갖 회의와 협의회에 참가하고, 신문을 읽고 라디오를 들은 덕분에 현대 소비에뜨 소시민들이 일상적으로 사용하게 된 특수한 관료주의적 은어, 말하자면 그들이 늘상 사용하는 관용어구와 어휘를 빼어나게 사용했네. 자네는 그들의 은어를 놀랄 만치 훌륭하게 자기 것으로 만들었어. 자네한테 그 은어는 본질적으로 밀접한 관계에 있는 것처럼 되어버렸고, 덕분에 우리는 그 은어를 어떤 양식화 된 언어가 아니라, 모종의 예술적 진실처럼 이해하게 된거지. 조셴꼬Зощенко나 악쇼노프Аксёнов도 어쨌든 간에 자신들이 사용하는 언어적 구사방식을 벗어나 딴 곳을 어슬렁대면서 다소간의 멋을 부리고 있긴 하지. 하지만 자네에게선 그런 치기 어린 멋 부리기가 보이지 않

네. 자네는 아마도 이 어휘들의 고유한 특색을 모르는 듯 싶으이. 절제는 매우 커다란 힘이네. 자네는 그 어디에서도 도를 지나치는 법이 없어. 마치 대단한 물건이라도 되는 것처럼 '속물근성'을 드러내지도 않지. 다시 한번 강조하건대, 이것이 바로 자네의 중요한 힘일세."

추꼽스끼는 예신 작품에서 슈젯 구성이 약하다는 점을 발견했다. 그가 지적한 바와 같이, 예신은 분량이 얼마 되지 않는 중편 소설 속에 세 편의 노벨라를 집어넣었다. 하지만 너무 많은 재료를 뒤섞어 넣는 바람에 제대로 된 중편소설의 모양새를 갖추지 못하는 결과를 가져왔다. 궁극적으로 이 중편소설은 예신의 첫 번째 산문집이 나오기 위한 디딤돌이 되었다. 예신의 첫 번째 산문집의 서문은 바짐 꼬줴브니꼬프B.Кожевников[120]가 썼다.

1985년 예신의 장편소설 『모방자』Имитатор를 두고 문학계 내에서 파장이 일어났다. 화가 일리야 글라주노프И.Глазунов[121]가 이 소설의 주인공 형상 속에서 자기 자신과 유사한 점들을 발견해냈다는 말들이 오갔다. 예신이 자신의 예전 주인공 쉴로프를 그대로 베껴냈다고 여기는 비평가들도 있었다. 하지만 예신은 이 소설의 원형이 화가 글라주노프가 아니라, 소비에뜨 라디오를 이끈 책임자들 중 한 명이며, 그 자는 장시간에 걸친 긴급회의와 생산협의회를 끊임없이 개최하여, 자신이 전문가로서의 자질이 부족하다는 사실을 은밀히 숨겨왔던 인물이라고 주장했다. 다른 말로 하자면, 그 책임자는 본디 지도자로서의 자질을 갖추지 못한 자이지만, 다수의 회의를 비롯한 여러 차례의 경험을 통해 주요 인사들을 흉내내면서 전문가 역할을 훌륭하게 수행해 낸 것이다.

예신의 작품들을 개관하면서, 이리나 미네랄로바И.Минералова는 이런 식의 언급을 한 바 있다.

"러시아 산문의 전형적 구조라 할 수 있는 작품 전체를 관통하는 이중성, 즉 죄와 벌, 삶을 어지럽게 뒤흔드는 악마의 유혹과 신적인 운명이 함께하는 인간의

> 삶, 창조적인 인텔리 계층과 그의 혈족 사이에서 일어나는 배신과 같은 상투적인 갈등체계 등이 예신의 작품에서도 특징적으로 나타난다. 서사는 보통 반성적 개인의 시점에서 이끌어지며, 결정적인 선택을 하기에 앞서 전개되는 독특한 내적 독백처럼 구성된다."

『모방자』 이후에 예신은 기자와 하루하루 겨우 생계를 꾸려가는 작가들에 관한 장편 『세도가와 꾸물이』Временщик и временитель, 1987를 발표했고, 1989년에는 영화 시나리오 작가에 관한 장편 『관찰자』Соглядатай를 발표했다. 뻬레스뜨로이까 시기에 예신은 〈즈나먀〉Знамя의 편집부에 들어갔고, 1980년대 말에는 소비에뜨 연방 공산당 위원회에 소속된 모스끄바 시 위원회 회원이 됐다. 1992년 4월 예신은 〈나쉬 소브레멘니끄〉Наш современник라는 잡지에 1991년 8월 사건[122]에 관한 중편 『문 앞에 선 여인』Стоящая в дверях을 발 빠르게 게재했다. 하지만 시간이 지남에 따라 이 소설은 나름 매우 흥미로운 작품임에도 독자들의 기억 속에서 잊혀져 버렸다. 예신은 1980년대에 그가 종종 사용했던 방식대로, 타인으로 분扮하여 자신의 목소리를 전달했을 뿐만 아니라, 여성 주인공을 앞세운 단편을 내놓는 모험을 감행하기도 했다. 젊은 산문작가 세르게이 샤르구노프С. Шаргунов[123]는, "예신은 '변모'라는 기교를 보여줄 때조차 성적인 특징이 아닌 사회적인 동기화에 따른다. 〈…〉 소설은 이불을 뒤집어쓰고 울부짖는 여인네의 모습으로 끝맺음 되는데, 이는 색정적인 음성이 아닌, 사회적 음성"이라며 예신 작품의 특징을 매우 정확하게 짚어냈다.〈EX libris НГ〉2005년 12월 15일

1994년 예신은 장편소설 『화성의 일식』Затмение Марса을 출간했으며, 2년 뒤에는 또 다른 장편 『가정교사』Гувернёр를 선보였다.

예신은 또한 자신이 침체기에도, 뻬레스뜨로이까 시기에도, 개혁의 시기에도 '레닌 주제'를 한 번도 손에서 놓지 않았다는 사실에 자부심을 느낀다. 2000년대 초 평론가 안드레이 말리긴А. Малыгин에게 보낸 편지에서 예신은 이렇게 고백한 바 있다.

"난 바로 이런 이유 때문에 레닌 주제를 시작했네. 예전에 나는 그의 정신적 금욕주의와 금욕주의적인 삶을 오늘날 지도자들의 삶과 대비시켜가며 글을 썼지. 하지만 최근 들어 소설을 쓸 때는, 급진주의적인 민주주의자들이 꽤 괜찮았던 사상을 어떤 식으로 망쳐 버렸는지에 대해 이야기하고 싶어졌다네."〈젠 리쩨라뚜리〉2003년 4호

하지만 안나 꼬즐로바A.Козлова가 단언하듯이, 예신이 쓴 레닌 관련 작품들은 그다지 훌륭한 작품으로 평가받진 못하고 있다. 꼬즐로바는 다음과 같이 악평을 가했다.

"장편 『레닌. 거인의 죽음』Ленин. Смерть титана, 2002 은 지독할 정도로 문법적 오류가 많은 언어로 쓰여졌고, 현실적 오류도 가득한 작품이다. 〈…〉 예신 세대의 작가들이 문학계를 떠나고 있다는 점이 얼마나 다행인지 모르겠다."〈리쩨라뚜르나야 러시아〉2001년 42호

최근에 나온 예신의 장편소설 중 하나인 『마르부르그』Марбург 124는 묘한 인상을 남겼다. 일리야 끼릴로프И.Кириллов는 다음과 같은 평을 내렸다.

"이 작품에서 예신은 수많은 서구 문학의 기법을 사용하고, 소설에 코스모폴리탄적인 특질을 부여하면서, 지금까지의 창작방식과는 달리 처음으로 사회적 산문이라는 틀을 벗어나고 있다. 하지만 그럼에도 이 작품이야말로 정말로 러시아적인 작품이다. 그렇다면 이 소설에서 과연 러시아적인 것은 어디 있는가? 연민과 사랑 속에, 인내 속에, 운명론 속에, 동시에 놀라우리만치 길들여지지 않는 습성 속에, 그리고 끝없는 휴머니즘 속에 있다."〈리쩨라뚜르나야 가제따〉2005년 53호

하지만 끼릴로프는 이 소설의 장점을 다소 과장시킨 점이 없지 않다. 먼저 이 작품은 매우 지루하다. 둘째로 작품에 나오는 모든 것은 매우 객관적이며

이미 다 읽어본 것들이다. 차가운 이성은 넘치지만 뜨거운 열정은 적다. 그리고 매우 미묘한 주제에 대해 뭔가 말하다가 만 느낌이 든다.

1988년까지 예신은 고리끼 문학 대학에서 강의를 하다가, 1992년 3월에 고리끼 문학 대학 총장이 됐다. 소문에 따르자면, 러시아 문화성으로 자리를 옮긴 예브게니 시도로프Е. Сидоров[125] 대신 블라지미르 노비꼬프В. Новиков[126]가 이 자리를 노렸다고 한다. 하지만 노비꼬프는 고리끼 문학 대학에 포스트모더니즘 연구 센터를 만들겠다는 자신의 계획을 공식적으로 발표하는 등 신중하지 못한 행동을 보였다. 이 선언은 고리끼 문학 대학 내에서 분노의 소용돌이를 일으키기에 충분했다. 소문에 의하면, 당시 고리끼 문학 대학의 전임강사로 재직하던 스미르노프В. Смирнов가 차기 총장 건과 관련된 논의 차, 뻬레스뜨로이까 초창기까지 고리끼 문학 대학을 이끌었던 블라지미르 예고로프В. Егоров[127]에게 한 달음에 달려갔고, 예고로프는 총장선거 후보자로 예신을 천거했다고 한다. 예신이 파탄의 상황에서도 고리끼 문학 대학을 지켜냈다는 점은 높이 살 만하지만, 실수한 점 역시 지적할 필요가 있다. 예신이 총장을 지내던 시절 고리끼 문학 대학은 거의 지방에 있는 사범대학의 그저 그런 어문학부 수준까지 떨어졌다. 그나마 그 시절에 예브게니 레베제프Е. Лебедев[128], 나딸리야 꼬르니옌꼬Н. Корниенко[129], 레프 스끄보르쪼프Л. Скворцов[130]같은 굵직한 인물들이 고리끼 문학 대학에서 강의를 진행했고, 그 덕분에 당시 고리끼 문학 대학의 명성이 가까스로 유지될 수 있었다.

최근 예신은 여러 해에 걸쳐서 쓴 자신의 일기를 정기적으로 출판하고 있다. 유리 미네랄로프Ю. Минералов[131]는 예신의 이런 행보를 실수로 치부한다. 미네랄로프는 예신의 '일기들'을 두고, 이는 단순히 연대순으로 열거해놓은 기록에 불과하다고 평했다. 미네랄로프는 예신의 '일기들'에 대해 이렇게 언급한다.

"예신은 그런 일기 형식의 기록 속에서 종종 자기 자신이나 자신의 행동을 보여주고, 딱히 좋다고 할 수 없는 측면에서 자신의 내적 세계를 열어 보이곤 한다. 예신이 왜 그런 행동을 하는지는 잘 모르겠다. 물론 이 작품을 일기 그 자체로만 볼 수는 없으며, 본질적으로 일기를 문학적으로 포장한 것으로 봐야 한다."〈리쩨라뚜르나야 러시아〉 2003년 8월 29일

비평가 미하일 로바노프M.Лобанов[131]는 다른 의견을 제시한다. 예신의 책 『세기 전환기에. 총장의 일기』На рубеже веков. Дневник ректора, 2002 에 부친 서문에서, 그는 예신의 일기가 지닌 독창성은 무엇보다도 저자 자신의 개성에서 찾을 수 있다는 점을 특히나 강조했다.

"이 작품에서 '나 · 보수주의자 · 자유주의자'와 같은 저자 자신의 소개보다는, 오히려 그의 행동과 심리적 액센트 자체가 더 흥미롭게 다가온다. 자기 자신에 관해 용감하게, 솔직하게 쓴다는 것은 어려우면서도 위험을 감수하는 일이다. 만일 그가 영리한 뱀과 같은 바실리 로자노프В.Розанов같은 인물이었다면, 극단적 진실로 비춰질 만큼 자기 성격을 묘사한 뒤에, 자신의 영혼 속에는 '더러움과 부드러움이 뒤범벅'되어 있다고 말하거나, 혹은 눈을 휘둥그레하게 뜬 자신의 면상을 초라하게 내밀었을 수도 있다. 이런 '솔직함' 속에서 모종의 암시와 미학화가, 이미 저질러진 바보 같은 행동에 대한 모든 진실을 당당히 밝히자는 사전협의를 무시한 채, 냅다 꽁무니를 빼려 드는 도스또옙스끼의 소설 『백치』Идиот의 인물들이 연상되는 뭔가가 느껴지지 않는가? 〈…〉 『일기』의 저자 예신은, 아마도, 진리옹호자의 자기 부정을 유머러스한 방식으로 지지하고 싶어 했는지도 모르겠다. 하지만 이런 농담과 별개로, 예신은 실제로 자기 자신에 관한 이야기를 해 나가는데 있어서, 다른 사람들이 일반적으로 침묵하고 싶어하는 부분까지도 말하기를 두려워하지 않는 인물이다."

1999년부터 현재까지 예신은 '러시아 작가동맹' Союз писателей России 사무장직을 맡고 있으며, '러시아 어문학 아카데미' Академия российской словесности 부원장직을 수행하고 있다. 한편 예신은 1998년 끄라스노다르스끄Краснодарск 주지사직을 놓고 벌어진 선거에서 레베지Лебедь 장군의 선거캠프에도 적극적으로

참여한 바 있다. 또한 예신은 2004년 3월, 러시아문화발전에 대한 공로를 인정받아 대통령 공훈메달을 받은 바 있다.

118) 빠벨 안또꼴스끼(1896~1978): 시인이자 번역가. 대표작으로는 전쟁에서 죽은 자신의 아들에게 바치는 장시 『아들』Сын, 1943이 있으며, 프랑스, 불가리아, 그루지야, 아제르바이잔 시인들의 작품을 대다수 번역했다.

119) 꼬르네이 추꼽스끼(1882~1969): 오랫동안 네끄라소프Некрасов 작품에 대한 연구를 진행했으며, 소비에뜨 시절 시인이자 평론가, 번역가, 문학연구자 등 다양한 직함을 가진 문학계 대표인사로 활동했다. 추꼽스끼가 약 10여 년에 걸쳐 완성한 네끄라소프 연구 단행본 『명장 네끄라소프』Мастерство Некрасова는 여러 번에 걸쳐 재출판되었다. 추꼽스끼는 아동문학으로도 유명하다. 1916년 『욜까』Ёлка라는 선집을 기획했으며, 자신의 첫 번째 동화인 『악어』Крокодил를 집필했다. 1923년에는 그의 대표작으로 손꼽히는 동화 『모이도디르』Мойдодыр, 『바퀴벌레처럼』Тараканище을 출간했다. 1930년대에는 예술문학 번역을 집중적으로 연구했으며, 『번역의 기술』Искусство перевода, 1936이라는 책을 저술하기도 했다. 1960년대에는 여러 명의 작가와 함께 아동용 성경책 제작을 위한 프로젝트를 구상했다. 이 프로젝트는 소비에뜨 권력의 반종교적인 입장에 비추어봤을때 용납되기 어려운 성격을 띠고 있었지만, 추꼽스끼 역시 '하나님', '유태인' 과 같은 단어들이 책에 쓰이지 않도록 세심한 주의를 기울였고, '하나님' 을 대체할 용어로 '마법사 야훼' Волшебник Яхве라는 별칭을 만들어내기도 했다. 이 책은 1968년 '제스까야 리쩨라뚜라' 출판사를 통해 『바벨탑과 다른 고대 전설들』Вавилонская башняидругие древние легенды이라는 제목으로 출간되었으나, 소비에뜨 정부에 의해 모두 수거되어 폐기처분됐다. 결국 추꼽스끼가 제작한 아동용 성경은 1990년대에 들어와서야 정식으로 독자들에게 소개됐으며, 2001년 '로스맨' Росмэн 및 '스뜨레꼬자' Стрекоза 출판사를 통해 『바벨탑과 다른 성경전설들』Вавилонская башня и другие библейские предания이라는 제목으로 출간되었다.

120) 바짐 꼬줴브니꼬프(1909~1984): 소비에뜨 시기에 활동한 작가로 '소비에뜨 연방 국가상' (1971), '사회주의 과업 영웅상' (1974)을 수상했다. 모스끄바 국립대를 졸업한 뒤 〈꼼소몰스까야 쁘라브다〉Комсомольская правда, 〈오고뇨끄〉Огонёк, 〈스메나〉Смена 등의 신문・잡지 기자로 활동했다. 1947~1948년까지 〈쁘라브다〉Правда 지의 문학예술분과 편집국장직을 수행했고, 1948년부터 잡지 〈즈나먀〉의 편집국장으로 근무했으며, 이 시기에 바실리 그로스만의 소설 『삶과 운명』Жизнь и судьба의 필사본을 KGB에 넘겨주기도 했다. 대표작으로는 전시기간에 집필한 소설 『위대한 부름』Великий призыв, 1940, 『3월-4월』Март-апрель 등이 있으며, 독일 후방지역에서 소비에뜨 척후병이 펼친 활약상을 그린 『방패와 검』Щит и меч, 1965은 동명의 영화로 제작된 바 있다.

121) 일리야 글라주노프(1930~): 소비에뜨 국민 예술가, 러시아 예술가 아카데미 정회원, '러시아 연방 국가상' 수상자, 러시아 회화 아카데미 총장 등 다양한 직함을 가지고 있다. 1977년 소비에뜨 군대의 퇴각을 묘사한 작품 '전쟁의 길목들' Дороги войны이 포함된 전시를 열었지만, 소비에뜨 이데올로기에 모순된다는 이유로 전시회가 취소되었고, 문제가 된 그림도 폐기되었다. 후일 글라주노프는 똑같은 그림을 다시 제작하게 된다. 글라주노프는 도스또옙스끼의 주요 작품

을 테마로 일련의 시리즈물을 제작한 바 있으며, 소비에뜨 및 외국의 사회정치 인사, 작가, 예술가 등의 초상을 시리즈물로 그려낸 화가로도 널리 알려져 있다. 한편 글라주노프는 크렘린 복원 사업에도 참여했으며, 군주제 옹호론자이자 민주주의 및 인권평등 반대론자로도 유명하다.

122) 1991년 8월 19일, 소비에뜨 연방 체제를 유지하려던 보수 강경 공산주의세력이 당시 대통령직을 수행 중이던 고르바초프를 끄림 지방의 별장에 연금시키고, 국가비상위원회를 인수하며 일어났던 쿠데타를 말한다. 결국 쿠데타는 '삼일 천하'로 막을 내렸고, 이 사건을 계기로 구소련이 해체되며 12개 공화국으로 구성된 독립국가연합이 탄생하게 된다.

123) 세르게이 샤르구노프(1980~): 2002년 모스끄바 국립대 신문방송학과를 졸업한 뒤, 작가이자 평론가로 활동하고 있다. 2001년 '데뷔' 문학상의 장편소설 부문에 수상자로 지명되었으며, 모스끄바 시에서 주관하는 문학예술 부문 국가상을 수상했다. 2002년부터 잡지 〈노비 미르〉의 주요 평론가로 글을 기고하고 있다. '아스뜨' ACT, '바그리우스' Вагриус, '엑스모' Эксмо 등 유명 출판사에서 그의 산문집을 출간하고 있으며, 대표작으로는 『브라보!』 Ура!, 2001, 『내 이름이 뭐냐구?』 Как меня зовут? 2005 등이 있다.

124) 마르부르그: 독일 서부에 있는 도시.

125) 예브게니 시도로프(1938~): 모스끄바 국립대 법학부를 졸업한 뒤 소비에뜨 공산당 중앙위원회 산하 사회과학원АОН에서 박사학위를 받았다. 〈모스꼽스끼 꼼소몰레쯔〉Московский комсомолец, 〈리쩨라뚜르나야 가제따〉, 〈유노스찌〉Юность 등의 신문 및 잡지사에서 근무했으며, 1987~1992년에 걸쳐 고리끼 문학 대학의 부총장 및 총장직을 역임했다. 1992~1997년까지 러시아 연방 문화성 장관을 지냈으며, 유네스코에서 러시아 연방 대표를 역임했다. 2008년부터 모스끄바 작가협회 수석비서직을 맡고 있다.

126) 블라지미르 노비꼬프(1948~): 문학비평가. 모스끄바 국립대를 졸업한 뒤 〈리쩨라뚜르노예 오보즈레니예〉에서 근무했으며, 이후 1990년도부터 고리끼 문학 대학 학술분과 부총장직을 수행 중이다. 모스끄바 국립대를 비롯하여 고리끼 문학 대학, 독일, 프랑스, 오스트라아 등의 대학에서 강의했다. 까베린В.Каверин, 띠냐노프Ю.Тынянов, 비소쯔끼В.Высоцкий 등에 관한 저술을 비롯하여 소비에뜨 · 러시아 문학 전반에 관한 다양한 글이 있다.

127) 블라지미르 예고로프(1947~): 역사 및 정치학자. 까잔 국립대를 졸업한 뒤 레닌 공산주의 청년총연맹 서기관으로 근무했다. 1974년부터 잡지 및 꼼소몰 관련 업무에 종사했으며, 1985년까지 〈몰로도이 꼬무니스뜨〉Молодой коммунист 편집부국장으로 일했다. 이후 1987년까지 3년간 고리끼 문학 대학 총장으로 근무했으며, 90년대 초에는 문화와 종교문제 보좌관으로 대통령실에서 근무했다.

128) 예브게니 레베제프(1941~): 문학연구와 번역에 종사하고 있으며, 현재 고리끼 문학 대학 교수로 재직 중이다. 레베제프는 문학사가나 영어권 문학의 권위자로서 인정받을 뿐만 아니라, 종종 과거의 문학적 삶을 현재와 이어주는 러시아 정신적 유산의 매개자로 간주되곤 한다.

129) 나딸리야 꼬르니옌꼬(1953~): 문학연구자이자 러시아 학술원 회원이다. 20세기 전반 러시아

문학이 주요 관심사이며, 안드레이 쁠라또노프의 창작 편찬 및 전기傳記 복원사업을 주관하고 있다. 현재 고리끼 세계문학연구소 현대 러시아 문학 및 해외문학 분과 학과장으로 근무 중이다.

130) 레프 스끄보르쪼프(1934~): 언어학자이자 작가. 모스끄바 국립대를 졸업한 뒤, 1958~1993년까지 소비에뜨 연방 학술원 산하 러시아어 연구소에서 근무했다. 현재 고리끼 문학 대학 교수로 재직 중이다.

131) 유리 미네랄로프(1948~): 시인이자 비평가. 모스끄바 국립대를 졸업한 뒤 15년간 에스또니아 따르뚜 대학에서 강의했으며, 1987년부터는 고리끼 문학 대학에서 교수로 재직 중이다. 대표 저서로는 『시. 시학. 시인』Поэзия. Поэтика. Поэт, 『예술 문학 이론』Теория художественной словесности, 『러시아 문학사(1990년대)』История русской литературы (90-е годы XX века), 『19세기 러시아 문학사(40-60년대)』История русской литературы XIX века(40-60 годы) 등이 있으며, 그 외에도 『에마이기』Эмайыги, 1979, 『우울한 테라의 이야기』Хроники пасмурной Терры, 2000, 『오, 나의 태양!』О, солнце моё!, 2003 등의 시집을 출간한 바 있다.

132) 미하일 로바노프(1925~): 모스끄바 국립대를 졸업한 뒤 〈몰로다야 그바르지야〉Молодая гвардия, 〈나쉬 소브레멘니끄〉Наш современник 등에 게재한 글이 호평을 받았다. 악사꼬프, 오스뜨롭스끼에 관한 저서를 내 놓았고, 1960년대부터는 고리끼 문학 대학 교수로 재직 중이다.

16 :: 이고르 졸로뚜스끼
Игорь Золотусский

이고르 졸로뚜스끼는 1930년 11월 28일 모스끄바에서 태어났다. 그의 아버지는 당시 참모본부 아카데미의 동방학부를 마치고 척후병으로 근무 중이었으며, 1920년대 후반에는 중국에 있는 소비에뜨 연방 해외첩보부를 이끌었다. 졸로뚜스끼의 어머니는 불가리아에서 이주해 온 농민 태생으로, 간호원으로 근무하던 당시 국경수비대원이었던 졸로뚜스끼의 아버지와 결혼했다. 그들이 서로 사랑하게 된 시기는 1929년 경이다. 유감스럽게도 행복은 오래가지 않았다. 1937년 비상위원회ЧК에서 졸로뚜스끼의 아버지를 압박해왔다. 1941년에는 어머니를 체포해갔다. 하지만 졸로뚜스끼의 백모伯母는 졸지에 고아 처지가 되어버린 조카의 양육을 자신이 떠맡을 수는 없다며 냉정히 그를 거부했다. 천애고아 신세에 처한 졸로뚜스끼는 처음엔 성 다닐로프Свято-Данилов 수도원에 딸린 고아원 임시 보호시설에서 기거하다가, 이후 모스끄바 근교의 바리비노 역에 있는 '제3고아원' 으로 보내졌다.

이후 졸로뚜스끼는 중편 『우리가 함께 있는 동안』Пока мы вместе, 1971에서 자신이 고아원 시절에 겪었던 사건들을 서술해 나간다. 또한 1998년 '추상의 붕괴' Крушение абстракций라는 논문에 다음과 같은 고백의 글을 싣기도 했다.

"고아원은 아사 직전에 있던 나를 구원해줬다. 동시에 그곳은 열 다섯 살밖에 먹지 않은 풋내기 소년이 그 무엇도, 그 누구도 믿지 않을 만큼 냉혹하게 변하도록 만들었다. 다행히도 행복한 운명이 다시금 아버지와 나와의 인연을 이어줬다. 아버지는 1944년도에 감옥에서 풀려나와 시베리아로 유배당했다. 당시 나는 모스끄바에 위치한 직업학교에 다니던 중이었다. 아버지는 조국의 수도인 모스끄바에 단 한 순간이라도 머물면 안 됐지만, 시베리아에서 모스끄바로 와서 예비 노동자들을 양성하던 기관에서 나를 빼갔다. 만일 누군가 아버지를 불러 세워 서류를 검토해보기라도 했다면, 아버지는 또다시 체포 신세를 면하지 못했을 것이다. 아버지는 나를 꼬뜰라스 지역으로 데려갔다. 그곳에서 아버지는 우리가 종종 산책하곤 했던 침엽수림 속에서 스딸린에 관한 모든 진실을 내게 들려줬다. 당시 나는 시 한 편을 썼는데, 시구 중에 "그는 견장과 훈장이 달린 제복을 입었다네, 그리고 흡혈귀처럼 피를 사랑한다네."라는 구절을 써넣었다."

후일 졸로뚜스끼의 아버지는 또다시 체포되었고, 졸로뚜스끼는 수차례에 걸쳐 국가안전기획부에서 심문조사를 받으면서, 자신의 생부와 연을 끊어버리라는 강요와 압박에 시달렸다.

졸로뚜스끼는 1954년 까잔대학교를 졸업한 뒤에 박사과정 입학을 거부하고 극동지방으로 떠났다. 그곳에서 그는 하바롭스끄 근처에 있는 학교에서 몇 년 동안 교편을 잡았다. 1961년 4월 그는 모스끄바 근교에 위치한 뻬레젤끼노 Переделкино[133]에서 열리는 젊은 비평가 세미나에 참석해달라는 초대장을 받았다. 그곳에서 꼬르네이 추꼽스끼 К. Чуковский는 졸로뚜스끼가 내놓은 비평을 높이 평가했다. 심지어 추꼽스끼는 세익스피어에 관해서 쓴 졸로뚜스끼의 논문 중 하나인 '햄릿의 장검' Рапира Гамлета을 영어로 번역하려고까지 했다.

유감스럽게도 비평가들이 지방에서 살아남기란 늘 만만치 않은 일이다. 첫째로, 훌륭한 문학적 동료들을 아무 데에서나 만나기란 결코 쉬운 일이 아니다. 둘째로, 변두리 지방에서 통용되는 관례때문에, 지역의 문학 인사가 낸 책을 지방 간행물 지면상에서 공식적으로 비평하는 일은 좀처럼 허용되지 않기 마련이다. 1963년 졸로뚜스끼가 위험을 무릅쓰고 모스끄바에 좀 더 가까운 블라지미르로 거주지를 옮긴 까닭도 바로 이런 이유 때문이다. 그는 한동안 블라지미르에서 비평에만 전념했으며, 1965년 야로슬라블에서 최초의 수필집 『사람이 사는 섬』Обитаемый остров을 출판했다. 1967년이 되어서야 졸로뚜스끼는 모스끄바에서 거주등록을 취득했다.

1968년 졸로뚜스끼는 『파우스트와 물리학자들: 늙은 파우스트와 신진 물리학자들에 관한 책, 예술 속에 존재하는 과학인 이야기』Фауст и физики. Книга о старом Фаусте и новых физиках – о человеке науки в искусстве라는 흥미로운 책을 출간한다. 동시에 졸로뚜스끼는 '60년대 사람들'의 산문에 관한 비평 글도 썼다. 그 역시 이 세대에 속해 있었다. 이후 졸로뚜스끼는 자신의 동년배들에 대해서 쓴 훌륭한 논문들을 모아 『선택의 시간』Час выбора, 1978이라는 책을 엮어 냈다.

1960년대 말에서 1970년대 초에 졸로뚜스끼는 가장 용감한 비평가들 중 한 명으로 간주되었다. 그는 소위 '서기관 문학' секретарская литература[134]으로 불리는 문학을 맹렬히 파헤쳤으며, 유행에 민감한 작가들에 관한 모든 진실을 이야기했다.

2005년 알렉산드르 솔제니찐А. Солженицын은 자신의 이름을 딴 문학상[135]의 새로운 수상자 이름을 호명했다. 비평가 이고르 졸로뚜스끼가 바로 그 주인공이었다. '러시아 문학이 지닌 전통 및 정신적 가치에 충실하다'라는 점이 이고르 졸로뚜스끼가 이 상을 받게 된 중요한 요인으로 작용했다. 시상식 자리에서 솔제니찐은, 문학적 침체기에 졸로뚜스끼가 얼마나 논리 정연한 방식으로 보즈네센스끼А. Вознесенский[136], 오꾸좌바Б. Окуджава[137], 그라닌Д. Гранин의 권위를 무너뜨렸는지 다시 한 번 상기시켜 줬다. 졸로뚜스끼는 안드레이 보즈네센스끼에 관해 "연속적으로 잘 정비된 혁신성", "도덕적으로 보장되지 않은 메타포는 양날의 검처럼 작동하면서, 시인 자신조차 놀라게 한다." "러시아에서 이런 문학은 수없이 발전해왔다." 등의 평을 내놓았다. 또한 오꾸좌바의 산문 『감사합니다』Мерси에 관해서는 "불가꼬프적인 우스꽝스러움을 교묘하게 고쳐 쓰면서 베껴냈다. 하지만 난 그의 이런 기교에 냉담함을 유지할 것이다. 회고록도 패러디되고, 판타지도 패러디 된다."라는 평을 내놓았다. 한편 그라닌의 장편 『그림』Картина에 대해서는 "사랑에 관한 미완성 그림", "사랑의 기술", "인간을 대신한 과제" 라는 평을 내리고, "언어에 대한 과학 지상주의적 태도"와 더불어, 언어 사용에 있어서 상투적 표현과 시시한 단어들, 언어에 민감하지 못한 부분 등을 지적했다.

이 시기 졸로뚜스끼가 심적으로 훨씬 친근하게 여겼던 이들은 농촌 작가들이었다. 아마도 그들이 상대적으로 폭로적인 경향은 덜하면서, 러시아 농촌에 대한 슬픔의 감정을 더 많이 품고 있었기 때문일 것이다. 후일 졸로뚜스끼는 농촌 산문에 관해 "이는 아픔의 문학이자 사랑의 문학이다. 농촌 산문[138]은 19세기의 기독교적 유산과 결합되어 있다."라고 언급한 바 있다.〈리쩨라뚜르나야 가제따〉2005년 16호

하지만 문학관련 종사자들 및 문학계 장성들의 강한 입김으로 인해 졸로뚜스끼는 이미 모든 검열을 통과했음에도 불구하고, 기성 작가들의 창작에 관한 솔직하고도 공정한 평가를 담은 논문을 실질적으로 게재하기 어려운 상황에 놓이게 된다. 그러자 졸로뚜스끼는 고골에게서 자신의 문학적 돌파구를 찾게 된다. 후일 졸로뚜스끼는 블라지미르 본다렌꼬В. Бондаренко와의 인터뷰에서 자신의 문학적 운명을 회상하며, 그가 고골에 이르게 된 경위를 이렇게 설명했다.

> "60년대 말 내게 이상한 운명이 형성되었지. 난 수많은 문학당과 문학 분파가 존재했던 모스끄바로 입성했다네. 당시 나는 〈노비 미르〉 지면에 소설을 실은 유리 본다레프Ю. Бондарев[139]와 빠우스돕스끼К. Паустовский[140]의 잊혀진 소설, 옙뚜쉔꼬Е. Евтушенко[141]의 장시 『브라츠끼 수력발전소』Братская ГЭС에 관한 비평적 논문을 썼지. 〈노비 미르〉지의 '좌파'들은 나를 받아들이지 않았고, 졸지에 내 이름은 반동주의자 명단에 올라가 버렸다네. 그러던 중 누구나 한 번쯤 논문을 썼을 법한 유리 돔브롭스끼Ю. Домбровский[142]의 장편 『고전의 수호자』Хранитель древностей에 대한 내 논문이 게재되어버린 거야. 그 논문은 〈시비르스끼에 오

그니〉Сибирские огни라는 잡지에 실렸지. 그러자 '좌파'들은 대체 이런 류의 인물을 어떻게 바라봐야 하는가, '우리 편'인가 아니면 '우리 편이 아닌가'"라는 질문을 던지기 시작했다네. 당시 난 어느 당파에도 소속되지 않은 채 외따로 멀리 떨어져 있었어. 어느 순간 내가 비평적 글을 쓰는 일이, 속사포처럼 내려치며 타격을 입히는 일이 다 부질없는 짓이라는 생각이 들었지. 난 숨을 몰아쉬지 않게 되었네. 뭔가 더 큰 규모의 작업에 주목하고 싶은 마음이 들었지. 그러던 중 고골이 내 머릿속에 들어온 거야. 난 고문서 보관실로 갔지. 끼예프로 여행을 떠났고, 고골의 편지들을 읽기 시작했다네. 그 후에는 매우 오랜 시간 동안 역사 도서관에서 작업을 계속했지. 대학을 한 번 더 다녀야 되겠다는 생각을 하기에 이를 지경이었다네. 고골 덕분에 난 19세기로 여행을 떠날 수 있었지. 그리고 나 자신을 포함한 모든 것을 다른 방식으로, 다른 눈높이에서 보기 시작했다네. 바로 이 시기에 나는 노보슬로보드스까야에 위치한 '성 삐멘 교회'에서 세례를 받았지. 이건 문학적 작업일 뿐만 아니라, 영혼의 움직임이기도 했다네. 〈…〉 난 완전히 다른 방식으로 내 눈앞에 펼쳐진 고골에 대한 새로운 책을 쓰기 시작했다네. 방 전체는 고골의 초상화로 도배됐고, 난 고골이 살았던 방방곡곡을 찾아 돌아다녔다네. 고골이 한때 거주했던 뽀고진스까야 거리를 걸어가다보면, 지금이라도 고골이 저쪽 모퉁이에서 튀어나올 것만 같은 생각이 들곤 하지. 난 지금 고골이 이 자리에 함께하고 있다는 게 느껴진다네. 이건 엄청나게 힘든 일이었지만, 또 엄청난 행운이기도 했지. 1976년에 이 책의 집필을 마친 뒤에, 난 무릎을 꿇고 신께 감사를 드렸다네."〈젠 리쩨라뚜리〉 2005년 10호

하지만 처음엔 모든 출판사가 하나같이 고골에 관한 졸로뚜스끼의 책을 출판하려 들지 않았다. 이미 벨린스끼적 시각을 지닌 소비에뜨 비평가들의 평가가 사방에 깔린 상태였다. 그러자 소비에뜨 연방 작가협회의 제1서기관 마르꼬프Марков가 '위대한 사람들의 삶'ЖЗЛ143시리즈 계획에 졸로뚜스끼의 필사본도 넣어달라며 '젊은 근위대'Молодая гвардия 출판사의 간부들을 설득하기에 이르렀고, 그 덕분에 가까스로 졸로뚜스끼에게도 출판의 길이 열리게 됐다. 이렇게 고골에 관한 졸로뚜스끼의 책은 1979년 '위대한 사람들의 삶' 시리

즈를 통해 처음으로 세상에 소개되었다. 니꼴라이 스까또프Н. Скатов[144]는 이 작품에 대해 이렇게 말했다.

> "행로, 길에 대한 사상, 이것이 바로 졸로뚜스끼의 책에서 묘사된 고골의 형상 전체를 정의 내려 준다. 그리고 탐색은 이 책을 쓴 저자 자신의 형상을 규정해 준다."

스까또프는 〈보쁘로시 리쩨라뚜리〉 지면을 통해 '위대한 사람들의 삶' 시리즈 물은 바로 졸로뚜스끼가 쓴 것처럼 집필해야 한다고 언급한 바 있다. 한편 류드밀라 사라스끼나Л. Сараскина[145]는 졸로뚜스끼가 솔제니찐 상을 받았을 때 이런 견해를 내놓았다.

> "졸로뚜스끼의 펜대 아래에서 탄생한 고골의 일대기는 러시아의 삶을 배경으로 펼쳐지는 러시아 문학에 관한 역사 소설이다. 이는 영원한 것과 절박한 것의 가슴 뛰는 결합이다. 고골이 거쳐간 삶의 여정과 작품에 관한 졸로뚜스끼의 견해는 깜짝 놀랄 정도로 잘 들어맞는다. 예를 들어서, 『광인일기』Записки сумасшедшего에 대한 해석, 문학적 편향화에 있어서 결정적 요인으로 작용하게 된 고골과 벨린스끼 간에 벌어진 무대 예술 논쟁에 관한 이야기, 그리고 집도 절도 없이 정처 없이 떠돌던 고골의 유럽 편력기에 관한 또 다른 심리적 해석이 바로 그 것이다."〈리쩨라뚜르나야 가제따〉2005년 17-18호

하지만 대다수의 자유주의자는 고골에 관한 졸로뚜스끼의 해석에 동의하지 않았다. 알렉산드르 보르샤곱스끼А. Боршаговский는 고골이 '친구들과의 서신에서 택한 장소들'과 관련된 졸로뚜스끼의 해석에 단호하게 반대 의견을 표하며, 그의 작품을 이렇게 평가했다.

> "고골에 관한 졸로뚜스끼의 책은 재치가 넘치고 확신에 차 있다. 이러한 점은

> 이 책의 존재를 전적으로 정당화 시켜준다. 어쨌거나 민중과 민중의 운명, 그리고 민중의 미래는 존재했고, 또 존재하기 때문이다. 뿌쉬낀이, 마그니쯔끼 Магницкий[146]가 존재했고, 빈곤과 피가, 열정으로 넘치는, 광기 어린, 아름답기 그지없는 민중의 아들들이, 영웅과 순교자들이 존재했었다. 그들을 외면해서는 안 된다. 이미 오랜 시간이 흐르고 나서 그들에 관해 거만하게 말하거나 생각하는 것도 금물이다."

고골 덕분에 졸로뚜스끼의 시각은 상당 부분 본질적인 진화를 경험하게 된다. 그는 극단주의자로서의 행보를 시작했다. 젊은 시절 '아버지를 위한 복수' 라는 테마가 늘 그를 동요하게 만들었다. 실제로 당시 졸로뚜스끼가 셰익스피어의 『햄릿』을 손에서 놓지 않았던 것도 우연이 아니다. 고골은 졸로뚜스끼를 신의 앞으로 데려갔고, 바로 고골을 통해 그는 화해의 길로 들어서게 됐다.

소비에뜨 연방이 붕괴한 이후, 졸로뚜스끼는 3년에 걸쳐서 핀란드의 이위베스퀼레에 위치한 대학에서 러시아 문학을 강의했다. 하지만 1990년대 중반 이후 그는 현대 사회에서 비평의 위상이 극도로 위축되어 버렸고 이제는 아무도 비평을 읽지 않는다고 여기며, 더 이상 비평작업에 손을 대지 않고 있다. 그럼에도 불구하고 졸로뚜스끼는 레스꼬프 Н. Лесков에 관한 책을 쓰려는 열망을 완전히 버리진 않고 있다.

133) 뻬레젤끼노: 모스끄바 주 레닌지역에 있는 다차촌. 1934년 고리끼의 조언으로 소비에뜨 정부가 무기한 무상임대의 조건으로 작가촌을 조성하기 위한 대지를 할당해줬으며, 작가촌 조성과 관련된 모든 업무는 소비에뜨 연방 문학기금회에 위임됐다. 레오노프Л.Леонов, 바벨И.Бабель, 삘냐Б.Пильняк, 에렌부르그И.Эренбург, 빠스쩨르나끄Б.Пастернак 등이 뻬레젤끼노에 입성한 최초의 작가들이 되었다. 전쟁 이후 작가촌은 더욱 확장되었고, 까베린В.Каверин, 자볼로쯔끼Н.Заболоцкий, 파제예프А.Фадеев, 옙뚜쉔꼬Е.Евтушенко, 보즈네센스끼А.Вознесенский, 까따예프В.Катаев, 아흐마둘리나Б.Ахмадулина 등도 이곳에 자리를 잡았다. 이렇게 뻬레젤끼노는 1930년대에서 1990년대에 이르는 소비에뜨 문학사와 밀접한 관련을 맺게 된다.

134) 서기관 문학: '서기관 문학'은 1940~50년대 소비에뜨 공식문학계를 이끌었던 가장 부적절한 문학적 흐름 중 하나로 분류된다. 당시 작가협회 서기관을 지냈던 마르꼬프Г.Марков, 차꼽스끼А. Чаковский, 꼬줴브니꼬프В.Кожевников 등은 자신의 지위를 이용하여 자신들의 책을 서점가에 대량으로 유포시켰다. 이들의 작품은 대부분 당 선전을 목적으로 집필된 것들로, 예술과는 거리가 멀었다. 이후 리빠또프В.Липатов, 본다레프Ю.Бондарев, 겔만А.Гельман 등이 좀 더 '개량된' 형태로 사회주의 리얼리즘의 전통을 이어가게 된다.

135) 솔제니찐 문학상Премия Александра Солженицына: 1998년 솔제니찐이 자신의 이름을 따서 설립한 문학상이다. 위대한 석학 블라지미르 또뽀로프В.Топоров가 첫 번째로 수상의 영광을 안았다. 이후 시인 인나 리샨스까야И.Лисянская, 유리 꾸블라놉스끼Ю.Кублановский, 올가 세다꼬바О.Седакова, 소설가 발렌찐 라스뿌찐В.Распутин, 꼰스딴찐 보로비요프К.Воробьев, 사후 수상, 예브게니 노소프Е.Носов, 레오니드 보로진Л.Бородин, 연출가 블라지미르 보르뜨꼬В.Бортко, 배우 예브게니 미로노프Е.Миронов, 철학자 알렉산드르 빠나린А.Панарин 등이 이 상을 받으면서, 그 가치를 입증해 보였다. 상금의 규모는 연간 25,000달러이다. 시상식을 거행하기 위한 기금은 알렉산드르 솔제니친의 『수용소 군도』Архипелаг ГУЛАГ가 전 세계에서 거둬들인 인세로 조성된다.

136) 안드레이 보즈네센스끼(1933~): 모스끄바 태생의 시인이자 건축가. 초등학교 시절부터 빠스쩨르나끄의 시에 열광하며 시를 습작했고, 6학년때 빠스쩨르나끄에게 직접 자신의 시를 보내고 서로 친구처럼 지내는 사이가 됐다. 1960년 첫 번째 시집 『모자이크』Мозаика를 내놓자 비평가들로부터는 독설을, 독자들에게는 호평을 받았다. 1963년 크렘린에서 열린 모임에서 흐루쇼프에게 쫓겨난 일화로도 유명하다. 1964년에는 『반세계』Антимиры라는 선집을 내놓았고, 그 이후 『안드레이 뽈리사도프』Андрей Полпсадов, 1980, 『나도 모르게』Безотчетное, 1981 등을 내놓으며 꾸준히 작품 활동에 매진하고 있다. 연출가 류비모프Ю.Любимов는 보즈네센스끼의 시를 원전으로 삼아 따간가 극장에서 '반세계'라는 연극을 올리기도 했다.

137) 불라뜨 오꾸좌바(1924~1997): 작가이자 작곡가. 자신이 쓴 시를 바탕으로 200편 이상의 곡을 작곡했으며, 1950~80년대에 자작곡 분야에서 활동한 가장 뛰어난 거장으로 손꼽힌다. 대표작으로는 『아르바뜨, 나의 아르바뜨』Арбат, мой Арбат, 1976, 『보나빠르뜨와의 만남』Свидание с

Бонапартом, 1983, 『여러분에게 바칩니다』Посвящается вам, 1988 등이 있다. 1991년에는 자전적 소설 『폐쇄된 극장』Упразднённый театр 으로 '러시아 부커' 를 수상했으며, 1997년에는 오꾸좌바의 이름을 딴 국가상이 제정되었다. 벨라 아흐마둘리나Б.Ахмадулина, 율리 킴Ю.Ким, 알렉산드르 고로드니쯔끼А.Городницкий 등이 '오꾸좌바 국가상' 을 받았다.

138) 농촌산문: 1960~1980년대 소비에뜨 문학에 나타난 경향으로, 현대 농촌생활에 대한 묘사를 통해 전통적 가치를 부각시키고자 했다. 잡지 〈나쉬 소브레멘니끄〉Наш современник 는 농촌산문 작가들의 비공식적 연합체였다. 솔제니찐의 『마뜨료나의 집』Матрёнин двор 은 농촌산문이 공식적인 예술적 경향으로 인정받는데 크게 기여했으며, 라스뿌찐В.Распутин, 아브라모프Ф.Абрамов, 벨로프В.Белов, 슉쉰В.Шукшин, 아스따피예프В.Астафьев 등이 대표적인 농촌산문 작가로 꼽힌다.

139) 유리 본다레프(1924~): 오렌부르그 태생의 작가. 1949년 문단에 데뷔했으며, 1953년 첫 번째 단편 선집 『커다란 강에서』На большой реке 를 내놓았다. 1957년 선보인 『대대에서 화력을 요청한다』Батальоны просят огня 는 TV 시리즈로 제작되기도 했다. 그 외에도 『최후의 사격』Последние залпы, 1957, 『정적』Тишина, 1962, 『강변』Берег, 1975 등이 동명의 영화로 제작되었다. 2001년부터 〈교육의 세계-세계의 교육〉Мир образования – образование в мире 편집위원회에서 근무 중이며, '레닌상' (1972)을 비롯하여 '소비에뜨 연방 국가상' (1977, 1983), '레프 똘스또이 상' (1993) 등 다양한 상을 받은 바 있다.

140) 꼰스딴찐 빠우스똡스끼(1892~1968): 모스끄바 태생의 작가. 1928년 출간된 빠우스똡스끼의 첫 단편 선집 『마주친 기선들』Встречные корабли 은 지금까지도 계속 재판되고 있다. 중편 『까라-부가즈』Кара-Бугаз, 1932 로 명성을 떨쳤고, 1935년에는 알렉산드르 라줌니А.Разумный 감독이 동명의 제목으로 영화를 제작했지만, 정치적 모티프가 삽입되었다는 이유로 상영 금지처분을 받았다. 1945~1963년에 걸쳐 6권으로 구성된 자전적 소설 일련 (『먼 옛날』Далекие годы, 1946, 『근심많은 청년기』Беспокойная юность, 1954, 『불가사의한 시대의 기원』Начало неведомого века, 1956, 『엄청난 기다림의 시간』Время больших ожиданий, 1958, 『남쪽으로 달려가다』Бросок на юг, 1959~1960, 『방랑에 관한 책』Книга скитаний, 1963)을 집필한다. 1965년에는 유력한 노벨문학상 후보로 거론되었지만, 최종수상자로 호명된 작가는 숄로호프였다.

141) 예브게니 옙뚜쉔꼬(1932~): 작가이자 감독, 배우 등 여러 방면에서 활동 중인 인물이다. 1952년 후보자 심사단계를 거치지 않고 소비에뜨 작가협회 최연소 회원이 됐다. 『세 번째 눈』Третий снег, 1955, 『열성분자들의 도로』Шоссе энтузиастов, 1956, 『사과』Яблоко, 1960 등으로 대중적인 인기를 얻었다. 옙뚜쉔꼬가 문학에 데뷔하던 시기는 때마침 흐루쇼프의 '해빙기', 부분적으로는 소비에뜨 사회의 자유화 흐름이 시작된 시기와 맞물렸다. 덕분에 옙뚜쉔꼬의 시는 당시 젊은이들의 긍정적인 경향을 드러내며 큰 반향을 일으켰다. 1991년 미국 오클라호마 주에 위치한 털사 대학과 계약을 체결하고 러시아를 떠났으며, 현재까지 미국에서 거주하며 강의 중이다.

142) 유리 돔브롭스끼(1909~1978): 작가이자 문학비평가. 3번에 걸쳐 체포되어 형을 받은 경험이 있

다. 대표작은 1964년에 집필을 시작하여 1975년에 마친 『불필요한 사물들의 학부』Факультет ненужных вещей 이다. 이 소설은 반그리스도적이며 반휴머니즘적인 세계에서 기독교적이며 휴머니즘적인 문명화의 가치재고, 그리고 소비에뜨 체제에서는 '불필요한 사물'로 여기는 것들의 가치와 이상에 대한 신뢰를 자신의 사명으로 삼은 사람들에 관해서 쓴 글이다. 작품은 소비에뜨 연방 내에서 출판할 수 없었고, 1978년 프랑스에서 러시아어로 출판되었다.

143) 위대한 사람들의 삶ЖЗЛ(Жизнь замечательных людей): 1890~1924년 사이에 '빠블렌꼬프' Павленков 출판사에서 간행된 전기적 성격의 서적 시리즈 물. 1933년 고리끼의 발의로 이 시리즈 물이 재간행되었다. 1938년 127호, 128호의 재간을 시작으로 현재까지 '몰로다야 그바르지야' Молодая гвардия 출판사에서 시리즈 물을 간행하고 있다. 제2차 세계대전 당시에는 『러시아 민중 속의 위대한 사람들』Великие люди русского народа 이라는 표제로 출간된 바 있다.

144) 니꼴라이 스까또프(1931~): 꼬스뜨로마 출신의 문학연구가로 러시아 학술원 회원이다. 러시아 문학사에 관한 방대한 저술 및 다수의 문학 비평과 비평서적을 집필했다. 『뿌쉬낀. 러시아의 천재』Пушкин. Русский гений, 2001 라는 책으로 러시아 작가협회에서 시상하는 '위대한 러시아 문학상'을 받았다.

145) 류드밀라 사라스끼나(1947~): 문학연구 및 비평가로, 도스또옙스끼와 솔제니찐 작품에 관한 전문가이다. 2008년 '위대한 책'과 '야스나야 뽈랴나' 문학상을 동시에 받았다.

146) 미하일 마그니쯔끼(1778~1885): 알렉산드르 1세 시대의 유명한 정치가로 개화반대론의 입장을 고수했다. 마그니쯔끼는 프리메이슨의 코스모폴리탄적 사상 및 교육체계에 강력히 반대하며, 러시아 정교회를 바탕으로 러시아의 정신적 전통을 계승하는 민중교육체계를 세울 것을 주장했다.

17 :: 알렉산드르 까바꼬프
Александр Кабаков

알렉산드르 까바꼬프는 1943년 11월 22일 노보시비르끄에서 태어났다. 어린 시절을 소비에뜨 연방의 미사일 본부가 주둔한 실험 도시 까뿌스찐 야르Капустин Яр에서 보냈다. 이 도시는 스베뜰라나 바실렌꼬С. Василенко가 유년 시절을 보낸 도시이기도 하다. 1965년 까바꼬프는 드네쁘르뻬뜨로프 대학의 수학과를 졸업하고 사라또프 지역에서 군 복무를 했다. 제대 후에는 4년간 기술자로 일하기도 했으며, 신문사 혹은 출판사 이곳저곳을 전전하기도 했다.

까바꼬프는 아주 어린 나이에서부터 습작을 시작했지만, 27세가 되어서야 사랑을 주제로 한 소설 한 편을 처음으로 완성했다. 까바꼬프는 용기를 내어, 평소 알고 지내던 바실리 악쇼노프В. Аксёнов에게 그 소설을 보여주었다. 악쇼노프의 평가는 혹독했다. 진중함이 전혀 없는 작품이라고 일축해 버린 것이다. 이후로 까바꼬프는 더 이상 그 소설에 손을 대지 않았다. 까바꼬프가 본격적으로 창작에 전념한 것은 70년대 중반에 이르러서이다. 첫 작품으로 『악어』Крокодил를 들 수 있다. 이 이야기는 〈리쩨라뚜르나야 가제따〉Литературная газета의 유머 코너를 위해 쓴 것이다. 이후 작가는 매우 진지한 작품에 매달린다. 까바꼬프 자신의 회상에 의하면, 그는 자신의 소설을 '판매

될 수 없는' 즉 상업적 성공과는 거리가 먼 소설이라고 규정했다. 그의 소설은 서구의 추리소설, 스릴러의 서사적 특징과 기법을 소비에뜨적 현실에 접목시킨 것이었다. 물론 까바꼬프의 예견대로 그 소설은 출판되지 못했다.
2004년이 되어서야 까바꼬프는 3장으로 이루어진 중편소설 『눈에는 눈, 혹은 끄리스따뽀비치 식의 대응』Ударом на удар, или Подход Кристаповича을 집필하는데, 회상을 통해 이 작품에 대하여 다음과 같이 말한 바 있다.

> "소설의 각 장은 영국의 고전 추리소설이나 갱 소설의 모방이나 패러디가 아니다. 내가 쓴 소설은 대중문학 장르를 겨냥한 추리나 액션 소설이 아니라 사회 · 정치적 소설이었다. 당시 소비에뜨의 비밀경찰과 싸우는 고독한 개인의 삶을 추리, 혹은 액션 소설의 문법을 차용하여 쓰려고 시도한 사람은 아무도 없었다."

까바꼬프가 쓴 안티 유토피아 소설 중, 첫 작품이라 할 수 있는 『돌아오지 않는 자』Невозвращенец는 영화 예술가 드미뜨리 뽀뽀프Д.Попов 덕분에 잡지 〈이스꾸스보 끼노〉Искусство кино에 어려움 없이 실릴 수 있었다. 이 소설은 비밀단체의 특명을 받고 가까운 미래로 파견된 주인공이 배고픔과 혼란, 절망이 난무했던 1993년을 회상하는 것을 주 내용으로 한다.
비평가들은 까바꼬프를 '머지않은 미래를 예측하는 소설가'라고 부르기도 한다. 이러한 평가를 더욱 공고하게 한 작품으로 『작문가』Сочинитель를 들 수 있다. 이 작품에서 1991년에 일어난 일련의 사건들이 이미 예견되었기 때문이다. 그리고 이 작품은 1993년 일본에서 번역, 출간되기도 했다.
이외에 『모든 것은 고칠 수 있다.』Всё поправимо라는 작품 역시 매우 흥미로운 작품이다. 이 작품의 전언을 압축하여 말한다면, "너의 등 뒤에 있는 인생은 네가 뒤돌아서서 보게 되는 그런 인생이 아니다."이다. 이 작품은 수수께끼와 같은, 혹은 그 본질을 파악하기 어려운 삶의 문제를 천착하는 작가의 문학적 세계관이 매우 농후하게 배어 있는 작품이라 할 수 있다. 이 소설에 대하여 따찌야나 베끄T.Бек[147]는 다음과 같이 말한다.

> "이 소설은 개인의 일대기를 그린 서사로 다양한 스펙트럼으로 나타나는 개인과 사회의 상호관계를 내용으로 하고 있다."〈Ex libris НГ〉2004년 10월 24일

얼마 후, 따지야나 베끄는 까바꼬프 소설의 핵심 키워드는 '반역'이라고 결론짓는다. 까바꼬프 또한 그녀의 의견에 반대하지 않으면서 다음과 같은 말을 덧붙였다.

> "이전에 나는 반역, 변절이라는 문제에 전혀 관심이 없었다. 그런데 최근들어 나는 이 문제에 몰두하게 되었다. 그것은 단순한 관심이 아니라 그 개념을 더 깊이 명확하게 이해하고자 하는 열망이었다. 나는 이것을 내가 이미 알고 있는 범주에서 연구하기보다, 전혀 생소한 상황에서 이 문제를 명확하게 밝히고 싶었다. 그 예로 작품에 서술된 유년시절은 모두 창작된 것이다. 달리 말해 나의 실제 유년시절과는 다르다. 그러나 우리가 유태인의 군인가족이었던 것은 사실이며, 유태인 군인가족의 환경은 뭔가 특별한 것이 있었다. 그러한 특성은 만들어진 것이 아니다. 다만 가족 간에 일어나는 갈등만이 나에 의해 고안된 것이다. 나는 분명하게 파악할 수 없는, 명확하게 규정할 수 없는 배반의 갈등을 고안해냈다. 누가, 누구를, 무엇을 배반한 것인지 정확하게 말할 수 없을 때, 배반은 매우 형이상학적인 속성을 갖게 된다."〈Ex libris НГ〉2005년 1월 13일

그 어떤 작품보다도 2005년에 출간된 장편소설, 『모스끄바 이야기』Московские сказки는 까바꼬프의 작품 중 독보적인 위치를 차지한다. 이 작품이 출간된 후, 자유주의 진영에 속하는 비평가들은 호평과 극찬을 아끼지 않았다. 까바꼬프 자신의 평가에 의하면, 이 작품은 이전에 그가 쓴 모든 작품을 총체적으로 집약한 것이다. 달리 말하면, 베일에 싸인 삶의 본질을 알고자 하는 고뇌와 목마름의 서사라 할 수 있다.

까바꼬프는 소설 창작 외에도 오랫동안 영화제작에 동참해 왔다. 그러나 늘 성공적이지 못했다. 한 가지 예를 들자면, 1990년대 초반에 마르끄 루진슈떼인M. Рудинштейн은 1991년 8월에 일어난 사건을 소제로 하는 시나리오를 까바꼬프에게 부탁했다. 까바꼬프는 시나리오의 제목을 『나의 사랑스런 반란』Мой любимый переворот이라고 붙였다. 그 주요 내용은 8월 19일, 사업차 러시아에 온 영국인이 러시아에서 겪게 되는 삼 일간의 체험이다. 시나리오는 망명하려다 러시아의 민주화를 위해 남기로 한 유태인 여자와 영국인이 함께 기타를 치며 노래하는 것으로 끝이 난다. 그러나 이 시나리오는 흔적 없이 사라져 버렸다.

한편, 까바꼬프의 소설이 영화로 만들어지기도 했다. 세르게이 스네쥐낀C. Снежкин에 의해 『돌아오지 않는 자』가 영화로 만들어졌다. 까바꼬프는 그 영화를 흡족해하지 않았다. 다음으로 블라지미르 나우모프B. Наумов는 까바꼬프의 작품을 모티브로 하여 『편지도 쓸 수 없던 10년』Десять лет без права переписки이라는 영화를 만들었다.

최근의 작품으로는 『매우 강한 성性』Очень сильный пол 2010과 '위대한 책'을 수상한 『사격장』Зона обстрела, 2010이 있다.

147) 따찌야나 베끄(1949~2005): 시인이자 문학평론가. 최근의 시집으로 『고친 흔적이 있는 전설』 Сага с помарками, 2004 이 있다.

18 :: 티무르 끼비로프
Тимур Кибиров

티무르 끼비로프는 "자신의 시를 통해 마치 세대 전체의 느낌을 표현해 내는 듯 하다."라며 러시아 현대문학 비평가 안드레이 넴제르А.Немзер가 평한 바 있다. 하지만 끼비로프는 오히려 완벽하게 아이러니를 지배하는 보기 드문 서정 시인 중 한 명이다. 끼비로프는 바로 그 아이러니를 통해 수천에 이르는 사람들의 감정을 자극했다.

티무르 끼비로프의 실제 성은 자뽀예프Запоев이다. 그는 1955년 2월 15일 우끄라이나의 쉐뻬또보끄Шепетовок 시에서 태어났다. 아버지는 군인이었고, 오세티아[148] 출신이었다.

오세티아는 끼비로프를 매우 자랑스럽게 여기지만, 그의 작품에 깝까즈 테마가 부재하는 것에 대해 수많은 이들이 의아하게 생각한다. 끼비로프는 이 점에 대해 이렇게 설명한다.

> "난 아주 어린 시절을 제외하고는 깝까즈에서 살지 않았다. 그나마 오세티아가 아닌, 할아버지와 할머니가 살던 까바르다Кабарда에서 유년시절을 보냈다. 난 그곳에서 여름 방학을 나곤 했다. 어린 시절에 난 그쪽 지방의 언어를 이해했다. 사실 지금까지도 나와 마주친 사람이 지고라Дигора[149]쪽 사람인지, 혹은 이

란 사람인지 구별해 낼 수는 있지만, 이젠 그저 개별적인 단어들만 이해할 뿐이다." 〈끄니쥐노예 오보즈레니예〉Книжное обозрение, 2002년 12월 9일

끼비로프는 모스끄바 끄룹스까야 주립사범대학Московский областной педагогический институт им Н.К.Крупская에서 수학했다. 모스끄바 언더그라운드 문단은 끼비로프가 아직 대학에 재학 중일 때 그를 맞아들였다. 드미뜨리 올샨스끼Д. Ольшанский[150]가 고백하듯이, 끼비로프는 "80년대가 한창일 무렵, 우리에게 노스텔지어적인 포스트모더니즘을 선포했다."

1980년대 말 끼비로프는 쁘리고프Д. Пригов, 루빈슈떼인Л. Рубинштейн[151], 간들렙스끼С. Гандлевский[152], 아이젠베르그М. Айзенберг[153]가 참여 중이던 '문예작품집'Альманах이라는 그룹에 가담하게 된다.

지금까지도 끼비로프는 자신의 초기 작품 중에서 오로지 『뒷간』Сортир이라는 한 편의 장시만을 예외적으로 높이 평가한다. 이 시에 대해 끼비로프는 다음과 같이 언급한다.

> "8행으로 쓰인 이 엄청난 장시는 『뒷간』라는 추잡하기 이를 데 없는 명칭을 가졌으며, 뒷간을 통해 주인공의 삶을 그려낸다. 뒷간이라는 장소는 정말이지 끔찍하면서도 흥미로운 장소가 아니던가. 내가 이 작품을 쓰기 시작했을 때, 난 이 장시가 매우 우스꽝스러운 작품이 될 것이라고 생각했지만, 결과적으로는 서정시가 탄생했다. 이런 결과는 내게 많은 것을 가르쳐줬다. 당시 우리는 하나같이 인용구들을 사용해서 말하곤 했다." 〈끄니쥐노예 오보즈레니예〉2002년 12월 9일

1989년 중반 끼비로프의 텍스트 중 하나를 둘러싸고 스캔들이 일어났다. 리가의 사법기관들이 〈아뜨모다〉Атмода 신문을 상대로 소송을 제기한 것이다. 이 신문은 끼비로프가 레프 루빈슈떼인에게 보낸 편지 일부를 게재했었는데, 그 중 다음의 내용이 집권세력의 마음에 들지 않았던 것이다.

오로지 식료품만이
이따금씩 우리의 입맛을 돋워줄 뿐이지.
하지만 일찌감치 햄 없이도, 훈제 소시지 없이도
살아갈 수 있도록 준비해놓도록 해!

달짝지근한 과자 없이도!
양배추 없이도! 버섯 없이도!
밀국수 없이도! 가는 국수가락 없이도!
모든 일은 지나갈 거다! 준비해 놓도록.

1990년 '젊은 근위대' Молодая гвардия 출판사는 티무르 끼비로프, 알렉산드르 하바로프 А. Хабаров, 블라지미르 스미끄 В. Смык, 알렉산드르 로스꼬프 А. Росков 등 4명의 저자들이 쓴 시를 한 권의 책에 담아서 내놓았다. 끼비로프는 이 책에 담긴 자신의 시들을 하나로 묶어서 '진부한 표현들' Общие места 이라고 제목을 붙인 뒤, 책의 서문에서 독자들에게 이런 종류의 책을 내놓게 된 것에 관한 우려를 표명했다.

> "난 내 시들을 출판해서 내놓는다는 사실이 좀 이상하고 다소 걱정스럽기도 하다. 자기만의 콘텍스트에서 떨어져 나오고, 금서의 명성을 상실하고, 사회에 대한 날카로운 언어를 상실한 이런 류의 시들은 시의성이 떨어진다는 책망만 불러일으킬 따름이다."

1992년 끼비로프는 첫 번째 책 『사랑에 관한 시들』 Стихи о любви 을 내놓는다. 이후 발쩨프 А. Вяльцев 는 〈리쩨라뚜르나야 우쵸바〉 Литературная учёба 지면에서 "끼비로프는 타인의 말을 사용하여 자신을 표현하고자 한다."라고 평한 바 있다. 한편 『전세계 인명 백과사전』 2000 에서는 끼비로프의 작품세계를 다음과 같이 정의내리고 있다.

"끼비로프의 시 속에는 개념주의와 소츠아트적 경향이 패러독스한 방식을 통해 서정적 경험의 진실성과 결합되어 있다. 90년대 중반 무렵 끼비로프 시에서 이러한 아이러니적 경향은 사라졌다. 하지만 이러한 기법, 즉 소비에뜨 시대의 유행가, 상투적인 어구, 틀에 박힌 이데올로기적 문구에서 인용한 구절, 소비에뜨 시대의 문학 주인공과 영화 주인공 형상에서 인용한 요소 등을 통해 끼비로프는 궁극적으로 소비에뜨 인간이 거주하는 세계에 대한 일종의 목록을 작성한 것이라 볼 수 있다."

한편 끼비로프는 자신에게 있어서 인용은 그 자체가 목적이 아니라는 점을 끊임없이 강조하면서 이렇게 이야기한다.

"현대의 모든 문화는, 특히 시 분야는 일종의 거대한 인용구라 볼 수 있다. 우리는 풍부한 문화적 전통과 역사의 인질이다. 다만 어떤 이들은 이 점을 인식하고 있고, 다른 이들은 그들의 영혼이 '6운각 얌브'를 노래하고 있다는 순진한 착각에 빠져 있을 뿐이다. 그 누구도 인용성으로부터, 예전에 존재했던 문화와 벌이는 유희로부터 자유로울 수 없다. 이런 부분을 거칠게 작업할 것인지, 혹은 섬세하게 작업할 것인지에 관한 문제는 별개의 것이다. 개인적으로 최근 나는 1980년대에 했던 것보다는 좀 더 섬세하게 이것을 다듬어보고 싶다는 마음이 든다. 뭔가를 인용하고 양식화해 나가는 과정에서, 난 항상 내 독자가 최소한 나보다는 더 많이 책을 읽어서 한눈에 모든 것을 파악할 수 있으며, 우리가 동일한 언어로 이야기를 나누게 될 것이라고 가정한다. 가령 내가 소네트를 쓴다고 하자. 그렇다면 이것은 페트라르카Петрарка[154], 세익스피어, 단테와 경쟁을 벌이겠다는 소박한 열망이 아니라, 독자를 위한 징표가 되는 것이다. 즉, 이것을 유희로 이해해야만 한다는 징표, 혹은 장르에 관한 소박한 연구, 혹은 구체적인 전통의 방향을 참조하라는 징표가 된다. 이는 고전시에 관한 반성적 성찰이다. 난 대체로 현대시는 모두 그런 성찰의 일환이라고 생각한다."〈꿀뚜라〉Культура, 2005년 6호하지만 어느 순간부터 끼비로프의 솔직한 인용성, 자기 아이러니는 더이상 모습을 드러내지 않았다. 이는 아마도 시대가 변화된 탓이라고 볼 수 있다. "대체로 보자면, 우린 그렇게 나쁘게 산 것만은 아니다. 하지만 한 시대가 끝났고, 또 다른 세대들이 시작되었다."라는 끼비로프의 말이 괜히 나온 것은 아닐 것이다. 비평가 니꼴라이 알렉산드로프Н. Александров[155]는 이 구절과 관련하여 정확한 지적을 했다.

> "세계 종말은 일어나지 않았다. 서정적 주인공은 모습을 바꾸었다. 서정적 조화로움은 무너져 버렸고, 조각조각 흩어져 버렸다. 노래는 으르렁대는 소리로, 투덜대는 불평으로 변해버렸다. '조화로운 명료성'은 애매모호함으로, 시적인 척도는 산문으로 변해버렸다. 앞으로 또 어떤 일이 벌어질 것인지는 말하기 어렵다." 〈이즈베스찌야〉Известия, 2005년 4월 6일

2005년 '브레마' Время 출판사에서 그간에 집필된 끼비로프의 작품을 결산하는 시선집 『시』Стихи를 내놓았다. 이 시선집을 두고 끼비로프는 이렇게 언급했다.

> "난 이 책을 특별히 두 부분으로 나누었다. 이 두 부분은 연대기적으로 볼 때 반대의 순서로 배치되어 있다. 순서상 첫 번째 부분은 최근 15년 사이에 집필된 시들이며, 두 번째 부분은 저자가 자신이 쓴 메모 형식을 통해 독자들에게 통보하는 형태를 취한다. 두 번째 부분에 실린 시에는 다행인지 혹은 유감인지 모르겠지만, 예외적으로 역사적 관심사가 포함되어 있다. 여기에 관심이 없는 사람들은 첫 번째 부분만 읽고도 독자로서의 의무를 다했다고 여길 수 있다. 이 시집에서 나는 복잡한 글쓰기 전략을 전혀 구사하지 않았다. 난 그저 까자흐스딴의 평민 즉흥시 가수처럼 보고 느끼는 것을 그대로 노래했을 뿐이라고 정중히 고백하고 싶다. 처음에 난 어떤 시를 쓰고 싶어 했지만, 이내 싫증을 내면서 미학적으로 시의성 있어 보이게 하는 짓을 그만뒀고, 다른 것을 쓰게 되었다." 〈끄니쥐노예 오보즈레니예〉2005년 6호

이 책으로 미루어 짐작하건대, 끼비로프에게 지금 가장 중요한 테마는 문화적 쇠퇴와 세대간의 결렬이라는 문제이다. 끼비로프는 솔직하게 말한다.

> "내 시에서 온갖 인용성과 젠똔이 결코 적다고 할 수는 없다. 하지만 이건 이미 레베제프-꾸마치Лебедев-Кумач[156]도, 바라띤스끼Баратынский도, 쮸쩨프Тютчев도, 뿌쉬낀Пушкин도 아니다. 그래서 내 시에는 인용구에 대한 조롱보다는, 오히려 인용구에 대한 존경의 태도가 깃들어 있다."〈Ex libris НГ〉2005년 11월 17일

2000년대 초 끼비로프는 '엔떼베' НТВ 방송국 편성자로 일하게 됐다. 하지만 이후 그에게 라디오방송국 '꿀뚜라' Культура의 편성국장 직을 맡아달라는 제안이 들어왔다.

1997년 끼비로프는 『주석달기』Парафразис라는 시집으로 '안티 부커' Антибукеровская премия에서 시 분야에 대해 시상하는 '네즈나꼼까' Незнакомка에 노미네이트되어 수상의 영광을 안았다. 이 외에도 끼비로프는 독일인 알프레드 토퍼Alfred Toepfer의 후원으로 설립된 '뿌쉬낀 상' Пушкинская премия과 '세베르나야 빨미라' Северная Пальмира[157]상을 받은 바 있다.

148) 오세티아: 깝까즈 중부에 있는 지역.

149) 디고라: 북오세티아에 속한 도시.

150) 드미뜨리 올샨스끼(1978~): 문학 및 음악 비평가. 〈네자비시마야 가제따〉, 〈브레먀 MH〉, 〈이즈베스찌야〉 등의 신문지면과 〈노보예 브레먀〉Новое Время, 〈루스끼 주르날〉Русский журнал, 〈이또기〉Итоги 등의 잡지에 글을 기고 중이다. 2002년 4월 〈EX Libris НГ〉에 '나는 어떻게 극우주의자가 됐는가' Как я стал черносотенцем라는 글을 기고하면서, 예전에 자신이 옹호하던 자유주의적 시각을 공개적으로 부정하고 나섰다. 2003년에는 좌파적 시각을 공표하며, 뜨로쯔끼 Троцкий에 대한 동정을 표하기도 했다. 2007년부터 2009년까지 '공정한 러시아' Справедливая Россия 당에서 발행하는 잡지 〈루스까야 쥐즌〉Русская жизнь의 편집국장으로 근무했다.

151) 레프 루빈슈떼인(1947~): 시인이자 문학비평가. 1970년대부터 '미니멀리즘'이라는 자신만의 독특한 양식을 찾아 구체화하기 시작했으며, 도서관 카드목록에서 영감을 얻어 1970년대 중반부터 구어예술, 회화예술, 행위예술 간의 경계에서 발생한 '카드목록' 장르를 개척해냈다. 브세볼로드 네끄라소프В.Некрасов, 드미뜨리 쁘리고프Д.Пригов와 함께 모스끄바 개념주의를 이끈 대표인물이기도 하다. 1999년 '안드레이 벨리 문학상'을 수상했다.

152) 세르게이 간들렙스끼(1952~): 작가이자 번역가. '안티 부커', '미니 부커', '세베르나야 빨미라', '아뽈론 그리고리예프 문학상' 수상자이며, 동시에 심사위원단이기도 하다. 1970년대부터 '모스끄바 타임' Московское время이라는 시인 그룹에 참여했으며, 그 외에도 쁘리고프, 루빈슈떼인, 끼비로프 등과 함께 '친근한 대화' Задушевная беседа라는 그룹에서 활동했다. 1980년대 말부터 본격적인 출판을 시작했으며, 1991년에는 러시아 작가연맹 회원이 됐다. 1992~1993년에 걸쳐 라디오 '러시아' Россия에서 '세대' Поколение라는 문학 프로그램 진행자 및 프로그램 작가로 활동했으며, 1995~1996년에는 러시아 국립인문대학에서 현대 러시아 시에 관한 세미나를 이끌었다. 대표작으로는 『시적인 부엌』Поэтическая кухня, 1998, 『말의 질서』Порядок слов, 2000 등이 있다.

153) 미하일 아이젠베르그(1948~): 시인이자 비평가. 모스끄바 건축대학을 졸업한 뒤 건물복원가로 근무했다. 소비에뜨 시절에는 전혀 출판을 하지 못하다가, 포스트소비에뜨 시절이 돼서야 6권의 시집과 현대 러시아 시에 관한 에세이를 출간했다. 스토아철학적 요소가 돋보이는 아이젠베르그의 시는 호다세비치의 서정적 주인공과 상당부분에서 유사성을 보인다. 또한 20세기 후반기에 두각을 드러낸 브로드스끼И.Бродский, 네끄라소프В.Некрасов 등의 창작에 관한 아이젠베르그의 비평은 섬세하고 구체적인 관찰과 더불어, 각각의 저자들을 광범위한 문화적 흐름의 콘텍스트 상에서 읽어내려는 시도로 돋보인다. 아이젠베르그는 2003년 잡지 〈즈나먀〉에서 주관하는 '안드레이 벨리 문학상'을, 2008년에는 〈노비 미르〉에서 주관하는 'Anthologia'를 수상했다.

154) 프란체스코 페트라르카(1304~1374): 이탈리아의 시인이자 인문학자. 단테, 보카치오와 더불어 이탈리아 르네상스 시대 인문주의 문화의 창시자이다. 대표작으로 『칸초니에레』Canzoniere라는

서정 시집이 있다.

155) 니꼴라이 알렉산드로프(1961~): 문학연구 및 비평가. TV와 라디오 프로그램 진행자로도 활동 중이다. 모스끄바 국립대를 졸업한 뒤 한동안 모스끄바 소재 '뿌쉬낀 박물관' 및 아르바뜨에 위치한 '안드레이 벨리 박물관' 책임자로 근무했다. 1990년부터 라디오 방송 '에호 모스끄비' Эхо Москвы에서 서평가로 활동 중이며, TV 채널 '꿀뚜라' Культура에서도 다양한 문학관련 프로그램 진행자로 일했다. 『뿌쉬낀 시대의 실루엣』Силуэты пушкинской эпохи, 1999, 『유럽 작가들과의 대담』Беседы с европейскими писателями, 2010 등의 저서를 집필했다.

156) 바실리 레베제프-꾸마치(1898~1949): 소비에뜨 시대의 시인으로, 실제 성씨는 레베제프이다. 1938년부터 볼셰비끼 당원으로 활동했으며, 1941년에는 '스딸린 상'을 수상했다. 레베제프는 소비에뜨에서 인기를 끌었던 수많은 노래의 작사가이기도 하다.

157) 세베르나야 빨미라: 1994년에 설립된 문학상으로, 러시아 어로 쓰여지고 뻬쩨르부르그에서 출판된 문학작품에 대해 수여하는 것을 원칙으로 한다. 1995년에는 '끄레지뜨-뻬쩨르부르그' Кредит–Петербург 은행이, 1996년에는 '쌍뜨-뻬쩨르부르그 재건 및 발전 은행'이 이 문학상의 스폰서로 나섰다. 규정에 따르자면 심사위원회는 1년 동안 뻬쩨르부르그 문학을 분석한 뒤, 그 중 가장 뛰어난 작품들을 추천해야 한다. 결선투표는 7작품을 후보로 추린 뒤 이를 다시 3작품으로 압축하고, 그 중 최고수상자를 결정하는 방식으로 진행된다. 투표는 무기명으로 이뤄지며, 심사위원들이 서로에게 압력을 행사하지 않도록 작품에 대한 논의는 따로 이뤄지지 않는다. 수상자들에게는 조각가 야스뜨레베네쯔끼 Ястребенецкий가 제작한 작은 청동상과 함께 상금이 주어지며, 수상은 뿌쉬낀의 탄생일인 6월 6일에 거행된다.

19 :: 빠벨 끄루사노프
Павел Крусанов

빠벨 끄루사노프는 뻬쩨르부르그의 새로운 산문 작가들의 대표자로 평가된다. 하지만 그의 작품에 대한 심도 있는 연구는 아직 미진한 상태로 남아있다.

빠벨 끄루사노프는 1961년 8월 14일 상뜨 뻬쩨르부르그에서 태어났다. 그는 유년 시절의 한때를 이집트에서 보내기도 해다. 대학에서 그는 지리생물학을 전공했다. 그러나 그는 음악에 많은 관심이 있었고, 음악가들과의 친분이 매우 두터웠다. 마이끄 나우멘꼬M. Науменко[158]는 끄루사노프의 집에서 결혼식을 올리기도 했다. 이 외에도 끄루사노프는 1983년부터 1988년까지 사미즈다뜨 잡지의 하나인, 〈미식가의 토요일〉Гастрономическая суббота 발행에 참가하였고, 자신의 단편 『화관을 놓을 곳이 없다』Где венку не лечь을 이 잡지에 싣기도 했다. 그뿐만 아니라 거의 같은 시기에 세르게이 꾸료힌C. Курёхин[159], 안드레이 렙낀A. Левкин[160]과 함께 〈요〉Ё라는 잡지를 창간하기도 했다. 하지만 이 잡지는 단 한 번 발행되었을 뿐이다.

창작 초기에 끄루사노프에게 많은 영향을 끼친 작가는 윌리암 포크너W. Faulkner였고, 시간이 지나면서 끄루사노프는 밀로라트 파비치Milorad Pavic[161]의 산문에 깊이 매료되었다. 끄루사노프의 첫 데뷔 소설은 『밤의 내부』Ночь внутри,

1990 였지만, 문단의 주목을 받게 된 것은 『천사의 깨물음』Укус ангела 이 발표되면서부터이다. 이 작품은 1999년 〈옥짜브르〉 12호에 게재되었다. 이 작품에 대한 논의의 쟁점은 매우 분분하다. 장르상 안티유토피아 소설로 간주되기도 하고, 네오신화주의 소설, 대안 역사소설이라고 규정되기도 한다. 또한 러시아 제국주의를 옹호하는 작품이라고 평가되는가 하면, 러시아 정교적 관점에서 보면 러시아 민중에 대한 연민이 짙게 묻어나는 작품이라고 평가되기도 한다. 여하튼 이 소설 이후, 끄루사노프에게는 '여제'라는 별명이 붙어 다녔다.

『천사의 깨물음』만큼이나 많은 반향을 일으킨 끄루사노프의 작품으로 『땡-땡』Бом-Бом, 2002 을 꼽을 수 있다. 이 작품으로 끄루사노프는 2003년 '내셔널 베스트셀러'를 수상했다. 이 작품의 서사는 예언에 의해 지하에 건설된 '악마의 탑'을 지켜야 하는 전통적인 귀족 가문, '노루쉬낀'의 역사를 주 내용으로 한다. 그 지하의 탑에는 러시아에서 반란을 일으키게 하는 마법의 무기가 소장되어 있다. 이 작품을 출간한 출판사 '암포라' Амфора 의 편집진은 추천글에서 이 작품이 러시아 역사에서 가장 중요했던 사건의 진짜 원인을 밝히는 소설이라고 적고 있다.

한편 2005년에 출간된 장편소설 『아메리카의 구멍』Американская дырка 또한 매우 모호한 소설이라는 평가를 받은 작품이다. 서사의 표층에 드러난 주된 이야기는 작가 자신과 친분이 두터웠던 세르게이 꾸료힌의 삶을 핵심 모티프로 전개된다. 이러한 전개와 평행을 이루는 또 다른 서술에서는 반미 감정이 읽혀지는 소설이기도 하다.

끄루사노프는 스스로 자신을 보수주의자라고 자처하며, 자신의 견해와 입장을 거침없이 토로한다. 그는 자신이 지향하는 이상이 사회에 영향을 미칠 수 있기를 간절히 바라고 있으며, 이를 위해 1988년 그룹을 결성하기도 한다. 이 그룹의 핵심 인물은 알렉산드르 세까쯔끼А. Секацкий, 세르게이 노소프С. Носов, 닐 뽀돌스끼Н. Подольский, 블라지미르 렉샨В. Рекшан, 세르게이 꼬로빈С. Коровин 등이다. 이 그룹은 러시아 정교의 이상과 인민에 대한 사랑, 강한 제국의 건설 등을 자신들이 추구하는 노선의 토대로 삼고 있다. 2001년 이 그룹은 '통일된 힘찬 뻬쩨르부르를 위하여 조직적으로 그리고 헌신적으로 일할 것에 동참하는 사람들의 모임' Носители коллективной беззаветной Санкции Объединённого Петербургского Могущества 이라는 정식명칭을 갖게 된다. 이 그룹에 속한 작가들의 주무대는 출판사 '암포라' 이며, 출판사는 '우리의 브랜드' Наша марка 라고 명명된 시리즈를 통해 이 그룹 작가들의 작품을 출간하고 있다.

언급된 작품 외에도 끄루사노프의 최근의 작품으로는 산문집 『남은 것은 문학일 뿐이다』 Все прочее – литература, 2007 와 장편소설 『사멸된 언어』 Мёртвый язык, 2009 등이 있다.

158) 마이끄 나우멘꼬(1955~1991): 본명은 미하일 바실리예비치 나우멘꼬이다. 유명한 소비에뜨 팝 아티스트로 록그룹 '동물원' Зоопарк을 창단하고 이끌었다. 잘 알려진 노래는 '사랑스런 N', '매일매일 부기부기', '롬과 펩시 콜라', '오지마을 N' 등이 있다.

159) 세르게이 꾸료힌(1954~1996): 아방가르드 음악가로 작곡과 편곡을 하였으며, 배우로도 활동했다. '팝 메커니즘' 이라는 그룹의 창시자이기도 하다.

160) 안드레이 렙낀(1954~): 작가이자 문예평론가. 대표작으로는 『분신』Двойники, 2001, 『골렘, 러시아 버전』Голем, русская версия, 2002, 『검은 공기』Чёрный воздух, 2004, 『모즈그바』Мозгва, 2005 등이 있다. 2001년 『분신』으로 '안드레이 벨리 문학상'을 받았다.

161) 밀로라트 파비치(1929~2009): 유고슬라비아 출신의 작가이다. 그의 많은 작품이 마술적 리얼리즘의 경향을 보이고 있다고 평가된다. 대표작으로 『하자르어 사전』Хазарский словарь, 1984, 『찻잎으로 그려진 풍경』Пейзаж, нарисованный чаем, 1988, 『바람의 안쪽』Внутренняя сторона ветра, 1991 등이 있다.

20 :: 유리 꾸블라놉스끼
Юрий Кублановский

유리 꾸블라놉스끼는 1947년 4월 30일 리빈스끄에서 태어나 극장에서 성장하였다. 그의 필명은 유리 이스뽈라또프Ю. Исполатов이다. 유리 꾸블라놉스끼는 7학년을 마치고 리빈스끄 항공기술학교를 입학했고, 첫 학기를 마치자 학업을 포기하고는 리빈스끄 항공모터공장에 노동자로 취직하였다. 이후 꾸블라놉스끼는 1964년 모스끄바 국립대학교에 입학했지만, 1학년을 마치고 학비가 없어서 야간학부로 전과하였다. 1965년에는 레오니드 구바노프Л. Губанов[162]와 블라지미르 알레이니꼬프В. Алейников[163]가 창설한 '스모그' СМОГ[164]의 시인들과 친교를 나눴으며, 1970년 모스끄바 대학교 예술학부 예술학과를 졸업하였다. 그의 졸업논문은 니꼴라이 사뿌노프Н. Сапунов[165]의 이젤화easel painting[166]를 주제로 한 것이었다. 초기 시는 보리스 슬루쯔끼Б. Слуцкий[167]의 도움으로 선집 『시의 날』День поэзии, 1970에 발표되었다. 이때 그는 솔롭끼에서 여행가이드로 일하고 있었다. 그는 1976년 알렉산드르 솔제니찐А. Солженицын의 추방 2주기에 맞추어 해외에서 '우리 모두에게' Ко всем нам라는 제목의 공개서한을 발표하였고, 이 사건이 있고 나서 예술평론가로서의 꾸블라놉스끼의 출세가도는 막혀버렸다. 생계를 꾸리려고 그는 엘로호프 사원에서 청소부로 일했다.

1979년 꾸블라놉스끼는 바실리 악쇼노프의 요청으로 선집 『메뜨로뽈』Метрополь에 몇 편의 시를 발표한다. 그러나 『메뜨로뽈』의 출판은 당국의 심각한 불만을 야기시켰고, 그 결과 실제적으로 이 문예작품집의 모든 작가들에 대한 탄압이 가해졌다. 『메뜨로뽈』 작가들을 옹호하기 위해 맨처음 공개적으로 나선 사람은 세묜 리쁘낀С.Липкин이었다. 그는 다음과 같이 확언하였다.

> "유리 꾸블라놉스끼는 은유와 비유의 구조 면에서 볼 때, 매우 러시아적인 시인이다. 그의 시 깊은 곳에서는 표도르 글린까Ф.Глинка, 알렉세이 호먀꼬프А.Хомяков[168], 그리고 슬루첩스끼의 전통이 숨 쉬고 있다. 그는 러시아 역사와 그 안에서 벌어졌던 사건들을 정확하고 간결하게 포착할 수 있는 감각을 지니고 있다. 노브고로드의 상인, 쁘스꼬프의 용사, 오스뜨롭스끼Островский의 캐시미어와 꾸스또지예프Кустодиев의 장미, 그리고 '밀랍과도 같고 꿀에 녹은 듯한 달빛 아침'에 대한 이야기 등이 또렷하게 모습을 보인다. 그의 문체는 절제되고 주제에 집중된다. 유리 꾸블라놉스끼는 중요한 연구 대상이 될 자격이 충분하다."

당국의 감시와 박해, 그리고 이에 대한 꾸블라놉스끼의 끊임없는 반항이 팽팽하게 맞서고 있는 상황이 계속되는 한 그의 시집이 당국의 검열을 통과하여 공식적으로 출판된다는 것은 당시 러시아의 체제를 고려할 때 거의 불가능한 일이었다. 그래서 꾸블라놉스끼의 첫 시선집이 이오시프 브로드스끼И.Бродский의 손을 거쳐 세상에 모습을 보이게 되었다는 것은 어쩌면 당연한 일일 것이다. 브로드스끼는 이미 몇 년째 미국에서 살고 있었고 서구 출판 시장을 잘 알고 있었다.

결국 1981년에 미국 출판사 '아르지스' Ардис에서 책이 출간되었다. 브로드스끼는 직접 그 책에 서문을 썼다. 그가 확신한대로 꾸브라놉스끼는 "서정 시인이다. 그러나 러시아의 역사에 대해, 그리고 자신이 겪었던 삶의 질곡에 대해 시민의 목소리로 말할 줄 아는 시인이다."

당국은 꾸블라놉스끼의 책이 미국에서 출판되었다는 사실을 도전으로 간주하고 강제적으로 그를 러시아에서 추방하였다. 1982년 10월 3일 그는 제70 조항에 따른 체포의 위협 때문에 모스끄바를 떠나 빈으로 향할 수밖에 없었다. 이후 꾸블라놉스끼는 파리에 정착하였다. 그곳에서 1983년 선집『마지막 태양과 함께』С последним солцем가 출간되었다. 브로드스끼는 후기에 다음과 같이 지적하였다.

"유리 꾸블라놉스끼가 글을 쓴다는 것은 매우 의미 있는 사건이며 러시아 시는 앞으로 수십 년 동안 그의 영향들을 무시할 수 없을 것이다."

그러나 꾸블라놉스끼는 프랑스에서 잠시만 머물렀을 뿐, 뮌헨에 정착해서 라디오 방송국 '스보보다' свобода에서 오랜 기간 일하게 되었다.
이르꾸츠끄 출신의 시인 아나똘리 꼬벤꼬프А. Кобенков는 꾸블라놉스끼의 망명생활에 대해 이렇게 회상한다.

"그는 이민 생활에서 조국을 그리워하면서 자신도, 조국도 이렇게 달래곤 했다. 우리는 '조국이 어땠는지?' 라는 환상에 젖었다가 이가 득실거리는 임시숙소를, 방탕한 유럽을 다시 떠올리게 된다. 시음詩音에 대한 그의 꼼꼼함을 이해하는 것은 충분히 가능하다. 조국을 잃어버리게 되자 그는 조국의 음도 잃어버리게 될까봐 두려워했다...... 그래서 그는 '조국의 음音'에서 시작하였고 그가 '도망쳤던 그 음音'으로 다시 되돌아갔다."

"불분명한 발음의 따따르인 앞에서 무기를 들기가 두렵다.
스딸린 앞에서 들리지 않는 곡괭이를 들기가 두렵다.
지금은 누구인지 그 사람 앞이 두렵다."〈노바야 가제따〉Новая газета, 2005년 24호

1989년 12월부터 꾸블라놉스끼는 정기적으로 러시아를 방문하기 시작했고, 1991년 그는 완전히 모스끄바로 돌아왔다. 3년이 지난 후 세르게이 잘리긴

С.Залыгин은 그에게 잡지 〈노비 미르〉Новый Мир에서 사회평론을 맡아 일할 것을 제안했고, 2001년 꾸블라놉스끼는 해당 잡지의 시詩분과 담당으로 옮겨갔다. 러시아에서는 꾸블라놉스끼의 첫 선집 『복사물』Оттиск이 1988년에서야 출간될 수 있었다. 이 시집의 서문을 쓴 것은 '스모그'의 오랜 동지였던 시인 블라디미르 알레이니꼬프였다. '스모그'의 리더 동인들 중 하나였던 알레이니꼬프는 다음과 같이 확신하였다.

"7년 전에 조국을 떠나야만 했던 유리 꾸블라놉스끼는 러시아 밖에서의 자신을 상상할 수도 없었다. 알기 때문에 떳떳하게 말할 수 있다. 사실이 그렇다. 1982년 9월 말 당시에 마치 어느 누군가에 의해 어떤 거울이 산산이 깨져버린 것 같았고, 다시는 붙이지 못하도록, 깨진 조각들조차도 모을 수 없도록, 곧바로 정수리에, 그것도 뒤에서, 생각지도 못하고 있었는데 일거에 내리쳐진 것 같았다. 마치 얼굴이 곧장 밑바닥에 흩어진 유리 위로, 산산조각이 난 조각들 위로 떨어져 버려서, 고통과 피가 흘러 넘쳐 더는 일어설 수도 없을 것 같았다. 그런데도 이 사람은 일어섰으며 더 의식적으로 살기 시작했고 그리고 말했다. 왜냐하면 작가로서의 타고난 재능은 거둬들일 수도, 제거할 수도, 감출 수도 없기 때문이다."

이후 알레이니꼬프는 회고를 담은 편지에서 다음과 같이 밝혔다.

"세월이 흘렀고 모가 나고, 순진하고, 잘 감동하고, 상처 받기 쉽고도 열린 마음을 가졌던 청년 꾸블라놉스끼도 어느덧 훌쩍 성인이 되었으며, 한 인격으로 성장하였고 턱수염이 자라나더니 그 후엔 흰 머리도 생겨났다. 예술성, 비밀, 놀이, 생략, 황홀, 예감들로 가득했고 가냘프지만 다시없는 그런 목소리를 가진 섬세하고 우아한 초기 시 대신에 전혀 다른 시가 등장했다. 극도의 슬픔을 가지고, 특별하고도 전혀 다른 현실을 담고 있는 통일된 시들은 이후 꾸블라놉스끼 창작의 근간이 되었다. 왜냐하면 그런 시문 속에 러시아 역사 자체가 숨쉬고 있었기 때문이다."

알렉산드르 솔제니찐의 의견에 따르면, "꾸블라놉스끼 시의 특징은 시구의 탄력성, 은유의 과감성, 러시아 어의 생생한 느낌, 역사의 직감적 통찰, 우리 위에 존재하는 신에 대한 사라지지 않는 감정 등이다".

시 외에도 꾸블라놉스끼는 자유주의적 대지주의[169]의 입장에 가까웠던 사회 평론을 썼다.

1996년 꾸블라놉스끼는 스따니슬라프 레스넵스끼С.Лесневский와 함께 소비에뜨 연방 공산당과 세계 공산주의 실천에 대한 국제 재판 준비 위원회의 조정자가 되었다.

한편 꾸블라놉스끼는 2002년 『마법에 걸린 집』Заколдованный дом, 1998 과 『달력보다 더 오래』Дольше календаря, 2001라는 시집으로 '러시아 국가상' 후보에 올랐다. 또한 "러시아 운명의 고통을 꿰뚫는 시어의 언어적 은유의 풍부함과, 사회 평론적 언어의 도덕적 정확성"으로 '모스끄바 시가 수여하는 문학상'(1999)과 '솔제니찐 문학상'(2003)을 받았다.

162) 레오니드 구바노프(1946~1983): 러시아의 시인으로 비공식 문학서클 '스모그'의 창단 멤버 중의 한 명이다. 개인적 삶에 대해서는 거의 알려진 바가 없다.

163) 블라지미르 알레이니꼬프(1946~): 러시아의 시인으로 비공식 문학서클 '스모그'의 창단 멤버 중의 한 명이다. 모스끄바 국립대학교 역사 학부 역사와 예술이론과에서 수학했으며, 1962년부터 시를 창작하기 시작했다.

164) 스모그СМОГ: 1965년 1월 레오니드 구바노프에 의해 창단된 젊은 시인들의 비공식 문학 서클. 소비에뜨 시대 초창기에 활동하며, 국가와 당의 교리에 복종하기를 거부했던 가장 유명한 창작 서클들 중의 하나이다. 창단 멤버는 유리 꾸블라놉스끼, 블라지미르 알레이니꼬프, 블라지미르 바뜨쉐프였고, 얼마 후에 사샤 소꼴로프, 아르까지 빠호모프, 세르게이 모로조프, 바짐 델로네, 보리스 두빈, 블라지미르 세르기옌꼬, 따찌야냐 레브로바 등 수십 명이 참여했다. 화가 니꼴라이 네드바일로가 이 단체와 가까웠고, 철학자 아르세니 차니쉐프가 명예회원이었다. '가장 젊은 천재들의 단체' Самое Молодое Общество Гениев 라고 불리기도 했던 '스모그' СМОГ의 뜻은 '용기, 사상, 형상, 깊이' Смелость, Мысль, Образ, Глубина 였고, 이 단체의 창작 좌우명은 '과장에 의해 반영된 압축된 순간' Сжатый Миг, Отражённый Гиперболой 이었다. 스모그 시인들은 마야꼽스끼 광장에서 즉각적인 시 낭송회를 개최하기도 했다. 후일 '스모그' 회원들은 몇 개의 사미즈다뜨 선집들과 잡지 〈스핑크스〉를 발행했다. 당국은 스모그 회원들을 주시하였고 대학에서 제명하거나, 모스끄바에서 추방하여 정신병원에 강제로 감금하기도 했다.

165) 니꼴라이 사뿌노프(1880~1912): 러시아의 화가이자 극장 예술가이다. '베노-스쩨파노프', '알레야', '푸른 장미', '예술 세계' 등의 창립 멤버였다. 정물화로 유명하다.

166) 이젤화easel painting: 벽이나 건축물과 같이 고정된 장소를 벗어나, 패널이나 캔버스처럼 이동이 가능한 지지체 위에 회화를 그리는 방식. 이젤화와 유사한 제작방식은 이집트 시대부터 존재해왔으며, 1세기 로마에서도 이와 유사한 방식의 작업을 행한 바 있다. 이젤화는 13세기 이후 벽화를 대신하여 유럽 회화계에 본격적으로 전파되었다. 이젤화의 부활 및 보급은 기존의 벽 또는 건축물 일부에 속하여 장식적 기능에 치우쳤던 회화가, 회화 그 자체로 존재하게 되면서 독립적인 위상을 확보했다는 점에서 커다란 의의를 지닌다.

167) 보리스 슬루쯔끼(1919~1986): 제2차 대전 전에 꿀리치쯔끼와 함께 하리꼬프로 와서 문학 대학에서 수학하였다. 전쟁 동안에 입당하여 정치 지도원으로 복무했다. 전쟁 전부터 시를 썼으며, 1955년 에렌부르그가 슬루쯔끼에 대해 쓴 논문이 알려지며 명성을 얻게 되었다. 슬루쯔끼의 시를 평가하면서 스베뜰로프는 "내게 분명한 것은 우리보다 나은 시인이 등장했다는 하나의 사실이다."라고 말했다. 슬루쯔끼는 스딸린에 반대했고, 시적이지 않고 산문적인 그의 문체는 수많은 모방을 낳았다. 그러나 뜻밖에도 1959년 빠스쩨르나끄의 『닥터 지바고』에 대해 반대하는 뜻을 표명하여 많은 독자들이 그로부터 등을 돌렸다. 양심적인 시인이었던 그 자신도 자신의 행동을 용서하지 못했던 것으로 알려져 있다. 그럼에도 아직까지도 많은 사랑을 받는 슬루쯔끼의 미발표 시들은 그의 사후에도 잡지와 신문에 계속 발표되었다.

168) 알렉세이 호먀꼬프(1804~1860): 러시아의 종교철학자, 시인, 비평가이며 '슬라브주의'의 창시자이다. 『예르마끄』, 『참칭자 드미뜨리』 등의 비극시와 더불어, 자신의 철학 · 역사적 세계관이 반영된 서정시를 집필했으며, 『호먀꼬프 전집』(1886-1906), 『시와 희곡』(1969) 등을 출판했다.

169) '대지주의' Почвенничество: 1860년대 러시아에 등장했던 자유주의 사회운동의 한 형태로 '슬라브주의'와 유사한 경향이다. 표도르 도스또옙스끼Ф.Достоевский와 그의 형 미하일 도스또옙스끼M.Достоевский, 아뽈론 그리고리예프A.Гриорьев, 니꼴라이 스뜨라호프Н.Страхов등이 '슬라브주의'의 대표자이다. '슬라브주의' 자들은 러시아 민중의 특별한 사명이 인류를 구원하는 것이라고 여겼다.

21 :: 에두아르드 리모노프
Эдуард Лимонов

에두아르드 리모노프는 현대 러시아에서 가장 부조리한 작가이다. 그는 1943년 2월 22일 고리끼 시 부근 제르진스끄에서 태어났다. 아버지는 전쟁 중에 마리스끄 소비에뜨 연방 자치 공화국에서 탈영병들을 잡아들이던 비밀경찰НКВД 소속의 장교였다. 부친은 시인 에두아르드 바그리쯔끼Э. Багрицкий[170]의 이름을 따서 아들 이름을 지었다. 진짜 성은 사벤꼬Савенко였다.
리모노프의 집안은 1947년 하리꼬프로 이주하였다. 14세때 그는 항해학교에 입학하려고 니꼴라예프로 떠났으나 시력이 나빠서 낙방하고 되돌아와야만 했다. 1년 후 리모노프는 도둑질을 했다고 붙잡혔다. 상점을 털려고 했다는 죄목이었다. 8년 형기를 마치고 출옥한 후 곧바로 리모노프는 제강공으로 취직했지만 공장 소음을 오랫동안 견딜 수는 없었다. 이후에 그는 소설 『소년 사벤꼬』Подросток Савенко에서 자신의 소년기를 풍부하게 묘사하였다.

"감옥살이를 한 모두가 그렇듯이 경찰의 감시를 받았고, 무슨 일만 있으면 15일씩 구류를 받았다. 아직 청소년이었지만 술을 많이 마셨고, 몇 번이나 길거리에서 붙잡히곤 했으며, 고주망태로 취한 채 집에 실려 오곤 했다. 나는 남자라면 싸움질쯤은 할 줄 알아야 한다고 생각했다. 토요일마다 우리는 도시에서 가장 큰 레스토랑이었던 '크리스탈'에 다녔고, 거기서 코냑을 800그램씩 마셔댔다."

하리꼬프에서 리모노프는 알렉산드르 베르니끄A. Верник[171], 유리 밀로슬랍스끼Ю. Милославский[172], 보리스 치치바빈Б. Чичибабин[173], 그리고 다른 문학가들이 참여했던 비공식적 시인 그룹에 가입하였다.
1967년 10월 30일 첫 번째 부인이었던 안나 루빈슈떼인A. Рубинштейн과 함께 모스끄바로 이주한 리모노프는 '스모그' 동인들과 그룹 '꼰끄레뜨'Конкрет의 회원들과 가까워졌다. 오늘날 '스모그 동인들'을 회상하면서, 그는 보통 알레이니꼬프와의 우정과 구바노프와의 반목에 대해 이야기하곤 한다.

"몇 번은 구바노프와 주먹질까지 했었다. 한번은 내가 그의 머리를 병으로 내리쳤다. 그 후 몇 달이 지나고 그는 어딘가에서 나를 붙잡았고 죽도록 팼다. 그런 다음 우리는 화해했다."〈리쩨라뚜르나야 러시아〉Литературная Россия, 2003년 1호

당시 리모노프는 아르세니 따르꼽스끼A. Тарковский의 문학 연구소도 자주 방문하곤 했다.
1968년 젊은 시인은 선집 『끄로뽀뜨낀과 그 밖의 시들』Кропоткин и другие стихотворения을 준비하였는데, 공식적으로 출간할 수가 없어서 사미즈다뜨[174]로 보냈다. 블라지미르 알레이니꼬프는 그 시기를 다음과 같이 회상했다.

"사미즈다뜨는 그런 황량한 시기에는 일종의 광고 자체였다. 예를 들어 에두아르드 리모노프는 사미즈다뜨 출판으로 큰 성공을 거두었다. 타자기로 친 6권의 선집들을 계속해서 재인쇄하게 되었다. 자기 스스로 감당할 수 없게 되자 타자수를 고용하였다. 선집은 산더미처럼 등장했다. 그 시집은 한 권당 5루블이었다. 낱권으로 살 수 있었고, 도매로도 살 수 있었다. 도매가격이 따로 없었고 아무리 많이 사도 개별 상품 가격으로 매겨졌다. 얄팍하기 그지없는 선집 6권의 가격은 30루블이나 됐다. 그런데도 '만세'를 부르며 팔려나갔다. 그 선집을 구

하려는 희망자들이 너무 많아 끝이 없었다. 그들의 수는 더 많아졌고 수요는 증가하였다. 선집들은 오타와 오자투성이였고, 본문은 종종 판독하기도 어려웠지만, 상품은 상품이었고 러시아는 자국의 시인을 알아야만 했다. 그리고 미래의 민족주의 주인공은 바지 재봉을 결국 그만두고, 그에게 적지 않은 수입을 창출해주었던 사미즈다뜨 출판 사업으로 옮겨갔다. 리모노프의 선집들을 사려고 일부러 다른 도시들에서도 모스끄바로 찾아왔다. 어째서인지 그 선집들은 특히나 화가들 사이에서 인기를 누렸다. 그 시집들은 '에로티시즘'의 애호가들에게 있어서는 진미眞味였다. 리모노프의 텍스트 속에는 능수능란한 세부 묘사들이 남아돌 정도였기 때문이다. 내 생각에, 이렇게도 얇고, 서둘러서 부주의하게 인쇄된, 왜 '전집'이라고 불리는지도 모를, 이런 자극적이면서도 분명히 아방가드르적인 사미즈다뜨 출판물 선집의 전체 부수는 수 천부에 달했던 것 같다."〈리쩨라뚜르나야 러시아〉Литературная Россия, 2003년 8월 22일

모스끄바에 살 때 리모노프는 경제적으로 자주 어려움을 겪었고 항상 굶주림에 시달렸다. 그의 말에 따르면, 모스끄바에서의 첫 번째 겨울에 11킬로그램이 빠졌다. 다른 기술을 익혀야만 했다. 잘 알려졌듯이, 보리스 슬루쯔끼는 리모노프를 소개하면서 이따금 "바지를 재봉하는 시인"이라는 말을 덧붙였다. 리모노프는 이 모든 시련을 견뎌낼 수 있었지만, 그의 첫 번째 부인은 결국 병이 들어버렸고, 오랫동안 치료를 받았다가 1990년에 갑자기 목을 매서 자살하고 말았다.

리모노프의 두 번째 부인은 엘레나 샤뽀바E.Шапова였다. 작가는 매우 유명한 화가였던 샤뽀바의 전 남편으로부터 그녀를 쟁취한 것이었다. 1993년 10월 〈오늘 날의 인물〉Кто есть кто в современном мире이라는 신문에서는 그녀에 대해 이렇게 지적하였다.

"리모노프의 다른 부인들처럼 그녀는 매우 아름다웠다. 엘레나 샤뽀바는 그 당시 모스끄바에서는 희귀한 정도가 아니라, 완전히 낯선 라이프 스타일에 속했던 흰색 '메르세데스 벤츠'를 타고 다녔다. 로맨스는 결국 샤뽀바가 1973년 10

월 남편을 떠나는 것으로 끝이 났고, 젊은 남녀는 네즈다노바야 거리에 있는 교회에서 결혼식까지 올렸다."

이고르 꼰다꼬프는 작가의 초기 작품들을 분석하면서 다음과 같이 지적하였다.

"리모노프의 시학적 경험들은 '민주주의적 자연주의' 라는 점 때문에 주의를 끈다. 이는 한편으로는 리모노프 자신이 좋아하는 시인 벨리미르 흘레브니꼬프B. Хлебников[175]와 오베리우[176] 회원들의 전통을 계승하는 부조리이기도 하고, 다른 한편으로는 수많은 문맥적 연관, 숨겨진 또는 고의적인 인용들, 여러 가지 다른 텍스트들로 이루어진 풍자, '나' 의 차별성을 노래하는 예술가의 나르시즘 등으로 형성된 상호텍스트 등의 기지 넘치는 활용이다."

작가 유리 마믈레예프는 민감한 학술적 측면은 뒤로하고 2003년 〈자브뜨라〉Завтра 신문에서 "에두아르드 리모노프의 시는 심오한 러시아 전통으로부터 흘러나온 걸작이며, 그 속에는 심오한 전통과 아방가르드가 결합되어 있다" 라는 거침없는 평을 전개해 나갔다.
리모노프는 자신을 반反 소비에뜨주의자로 생각하지 않았지만, 1973년 12월 그에 대해 '확실한 반소비에뜨주의자' 라고 말한 KGB 의장 유리 안드로뽀프의 의견은 리모노프에게까지 전달되었다. 게다가 그는 1974년 9월 30일에 부인 엘레나 샤뽀바와 함께 서구로 떠나서 한 동안 뉴욕에 머물기도 했다.
이오시프 브로드스끼는 1978년 잡지 〈꼰찌넨뜨〉Континент 지면에 리모노프의 시를 소개하면서, "시간상으로 부자연스러움과 경계를 이루는 절대적인 의식적 탐미주의라는 너무 가벼운 옷을 입은 심원하고 비극적인 내용"을 지적하면서 그의 시를 기묘하다고 인정하였다. 결국 이후에 두 문학가는 결별하였고, 1988년 리모노프는 브로드스끼를 회계원 시인이라고 공개적으로 악평을 가했다.
미국에서 짐꾼과 레스토랑 웨이터를 비롯해 여러 날품팔이 직업을 거친 리모노프는 소설 『나는 에디치까』Это я-Эдичка를 집필하였고, 이 소설은 1979년 니꼴라이 보꼬프Н. Боков에 의해 잡지 〈꼽체끄〉Ковчег에 최초로 발표되었다. 이 소설의 출간은 자연주의적 묘사 때문에 우선은 엄청난 스캔들을 불러일으켰다. 그러나 소설의 본질은 떨어질 수 없는 사랑과 거대한 타국에서 느끼는 고독에 대한 것이었다. 소설 『나는 에디치까』를 경계하면서 많은 기자들은 어쨌서인지, 미국에서는 리모노프가 자신을 '해방된 노예'로 여기는 것 같다고 평을 했다. 작가는 이런 의견에 절대 동의하지 않았다. 리모노프는 자신의 삶에 대해 이렇게 말한다.

> "나는 미국생활에 매우 빨리 적응하였고, 반년 후에는 이미 천만 장자 밑에서 일하였다. 나에게는 돈 자루를 쥐고 있던 엘리트가 되는 길이 열렸고 수퍼 매니저가 될 수도 있었다. 그러나 나는 책 때문에 이 모든 것을 포기하고 프랑스로 갔다. 거기서도 1986년경까지는 1년에 30만 프랑까지 상당한 돈을 벌었다."
> 〈아르구멘띠 이 팍띠〉Аргументы и Факты, 2004년 20호

1980년 리모노프는 나딸리야 메드베제바Н.Медведева와 세 번째 결혼을 했다.
1983년부터 작가는 거의 10년 동안 파리에서 거주했으며, 1987년에는 프랑스 방첩기관이 반대 의견을 피력했음에도 불구하고 프랑스 시민권을 획득하였다. 프랑스에서는 마리야 로자노바М. Розанова와 안드레이 시납스끼А. Синявский[177]가 그를 동정적으로 대했고, 자신들의 잡지 〈신딱시스〉Синтаксис에 리모노프의 작품들을 정기적으로 게재해 주었다.
파리에서 리모노프는 하리꼬프의 회상들에 주의를 돌려서 자신의 유년기 · 소년기 · 청년기에 대한 자전적 삼부작을 집필하였다. 『소년 사벤꼬』, 『젊은 불한당』Молодой негодяй, 『우리에겐 위대한 시대가 있었다』У нас была Великая Эпоха 등이었다.
러시아의 뻬레스뜨로이까 기간에 작가의 첫 발표물 중 하나가 극단적 자유주의 잡지인 〈즈나먀〉Знамя에 게재되었고, 리모노프의 중편 『우리에겐 위대

한 시대가 있었다』도 '빛' 을 보게 되었다.

1991년 리모노프에게 소비에뜨 연방 시민권이 다시 부여되었다. 처음에 리모노프는 러시아 자유민주주의당의 사상에 동조하였다. 그러나 지리놉스끼에게 실망하고 자신의 민족주의적 볼셰비끼 당의 창당과 신문 〈리몬까〉Лимонка의 제작에 착수했으며, 신문의 첫 호는 1994년 11월에 발행되었다.

소비에뜨 연방 붕괴 이후 리모노프는 거의 모든 '분쟁 지점들' 을 순회하면서 러시아 민족-제국주의 이상을 옹호하고자 노력을 기울였다. 1993년 모스끄바에서 끔찍했던 10월 사건들이 있고 나서 미하일 쉐먀낀M. Шемякин은 다음과 같이 언급하였다.

> "내 생각에 리모노프는 자신 외에 모든 것에 무관심했다. 그는 매우 재능이 있다. 그러나 내적으로는 매우 외롭다. 그는 가장 흥미 있는 사건들 속으로 뚫고 들어갔다…… 그러나 나는 리모노프가 어떤 정치적 사상의 신봉자라고는 믿지 않는다. 이성적이고 시니컬하고 빈정거리는 사람이다."

1993년에 리모노프는 공산당과 그들의 지도자였던 겐나지 쥬가노프와도 최종적으로 결별했다. 결별의 원인은 국가 두마 선거였다. 리모노프는 그 당시 제172 뜨베리 선거구의 대의원 후보로 추천되어 공산당원들의 지지를 받기로 쥬가노프와 합의했었다. 그러나 이후 러시아 연방 공산당 지도부는 생각을 바꾸었고 이 선거구에 자기 사람을 추천하였다. 그 결과 리모노프는 패배했다. 증오로 온통 불타올라서 작가는 선거 후에 다음과 같이 말했다.

> "어째서 이 모든 일이 일어나게 되었는가? 나 하나만을 쓰러뜨린 것이 아니었다. 다른 이유들을 들어 우리의 예전 친구들도 정치에서 내쫓겼다. 알끄스니스도, 볼로진도, 다른 사람들도. 10월의 끔찍한 파멸이 있고 정치에 등장한 것은 조심스러운 협조주의, 우회 항행, 기회주의, 어제의 적들과의 수치스런 동맹 등이었다. 야당이 권력과 결합하였다. 새로운 정치 상황에서 나와 같은 부류의 급

진주의자들은 불필요할 뿐만 아니라, 그들 자신도 '점령자들'이라고 불렀던 체제와 협력할 태세를 갖추고 있었던 협조주의자들에게는 위험한 존재였다."〈모스꼽스까야 쁘라브다〉Московская Правда, 1994년 5월 21일

그 당시 리모노프도 민족주의 볼셰비키 당 창당에 대해 발표하면서 다음과 같이 선포하였다.

"나의 목적은 러시아 민족주의 혁명이다. 더 정확히는 두 혁명, 즉 민족주의와 사회주의 혁명을 하나로 결합하는 것이다. 오늘날 러시아는 제3세계 국가이다. 우리는 서구와 예전 공화국들에 의해 식민지화되었다. 그래서 민족주의 볼셰비즘 하나의 목적은 민족적 독립을 위한 운동을 조직하는 것이고, 그 운동은 이론상 민족주의 혁명으로 완성될 것이다. 우리는 러시아를 러시아인들의 나라로 만들 것이다. 또 하나의 중요한 목적은 러시아 민족의 압도적 대다수가 '새로운 러시아인'이라는 계급의 착취에 고통받고 있으며 그래서 우리의 과제는 러시아에서 사회주의 혁명이라는 방법으로 사회적 정의를 쟁취하는 것이다. 만약 민족주의 볼셰비즘이라는 내 사상을 과거에 대비시킨다면 민족주의 사회주의의 이교도들, 에른스트 렘을 필두로 한 '제2혁명'의 지지자들이 가장 가까울 것이다."〈모스꼽스까야 쁘라브다〉Московская Правда, 1994년 5월 21일

그러나 이것은 매우 끔찍한 말이다. 본질적으로 리모노프는 히틀러의 전우 중 한 명과의 사상적 유사성에 대해 공표하기도 했다.
리모노프의 운명과 창작을 가장 잘 이해하려면 그가 자신의 작품들에 내렸던 성격규정이 매우 중요하다. 『주인공의 해부』Анатомия героя라는 책을 내놓으면서 작가는 다음과 같이 확신했다.

"이것은 극단적인 어떤 포르노 혁명 서적이다. 거기에는 당의 역사도 있고, 내 개인사도 있다. 모든 것이 있다. 그러나 이것은 물론 소설이 아니다. 하나의 제스처일뿐이다."〈리쩨라뚜르나야 가제따〉Литературная Газета, 2003년 11호

2001년 2월 7일 연방보안국의 직원들이 알타이 지방의 반노예에서 리모노프를 체포하였다. 국가 반역음모라는 죄명이었고 그 유명한 취조 격리실인 '레포르뜨보[178]' 에서 1년 이상을 감금 당하였다. 일설에 의하면 체포된 진짜 이유는 작가가 2000년 끄라스노야르스끄의 사업가 아나똘리 비꼬프를 옹호해서 권력자들을 비판하는 어떤 비밀을 폭로했다는 것이다. 재판은 2003년 봄에 사라또프에서 시작되었다. 검사 세르게이 베르빈은 작가에게 테러리즘과 불법 무장 세력 형성 의도, 무기 소지 공범과 기타 죄목으로 14년의 자유박탈을 구형하였다. 최후진술에서 리모노프는 다음과 같이 언급하였다.

> '아무런 근거도 없이 우리를 급진주의자들로 간주하고 있다. 서구라면 우리의 위치는 그린피스와 국제사면위원회의 중간 정도였을 것이고 우리는 합법적이고 현실적 정치 세력이 될 수 있었을 것이다. 우리의 죄는 우리가 정치적 성공을 거두었다는 것에 있다. 그런데도 불법적으로 마치 음모라도 꾸민 것처럼 우리를 비난하는 것이다."

테러리즘에 대한 죄목을 기각한 후 재판장은 불법 무기 소지에 대해서만 리모노프에게 4년의 자유박탈을 선고하였다. 2003년 6월 30일 리모노프는 형기 전에 감호소에서 풀려났다.

감옥과 감호소에서 리모노프는 2년 2개월 24일을 수감하면서 6권의 책을 집필하였고, 제7권의 작업을 시작하였다.

2004년 알렉산드르 벨레진스끼A. Велединский 감독은 리모노프의 자전적 소설을 토대로 영화 '루스꼬예' Русское를 촬영하였다. 이 영화는 커다란 성공을 거두었다. 감독이 탁월한 배우인 안드레이 차도프를 주인공역으로 캐스팅했기 때문일 수도 있다.

오늘날 에두아르드 리모노프는 러시아에서 가장 많이 출판되는 작가들 중 한 명이다.

170) 에두아르드 바그리쯔끼(1895~1934): 러시아의 시인. 번역가, 희곡작가로도 활동했으며, 진짜 성은 드쥬빈Дзюбин이다. 전공은 측량기사였으나 실제로 측량 기사 업무에 종사한 적은 없다. 유리 올레샤, 일리야 일리프, 발렌띤 까따예프, 레프 슬라빈, 세묜 끼르사노프, 베라 인베르 등이 참여했던 오데사 출신의 문학가들 그룹에서 활동했다. 1925년 모스끄바로 와서 문학 그룹 '뻬레발' Перевал의 회원이 되었다. 1930년 라쁘РАПП, 러시아 프롤레타리아 작가 동맹에 가입했고, 시집을 출간하며 활동했으나, 1934년 젊은 나이에 천식으로 사망했다.

171) 알렉산드르 베르니끄(1947~): 하리꼬프 출생. 하리꼬프 대학교를 졸업하고 출판사에서 일하였고 하리꼬프 비공식 시인 단체에서 바흐차냔, 리모노프, 밀로슬라프스끼, 치치바빈 등과 함께 일하였다. 1978년 이스라엘로 망명하였다. 현재 이스라엘 러시아 작가 협회 회원이다.

172) 유리 밀로슬랍스끼(1948~): 하리꼬프 출생의 러시아의 소설가이자 시인. 문학사가, 기자로도 활동 중이다. 하리꼬프 대학과 미시간 대학에서 수학하였고, 1994년 미시간 대학에서 박사학위를 받았다. 극동에서 라디오 '스보보다' Свобода의 기자생활을 했다. 1973년에 이민하여 뉴욕에서 살고 있다. 80년대에는 막시모프가 주간하여 파리에서 발행된 잡지 〈꼰찌넨뜨〉Континент의 고정 집필진으로 근무했다. 1992년 소설 『굳건한 도시』를 잡지 〈드루쥐바 나로도프〉Дружба народов, 1992년 제2권에 발표한 바 있다.

173) 보리스 치치바빈(1923~1994): 소위 '60년대 작가' 세대에 속한 러시아의 시인으로, 진짜 성은 뽈류쉰Полюшин이다. 1990년 '소비에뜨 국가상'을 수상했다. 1950년대에서 1980년대까지 문인들에게 가장 유명하고 사랑받던 도시들 중의 하나인 하리꼬프에서 살았고 50년대 말부터 그의 시가 러시아 전역에 퍼지기 시작했지만, 인생의 말기인 뻬레스뜨로이까 시대에 와서야 인정을 받았다.

174) 사미즈다뜨 самиздат: 구소련 시대에 검열을 통과하지 않고 비공식적으로 보급된 문학 작품들이나 지역 문건들과 사회평론들. 작가나 독자들이 공식 기관에 통보하거나 허가를 받지 않은 채, 스스로 필사본을 만들거나 타자본이나 사진을 찍어 복사본을 제작하였다. 알렉산드르 갈리치, 블라지미르 비소쯔끼, 불라뜨 오꾸좌바, 율리 킴을 비롯한 기타 망명 가수들의 녹음 테이프도 사미즈다뜨와 유사한 방식으로 보급되었다. 사미즈다뜨란 말과 함께 따미즈다뜨 тамиздат란 말도 유행했는데, 이는 그곳 там, 즉 해외에서 출판된 금지된 서적이나 잡지를 일컫는 용어이다.

175) 벨리미르 흘레브니꼬프(1885~1922): 러시아 시인이다. 생물학자 집안 출신으로 1903년 카잔대학 물리 · 수학 학부에 다녔고, 그후 뻬쩨르부르그 대학교 물리 · 수학 학부와 역사 · 철학 학부에서 수학했다. 1908년부터 문학작품을 쓰기 시작했다. 1910년에 문학서클 '길레야' Гилея에 들어갔고 미래주의 출판에 참여하였다. 1914년 『선집』Изборник과 『창조』Творения라는 두 권의 작품집을 선보였다. 1917년 혁명 이후 '러시아정보통신사' РОСТА 등에서 활동하였고, 생전에는 대부분의 작품들을 출판하지 못했다. 흘레브니꼬프의 초기 작품들은 실험적 성격을 띠며, 그의 창작적 성향은 『학』Журавль, 『샤먼과 비너스』Шаман и Венера 등의 작품에 나타난 낭만주의적 성향을 띤 다소 그로테스크하면서도 묵시록적인 민속 · 신화적 형상들로부터 출발하여, 『네바강의

10월』Октябрь на Неве, 『라진』Разин과 같은 사실주의적 산문 경향으로 옮겨갔다. 블라지미르 마야꼽스끼В. Маяковский는 흘레브니꼬프를 '시의 거장' 이라고 일컬은 바 있다.

176) 오베리우ОБЭРИУ: Объединение Реального Искусства,사실예술 연합: 1927년부터 1930년대 초 상뜨 뻬쩨르부르그의 작가와 문화 인사들이 참여했던 단체이다. 다닐 하름스Д. Хармс, 니꼴라이 자볼로쯔끼Н. Заболоцкий, 알렉산드르 베젠스끼А. Введенский, 꼰스딴찐 바기노프К. Вагинов, 유리 블리지미로프Ю. Владимиров, 이고르 바흐쩨레프И. Бахтерев, 도입베르 레빈Дойвбер Левин 등이 회원으로 활동했다. 니꼴라이 올레이니꼬프Н. Олейников, 예브게니 쉬바르쯔Е. Шварц, 철학자 야꼬프 드루스낀Я. Друскин, 레오니드 리빱스끼Л. Липавский 등이 이 단체와 가깝게 지냈고, 화가인 까지미르 말레비치К. Малевич, 빠벨 필로노프П. Филонов 등도 이 단체에 동조했다. '오베리우' 예술가들은 전통적 예술 형식을 거부하고 그로테스크, 알레고리, 부조리 시학을 숭배했다. 이 단체에 속한 많은 회원이 탄압을 받았으며, 유형 중에 죽어갔다.

177) 안드레이 시냡스끼(1925~1997): 필명은 아브람 떼르쯔Абрам Терц이다. 러시아의 문학평론가, 작가, 비평가로 활동했다. 1965년 반 소비에뜨 선동 선전 죄로 체포되어 7년형을 선고받았고, 1971년 풀려났다. 1973년 프랑스 소르본 대학의 초청으로 러시아 문학을 강의하면서 교수로 재직했으며, 프랑스로 망명하여 파리에서 생을 마감했다. 대표작으로는 『서커스에서』В цирке, 1955, 『글쓰기 광狂 -내 삶에 대한 이야기들 중에서』 Графоманы – Из рассказов о моей жизни, 1959, 『너와 나』Ты и я, 1959, 『잘 자』Спокойной ночи, 1983, 『고양이 집. 길고 긴 소설』Кошкин дом. Роман дальнего следования, 1998 등이 있다.

178) 레포르또보 취조 격리실СИЗО Лефортово: 모스끄바에 위치한 취조실 겸 감옥이다. 이 감옥은 1881년 단기 형량을 받은 하급군인들을 수감하기 위해 군대용 감옥으로 건설되었다. 1917년 10월 혁명 이후, 이 감옥은 비상위원회 소속으로 넘어갔고, 스딸린 시대의 '대테러' 기간에는 비밀경찰들의 고문 장소로 유명했다. 1954년부터 1991년까지는 KGB 소속의 취조실로 사용되었으며, 이곳에서 수많은 구소련 반체제 인사들이 취조를 받았다. 1995년부터 2005년까지는 러시아 연방보안국의 취조실로 사용되었고, 2005년에 법무성 산하로 이전되었다.

22 :: 세르게이 루끼야넨꼬

Сергей Лукьяненко

세르게이 루끼야넨꼬는 현대 러시아 판타지 문학시장의 중심에 서있는 작가이다. 비평가들은 현재 러시아 판타지 물이 확실히 상승세를 타는 중이라고 말한다. 세계적 수준의 작가로 평가받는 새로운 거장들이 속속 출현하는 상황이 이를 입증해준다. 전문가들의 견해처럼, 닉 뻬루모프Н.Перумов[179], 스뱌또슬라프 로기노프С.Логинов[180], 안드레이 벨랴닌А.Белянин[181]과 막스 프라이М.Фрай[182] 등이 현재 판타지물의 주도권을 놓고 각축전을 벌이고 있다. 하지만 승리의 영광은 결국 세르게이 루끼야넨꼬С.Лукьяненко에게 돌아갈 것이라는 가능성도 배제할 수는 없다.

세르게이 루끼야넨꼬는 1968년 4월 11일 쟘불Джамбул[183]에서 태어나 의사 집안에서 성장했다. 고등학교를 마친 뒤, 루끼야넨꼬는 집안의 내력에 따라 가업을 잇겠다는 결심을 세우고 알마-아찐스끼 의대로 진학하여 정신과 전문의 학위를 받게 된다.

루끼야넨꼬는 18살에 알마-아찐스끼 지역에서 발행되는 잡지 〈자랴〉Заря에 첫 단편선들을 게재했다. 1992년 끄라스노야르스끄에서 루끼야넨꼬의 첫 번째 책 『원자의 꿈』Атомный сон이 출간되었다. 창작 초기에 루끼야넨꼬는 자신보다 더 경험이 풍부한 작가들과 함께 몇몇 작품들을 집필했는데, 부르낀

Ю. Буркин과 공저하여 『루시 섬』Остров Русь, 1994이라는 장편소설을 출간했으며, 뻬루모프Н. Перумов와 함께 『용들을 위한 시간이 아니다』Не время для драконов, 1997라는 장편소설을 펴냈다. 이후 루끼야넨꼬는 블라지미르 바실리예프В. Васильев와 공동 창작을 시도하기도 했다.

최초의 성공을 맛본 후에, 1997년 루끼야넨꼬는 알마-아따에서는 더는 자신이 할 일이 아무것도 없다는 결정을 내리고, 모스끄바로 활동 무대를 옮기게 된다. 루끼야넨꼬가 수도 모스끄바에 입성한 뒤, 처음에는 '로끼드' Локид라는 출판사가 그의 작품에 관심을 보였다. 하지만 루끼야넨꼬는 곧 '아스뜨' АСТ 출판사의 전속작가가 된다. 모스끄바에서 루끼야넨꼬는 공상과학 판타지물의 거장으로서 입지를 급속도로 굳혀나갔다.

문학계에 입문하던 당시를 회상하면서, 루끼야넨꼬는 어느 날 다음과 같이 고백했다.

> "어떤 저자를 막론하고, 어느 순간에 이르면 그 작가만의 기법적 총체가 형성되어 나간다. 그런 기법의 총체는 일생에 걸쳐 사용될 수도 있고, 혹은 수정될 수도 있다. 나는 몇 번씩이나 그와 같은 도구 교체를 감행하면서, 처음에는 『원자의 꿈』을, 그 다음 번에는 『가을 날의 방문』Осенние визиты, 1997을, 그 이후로는 『차가운 강변』Холодные берега, 1998 등의 작품을 단계별로 써 내려갔고, 현재는 『스펙트럼』Спектр, 2002을 집필하는 중이다. 이 작품들은 각각 내가 지닌 구체적인 경향들을 완성시킨 산물이다. 따라서 나의 전작들에서 이미 출현했던 어떤 테마들이 『스펙트럼』에서 사용되기도 했다. 예를 들자면, 행성 출입문이나 한 세계에서 다른 세계로 넘어가는 통로 등이 그런 것들이다."〈끄니쥐노예 오보즈레니예〉2002년 52호

루끼야넨꼬의 장편소설 『나이트 워치』Ночной Дозор, 1998는 엄청난 성공을 거두었다. 루끼야넨꼬는 이 작품에 관해 다음과 같이 고백한 바 있다.

"오래전부터 마술사, 마법사, 변신술사 등에 관한 책을 쓰고 싶었다. 하지만 사건의 무대는 '머나먼 왕국'이 아니라 바로 현대의 러시아가 되었으면 했다. 마법사가 호주머니에 휴대전화기를 넣어 다니고, 차를 타고 다니면서 거리를 활보하게 만들고 싶었다. 마법을 사용하며 다른 사람들의 삶을 조종하는 경찰에 관한 아이디어는 바로 이렇게 떠오른 것이다. 처음에 나는 어둠의 세력을 위한 경비대, 빛의 세력을 위한 경비대를 각각 하나씩만 창조하려고 했지만, 이후 각각의 경비대는 내부적으로 둘로 갈리게 되었다".〈꼼소몰스까야 쁘라브다〉Комсомольская правда, 2004년 9월 24일

『나이트 워치』를 읽은 뒤, 루끼야넨꼬의 친구 블라지미르 바실리예프는 『데이 워치』Дневной дозор, 2000 를 쓰고 싶어 했다. 하지만 루끼야넨꼬는 혹시나 바실리예프 손에서 '빛의 세력'이 나쁜 자들로, '어둠의 세력'이 좋은 자들로 뒤바뀌어 버리진 않을까 염려하여, "마치 소설 속 경비대처럼 서로서로 지켜보면서" 함께 집필하자는 제안을 하게 된다.
두 편의 '워치 시리즈'에서 루끼야넨꼬가 빛의 수호자들에 대해 부정적인 평가를 내린 점은 주목할 만하다.

"빛의 세력과 어둠의 세력을 단순히 선과 악의 세력으로 치환시킬 수는 없다. 소설은 두 개의 특수기관들이 충돌하는 것을 내용으로 한다. 하지만 전적으로 옳은 일만을 고수하기 마련인 국가 특수기관은 아이러니하게도 절대 정직한 방식으로만 업무를 수행할 수는 없다. 나는 빛의 세력에 동감을 표한다. 그래서 국가 특수기관의 업무에 내재된 선과 악의 공존이라는 모순적 이중성에도 불구하고, 난 어둠의 세력보다는 빛의 세력이 훨씬 더 정의롭다는 점을 보여주고자 했다."〈리쩨라뚜르나야 러시아〉2005년 3월 4일

하지만 루끼야넨꼬가 스스로 내린 평가 속에는 결국 빛의 세력들이 공산주의와 파시즘을 만들어냈다는 뉘앙스가 숨겨져 있다. 루끼야넨꼬는 "세계의 사회적 개편이라는 사상은 늘 공평하고 고결한 사회를 건설하는 것을 최우

선 과제로 삼곤한다. 문제는 강제성을 띤 사회개편의 시도가 무시무시한 사건으로 변질될 수도 있다는 것이다."라고 여긴다.

2004년 티무르 베끄맘베또프Т. Бекмамбетов[184] 감독이 프로듀서 막시모프А.Максимов와 에른스뜨К. Эрнст의 부탁으로 루끼야넨꼬의 소설을 원작으로 삼아 영화 『나이트 워치』를 촬영하게 된다. 이 영화는 개봉 3주 만에 천만 달러 이상을 단숨에 벌어 들였다. 러시아 영화산업계에서 이와 같은 결과는 경이에 가까운 성공이었다. 영화가 성공을 거둔 이후, 베끄맘베또프는 처음엔 이 영화를 찍어야 할지 말지를 두고 오랫동안 망설였었다고 고백했다. 소설의 질이 그를 만족시키지 못했던 것이다. 2005년 베끄맘베또프 감독은 한 인터뷰에서 이렇게 밝혔다.

> "루끼야넨꼬의 산문은 포스트문화적인 현상이죠. 그는 어딘가 살짝 노스탤지어적이면서도 '소비에뜨적'인 세계 속에 나타난 러시아 현실, 그리고 미국 장르문학이라는 접점 사이에서 뭔가 새로운 언어를 창조해냈습니다. 이런 결합은 흥분을 불러일으키죠. 루끼야넨꼬 소설에 대한 나의 반응은 실제 내 영화에 대한 비평가들의 반응과 유사했습니다. 루끼야넨꼬에게는 자기통제적인 요소가 부재합니다. 그의 펜대 아래에서 나온 산물이, 그리 뛰어나진 않은 다작 작가와 천재작가 사이 어딘가의 경계에서 자기통제적 구실을 하는 격이지요. 루끼야넨꼬에 의해 창조된 세계가 호기심을 끈다는 점을 알아차린 순간, 그 세계를 영상으로 옮겨 담고 싶다는 욕구가 발동했습니다."〈꼼소몰스까야 쁘라브다〉2005년 7월 21일~28일

루끼야넨꼬는 종종 '비밀리에 존재하는 마법사'라는 테마를 파고들지만, 대부분의 경우에는 정신과 의사로 근무했던 자신의 경험에 기대어 작품을 써 내려간다. 또한 그가 저쪽 세계의 세력과 인간 사이에 이뤄지는 상호작용이 실제 현실보다는 진단적인 성격에 가깝다고 생각하는 점도 매우 흥미롭게 다가온다. '워치 시리즈'를 작업하면서, 루끼야넨꼬는 정교 신자가 되었다.

영화 『나이트 워치』의 첫 상영 뒤에 루끼야넨꼬는 장편소설 『초고』Черновик, 2005를 내놓았다. 소설 속에서 모종의 비밀스러운 세력들이 주인공을 삶에서 '제거' 하려고 한다. 하지만 부모에게서도, 친구들에게서도 잊혀져 버린 주인공은, 현실과 나란히 존재하는 세계로 통하는 출입구를 수호해야 될 운명을 타고난 '선택된 자' 로 역할을 하게 된다.

루끼야넨꼬는 『초고』라는 소설과 함께 『트와이라잇 워치』Сумеречный Дозор, 2004, 『라스트 워치』Последний Дозор, 2005라는 작품을 나란히 집필하여, 마법사들에 관한 시리즈를 완결짓는다. 특히 『트와이라잇 워치』에서 루끼야넨꼬는 '어스름' 의 비밀을 파헤치고자 시도하게 된다. '워치 시리즈' 제3편에 해당하는 이 소설은 판타지적 흥미에 결코 가볍지만은 않은 철학적 내용을 가미시켰다는 점에서 비평가들의 주목을 끈 바 있다. 2001년 2월 루끼야넨꼬는 장편소설 『데이 워치』로 '황금 로스콘' Золотой Роскон[185] 상을 받았으며, 2003년 8월에는 핀란드 도시 튀르쿠에서 개최된 판타지 애호가들의 유럽대표자 회의 '유로콘' Eurocon에서 유럽에서 가장 뛰어난 판타지 작가로 선정되었다.

179) 닉 뻬루모프(1963~): 러시아 판타지 장르의 창시자 중 한 명으로, 1993년 톨킨의 『반지의 제왕』에 나오는 중간계를 배경으로 사건이 펼쳐지는 『어둠의 반지』Кольцо Тьмы를 출간하면서 유명세를 탔다. '로스콘' 을 비롯한 다양한 판타지 문학관련 상을 거의 매년 받았다. 현재 미국에서 거주 중이다.

180) 스뱌또슬라프 로기노프(1951~): 러시아 판타지 작가. 판타지 분야 문학상 '인떼르쁘레스꼰' Интерпресскон, 1995, 1998, 1999, 2006, '아엘리따' Аэлита, 2008를 받았다. 대표작으로는 『만일 네가 혼자라면』Если ты один, 1990, 『검은 피』Чёрная кровь, 1996, 『제국의 마녀들』Имперские ведьмы, 2004 등이 있다.

181) 안드레이 벨랴닌(1967~): 아스뜨라한 출생의 판타지 작가. 대표작으로는 『이름없는 검』Меч Без Имени, 『광기 어린 왕 잭』Джек сумасшедший король, 『내 아내는 마녀』Моя жена-ведьма 등이 있다.

182) 막스 프라이: '에호' Exo라는 가상 세계에 관한 판타지 서적 시리즈물의 공저자 스베뜰라나 마르띤치끄С. Мартынчик와 이고르 스쪼삐니И.Стёпиный의 문학 필명.

183) 잠불Джамбул: 까자흐스딴에 위치한 도시로, 도시명은 까자흐스딴의 국민 시인 잠불 쟈바예프 Джамбул Джабаев을 기념하여 붙여진 것이다.

184) 티무르 베끄맘베또프(1961~): 까자흐스딴 출신의 영화감독. 아프가니스탄 전쟁에 관한 영화 '뻬샤바르스끼 왈츠' Пешаварский вальс, 1991로 '끼노따브르' Кинотавр 영화제에서 수상하며 이름을 알렸다. 1992년부터 1997년까지 20편에 이르는 '임페리얼' 은행 광고를 찍었으며, 이 광고는 후일 러시아 광고계의 고전으로 자리 매김 됐다. 2004년에서 2005년에 걸쳐 '나이트 워치' Ночной Дозор, '데이 워치' Дневной Дозор를 촬영하며 일약 스타 감독 반열에 오르게 된다. 2007년에는 '운명의 아이러니 속편' Ирония судьбы. Продолжение을 촬영했으며, 2009년에는 만화영화 '9', '검은 번개' ЧёрнаяМолния 제작감독을 맡았다.

185) 로스꼰РосКон: 2000년부터 러시아 근교에 있는 관광 휴양지에서 매년 개최되는 가장 규모가 큰 판타지 문학 콘퍼런스 중 하나이다. 매년 '로스꼰' 이 개최될 때마다 러시아를 비롯한 해외 각국에서 판타지 장르에 관련이 있거나 관심이 있는 작가, 기자, 출판업자, 비평가, 통역가, 화가 등이 한자리에 모여, 휴양지에서 함께 여가를 즐기면서 세미나와 토론을 진행한다. 콘퍼런스는 가장 민주적인 방식으로 운영되며, '장편소설', '중편 및 단편소설', '판타지 문학연구' 등 세 분야로 나눠서 수상이 진행되지만, 수상과 관련된 어떤 리스트도 존재하지 않는다. 1등 수상자에게는 '황금 로스꼰' Золотой РОСКОН, 2등 수상자에게는 '실버 로스꼰' Серебряный РОСКОН, 3등 수상자에게는 '청동 로스꼰' Брозовый РОСКОН 트로피가 수여된다. 용을 물리치는 기마병 형태를 취한 로스꼰 트로피는 게오르기를 연상시킨다. 이 외에도 '로스꼰' 콘퍼런스에서는 매년 '볼쇼이 로스꼰' 러시아 판타지물에 대한 공로상, '알리사' 아동 및 청소년을 위한 최고의 판타지물에 대한 상, '올해의 판타지 작가' 2003년부터 시행, 상업적으로 가장 큰 성공을 거둔 책, '황소 시계' 2010년부터 시행, 가장 사회적 시의성이 많이 반영된 판타지, '인터넷 로스꼰' 2010년부터 시행, 판타지에 관한 가장 훌륭한 인터넷 소스에 대한 상 등 판타지 장르에 대한 문학상을 시상한다.

23 :: 블라지미르 마까닌
Владимир Маканин

블라지미르 마까닌은 한 때 소위 '40년대 작가들'이라고 일컬어지던 세대를 이끄는 기수로 여겨지곤 했다. 하지만 러시아 문학계에서 마까닌은 그 이상의 가치를 지닌 중요한 인물이다.

블라지미르 마까닌은 1937년 3월 13일 오르스끄에서 출생했다. 마까닌이 처음부터 문학도의 길을 걸어간 것은 아니다. 문학에 관심을 두기 이전, 그는 5년 동안 모스끄바 국립대학교의 수학 역학부에 다녔고, 1960년에 학위를 받았다. 또한 상당히 오랫동안 제르쥔스끼Ф. Дзержинский 군사 아카데미의 비밀 실험실에서 근무하며 복잡한 수학계산에 골몰해 있었다.

마까닌은 기밀업무를 수행 중이던 학자 신분으로 1965년 첫 번째 장편소설 『직선』Прямая линия을 탈고한다. 이 소설은 바실리 악쇼노프В. Аксёнов와 아나똘리 글라질린А. Гладилин[186]의 솔직담백한 산문의 영향을 받아 집필된 작품이다. 후일 비평가 알렉산드르 아르한겔스끼А. Архангельский[187]는 다음과 같이 확언한 바 있다.

> "마까닌은 60년대 말 '중용의 슈젯' 이라는 꽉 찬 테마를 거머쥐고 문학계에 입문했다. 높낮이가 없는 합창조의 목소리와 부드럽게 쌓여가는 자신만의 문체를

사용하며, 마까닌만의 다분히 냉랭한 어조를 지니고. 그는 마치 포크너의 요크나파토파Yoknapatawpha[188] 지역에 관한 이야기를 쓰듯이, 별다른 우여곡절 없이 청년기를 보냈던 우랄산맥 공간에 관해 써 내려간다. 다시 말하자면, 마까닌의 글 속에는 사회적인 악담이나, 주머니 속에 숨겨놓은 모욕적인 언사같은 것이 존재하지 않는다. 그의 글은 개인적인 운명에 관한 것이며, 바로 그렇기 때문에, 그것은 곧 사회적인 문제에 관한 것이 된다."〈이즈베스찌야〉2003년 4월 23일

블라지미르 본다렌꼬В. Бондаренко가 지적하듯이, 마까닌은 『아버지 부재의 시대』Безотцовщина, 1971라는 중편을 시작으로 "심리적 사실주의와 우화를 결합시켜 가면서, 삶에 대한 사회적 관찰자라는 자신만의 길을 걸어갔다." 본다렌꼬의 의견에 따르자면, 척추가 부러지는 지경까지 이른 커다란 사고 역시 마까닌의 글쓰기 방식이 변화하는 데 있어서 적지 않은 영향을 끼쳤다.
1970년대에 창작된 마까닌의 작품들을 연구하면서, 비평가 볼쉐프А. Большев는 "마까닌의 등장인물들을 위한 '기반'은 도시적 삶의 양식도, 농촌적 삶의 양식도 아니며, 바로 중간적인 형태, 즉 도시형 임시 건물들이 촌락형태를 이루는 삶의 양식이다."라는 뜻밖의 결론을 내린 바 있다.
비평가 나딸리야 이바노바Н. Иванова는 마까닌의 초기 작품들이 비평가들에게 주목받지 못했다는 사실을 매우 정확하게 지적한 바 있다.

"논의와 인용 지수로만 따져본다면, 마까닌은 그의 작품 『끌류차례프와 알리무쉬낀』Ключарев и Алимушкин, 1977이 세상에 나오자마자 단연 돋보였을 것이다. 두 명의 주인공이 존재하는 모델, 수학적으로 거의 정확히 검증된 것처럼 보이는 이 구성적 모델은, 만일 한 명의 주인공에게서 작동하지 않으면, 다른 주인공에게서 두 배로 작동하는 방식을 취한다. 이 모델은 운명적인 일상성을 두려워하며, 인류적 · 이웃적 · 협의적이며 동시에 존재론적 · 사회학적 · 역사적 · 지정학적인 관계를 비롯한 다른 모든 관계의 지점으로 들어간다. 이와 동시에 끌류차례프와 알리무쉬낀의 법칙은 일목요연하고, 생생하며, 비유적인 방식으로 제시된다. 모델은 다양한 층위에서 작동한다. 이것이 바로 마까닌이 개척한 부분이

다." 『부커의 약혼녀』Невеста Букера, 2005년

1982년 마까닌은 중편 『예언자』Предтеча로 큰 반향을 불러일으킨다. 이 작품의 주인공인 야꾸쉬낀은 병을 치료하는 주술사이자 초능력자로, 어쩌면 모든 병이 인간의 도덕적 타락으로부터 시작된 것일지도 모른다고 생각한다. 1987년 잡지 〈옥짜브르〉Октябрь에 실린 마까닌의 중편 『한 남자와 한 여자』Один и одна는 수많은 논쟁을 불러일으켰다. 이 작품의 슈젯은 '60년대 세대'와 '70년대 세대'의 논쟁으로 전환된 아버지 세대와 자식 세대 간의 갈등을 중심으로 분주히 전개된다. 졸로뚜스끼Золотусский는 마까닌이 '아버지' 세대들의 도덕적 탐색을 통해 두 가지 경향을 파악하고 전달할 수 있었다는 점에서 이 작품의 가치를 높이 평가했다. 60년대 세대의 어떤 자들은 스딸린 시대의 도그마로부터 완전히 벗어나고자 했고, 또 다른 자들은 이상을 그리워하면서, "강제로 단절되어 버린 관계들을 회복시키고, 가닥가닥 끊어진 실을 이어서 과거와 현재 사이에 다리를 놓고 싶어했다."
비평가 안드레이 넴제르A. Немзер[189]는 마까닌의 『통로』Лаз, 1991가 현대 문학의 흐름 속에 전환점을 마련했다고 간주한다.

"'80년대 후반의 현대성'에 나타난 가장 위험해 보이는 경향들이 이 작품을 통해 조명되고 언급되었다. 마까닌은 현대 인간이 지닌 중요한 심적 감정 중 하나로서 공포에 관한 중편을 집필했다."〈노비 미르〉2000년 1호

캐나다의 러시아 문학연구자 노먼 슈네이드만N. Shneidman은 1980년대 말에서 1990년대 초반부에 해당하는 마까닌의 작품을 분석하고 다음과 같은 결론을 내렸다.

"오늘날 마까닌은 브레쥐네프 시대 이후에도 자신의 산문이 지닌 예술성의 층위를 잘 지켜내는 몇 안 되는 러시아 작가들 중 한 명이다. 마까닌은 실존주의

> 적 신화 창조라는 방식을 통해, 얼마 전 출간한 작품 속에서 경화된 현실이 아닌 유동적이고 움직이는 현실이라는 새로운 개념을 정립시켰다. 그는 자신이 지닌 철학적 신념에 의해 영향력을 발휘하는 슈젯을 창조한다. 그런 슈젯은 마까닌이 논의에 부친 테마들이 진부해지지 않고 새롭게 다가올 수 있도록 만들어 준다."

마까닌의 단편 『깝까즈의 포로』Кавказский пленный, 1994 는 특별한 반향을 불러일으켰다. 이 작품은 1995년 4월 〈노비 미르〉 지면을 통해 소개되었는데, 시기적으로 볼 때 작품의 발표 시기는 제1차 체첸전과 일치했다.
아마도 마까닌의 가장 뛰어난 작품 중 하나로 『언더그라운드, 혹은 우리 시대의 영웅』Андеграунд, или Герой нашего времени, 1999 을 꼽을 수 있을 것이다. 이 작품은 1998년 문학잡지 〈즈나먀〉의 제1호에서 제4호에 걸쳐 연재되었다. 스베뜰라나 바실렌꼬С.Василенко는 이 작품을 다 읽고 난 뒤에 이렇게 언급했다.

> "극단적일 정도로 꼭꼭 가리워져 있고, 단추란 단추는 모조리 채우고 있던 마까닌의 주인공이 이 작품에서는 갑자기 남루한 행색에, 안절부절못하며, 집도 없이, 양손은 피투성이가 되어, 고래고래 소리를 내지르는 악에 받친 인물로 분하여 독자들 앞에 나타난다. 주인공의 형상에 투영된 이런 모습들은 오늘날 우리 사회의 모습과 같다. 소설은 충격을 불러일으켰지만, '내 얼굴 삐뚤어진 줄 모르고 거울 탓만 할 수는 없는 법'이다. 이건 바로 우리들의 초상이다."〈리쩨라뚜르나야 러시아〉1999년 1월 15일

선배 소설가 알렉산드르 보르샤곱스끼А.Борщаговский는 1998년 8월 비평가 발렌찐 꾸르바또프В.Курбатов에게 보낸 편지에서 이렇게 고백한 바 있다.

> "사흘 동안 눈을 떼지 않고 마까닌의 새로운 소설 『언더그라운드, 혹은 우리 시대의 영웅』을 읽었네. 〈…〉 책을 읽는 것은 거의 괴로움에 가까웠지. 내가 전혀 알아볼 수 없는, 그다지 고통스러워하지 않는 폭로자이자 삶의 비평가와도 같

은 인물과 갑작스러운 대면을 하게 됐지. 마까닌은 정말이지 많은 부분에서 정확하고 예리하기 그지없는 인물일세. 그의 작가적 '칼날'은 멈출 줄 모르고, 가혹하기까지 하다네. 그는 아픔과 절망의 비명에는 아랑곳하지 않은 채 두개골뼈에 구멍을 내고, 한 부위를 수술한 뒤에 대담하게 다른 수술부위로 넘어가지. 사흘에 걸친 독서를 마친 뒤 난 마치 재난에서, 뭔가 돌이킬 수 없는 일로부터 빠져나온 기분이 들었네. 깐깐하리만치 정직하고 도덕적인 인물인 마까닌이 그런 식의 삶을 목격했다는 것은, 우리가 상상을 초월할 만큼 빠른 속도로 엄청난 재난을 향해 다가서고 있다는 것을 의미하는 거라네. 〈…〉 아스따피예프В. Астафьев[190]의 장편 『명랑한 군인』Весёлый солдат과 마까닌의 『언더그라운드, 혹은 우리시대의 영웅』, 이 두 편의 소설이 최근 나온 러시아 산문 중에서 가장 뛰어난 수작인 것 같네. 하지만 빅또르 아스따피예프의 작품이 블라지미르 마까닌의 것보다는 훨씬 더 영양가 있고, 지칠 줄 모르는 근육과 건전한 기운이 넘치는 듯 하이."

아마도 마까닌은 〈노비 미르〉 지면에 『1일 전쟁』Однодневная война이라는 단편을 게재한 2001년 가을 이후로 『높이-높이 뜬 달』Высокая-высокаялуна이라는 새로운 프로젝트에 돌입한 것으로 보인다. 나딸리야 이바노바Н. Иванова는 마까닌의 새로운 산문이 "외면적으로 위장된 생리학적 측면에도 불구하고 뚜렷한 정치적 성격"을 지향한다고 여긴다. 그녀의 의견에 따르자면, "마까닌은 음욕, 성교, 성불구, 강간, 향락 등의 육체성을 통해 권력에 관한 이야기, 즉 육체를 쟁취하기 위한 싸움과 다를 바 없는 권력의 투쟁사를 써내려 간다." 하지만 마까닌이 지적 풍자의 대상으로 삼아 비웃었던 자들, 즉 옐찐이 사임한 이후 급격하게 권력을 상실해갔던 민주주의자들 정도로는 이바노바의 마음을 충족시킬 수 없었다. 그녀는 마까닌이 자신의 신념을 버렸다고 단정지어버렸다. 이바노바는 마까닌이 선보인 새로운 산문의 핵심이 다름 아닌 실오라기 하나 걸치지 않은 벌거숭이가 될 때까지 벗기고 폭로하는 점에 있다고 여겼다. 이에 안드레이 넴제르도 그녀의 의견에 서둘러 동감을 표했지만, '달-노인-에로티시즘이라는 프리즘'을 통해 새로워질대로 새로워진 러시아적 존재를 바라보려 하진 않았다. 오로지 보수주의자들만이 여전히 마까닌을 낯선 작가로 여기면서 침묵을 유지할 뿐이었다.

마까닌은 훌륭하다. 옐찐 시대에도, 오늘날에도 그에겐 권력의 호의가 필요치 않다. 그는 자신의 일에 몰두할 뿐이다. 이미 여러 해 동안 마까닌이라는 작가가 러시아에서 가장 필요로 하는 작가 중 한 명으로 남아있을 수 있던 이유도 바로 이 때문일 것이다.

마까닌은 잡지 〈즈나먀〉 지면에 게재했던 중편 『가운데에 물병이 놓인 식탁보 깔린 탁자』Стол, покрытый скатертью, и с графином посредине라는 소설로 1994년 '러시아 부커' Русский Букер를 수상했고, 2000년도에는 '러시아 국가상' Госпремия России 최고수상자가 되었다. 그리고 2008년에는 체첸전에 관한 장편소설 『아산』Асан으로 '위대한 책' Большая книга[191]을 수상했다.

186) 아나똘리 글라질린(1935~): 1960년대 촉망받던 작가로, 시납스끼A.Синявский 재판에 공식적으로 반대의 뜻을 표명하고 나섰다. 1976년에는 소비에뜨 연방에서 강제로 추방당했으며, 이후 파리에서 거주하고 있다. 대표작으로는 『어느 실패자의 이야기』История одного неудачника, 1959, 『새해 첫날』Первый день Нового года, 1963 등이 있다.

187) 알렉산드르 아르한겔스끼(1962~): 문학비평가이자 작가. 〈드루쥐바 나로도프〉Дражба народов, 〈보쁘로시 필로소피〉Вопросы философии 등의 잡지사에서 근무했으며, 1998년부터 〈이즈베스찌야〉Известия 지의 논설위원, 편집부국장을 역임했다. 1992~1993년에 걸쳐 러시아 국영채널 PTP에서 '시류에 거슬러' Против течения라는 프로그램을 진행했으며, 2002년에는 채널 '러시아' 에서 '크로노그라프' Хронограф라는 프로그램을 맡아서 진행했다. 이후 채널 '꿀뚜라' 에서 '그러는 동안' Тем временем이라는 프로그램을 진행 중이다. 아르한겔스끼는 그 외에도 다양한 채널에서 여러 TV 프로그램을 진행해왔으며, '러시아 부커', '아뽈론 그리고리예프 문학상', '위대한 책' 등 굵직한 문학상의 심사위원을 역임했다. 2007년부터는 '러시아 TV 아카데미' 회원으로 활동 중이다.

188) 요크나파토파Yoknapatawpha: 노벨문학상과 퓰리처 상을 받은 미국작가 포크너가 미국 남부사회의 변천사를 연대기적으로 묘사하기 위해 설정한 가공의 지역. 포크너는 이 지역을 배경으로 삼아 19세기에서 20세기에 걸쳐 미국 남부지역이 변천하는 모습과 남부 상류 사회의 사회상을 고발하는 다수의 작품을 집필했다.

189) 안드레이 넴제르(1957~): 문학비평가. 1983년 모스끄바 국립대에서 박사학위를 취득하고 1990년도까지 〈리쩨라뚜르노예 오보즈레니예〉의 선임편집장 및 비평분과장을 역임했다. 2000년도부터 현재까지 〈브레먀 노보스쩨이〉Время новостей의 논설위원으로 활동하고 있다. '러시아 부커' 심사위원단, '아뽈론 그리고리예프 문학상' 심사위원장, '유리 까자꼬프 문학상' 심사위원을 역임했다. 또한 넴제르는 최근 10년간 문학계에서 일어난 사건 및 작품에 관한 논평으로도 유명하다.

190) 빅또르 아스따피예프(1924~2001): 끄라스노야르스끄 태생의 작가로 주로 전쟁 및 농촌관련 테마를 다루었다. 1978년 대표작 『물고기 대왕』Царь－рыба, 1976으로 '소비에뜨 연방 국가상' 을 수상했으며, 그 외에도 다수의 문학상 및 국가상을 수상했다.

191) 위대한 책Большая книга: 2005년 설립된 문학상으로, 러시아 예술문화에 이바지 할 수 있는 문학작품의 저자를 격려하고, 현대 러시아 문학의 사회적 의의를 고양시키는 한편, 독자 및 사회적 관심을 이끌어낸다는 취지 하에 설립되었다. 시상 대상은 러시아어로 쓰인 작품 및 해외에서 최초로 번역출간 된 작품의 번역본으로, 장편소설 및 중 · 단편 소설을 비롯하여 다큐멘터리 산문, 회상록이 수상 대상에 포함된다. '위대한 책' 설립 이후, 드미뜨리 비꼬프2006, 류드밀라 울리쯔까야2007, 블라지미르 마까닌2008, 레오니드 유제포비치2009, 빠벨 바신스끼2010 등이 역대 최고상을 받은 바 있다.

24 :: 유리 마믈레예프
Юрий Мамлеев

유리 마믈레예프는 1931년 12월 11일 모스끄바에서 태어났다. 그의 아버지는 정신과 의사이자 최면술사였다. 마믈레예프는 1956년 모스끄바 임산공학 연구소를 졸업했으며, 이후 얼마동안 야간 학교에서 수학을 가르쳤다.

1960년대에 유리 마믈레예프는 유쥔스끼 골목에 있는 2층짜리 임시 건물의 꼬무날까[192]에서 살았다. 주변 사람들이 회상하듯이, 그는 유쥔스끼 골목의 회합을 주도하는 인물 중 한 명이었다. 이 시기의 마믈레예프를 연구하던 그리고리 네호로쉐프Г.Нехорошев는 이렇게 이야기한다.

> "그 시기에 유쥔스끼 골목에서 회합과 모임이 열릴 때마다, 마믈레예프는 당시 거주하던 꼬무날까에서 재야 철학자 및 예술가로 활동하던 친구들에게 자신이 집필한 작품을 읽어주길 좋아했었다. 그 단편은 체온이 채 가시지 않은 주검에 대해 궤변을 늘어놓는 연쇄살인자에 관한 이야기였다."〈네자비시마야 가제따〉 1999년 11월 12일

유쥔스끼 골목의 회합과 관련하여, 마믈레예프는 다음과 같이 명확한 설명

을 내놓은 바 있다.

> "내 주변을 둘러싸고 철학적이고도 신비적인 경향을 띤 특별한 모임이 형성되었다. 그 모임에는 현재 이슬람 밀교신자로 명성이 자자한 쥄말 게이다르Джемаль Гейдар[193]와 깊이 있는 신비주의적 지식을 지닌 예브게니 골로빈E. Головин[194] 같은 인물들도 있었다."

후일 쥄말 게이다르는 마믈레예프의 그룹을 일컬어 '지적知的이지만, 정신 상태가 유별난 비공식적 문학예술 서클'이라고 언급한 바 있다.
'유쥔스끼 저녁회합'에서 마믈레예프의 친구들은 문학 외에도 정신의학에 대해 흥미를 보였다. 마믈레예프가 젊은 시절부터 경계적 상태에 놓인 심리 문제에 특별한 관심을 보인 것은 우연이 아니다. 그는 "건강하고 침착한 정신 상태보다, 온전치 못한 정신 상태라는 예제를 통해 훨씬 더 많은 것을 보여줄 수 있다."라고 고백한 바 있다.
네호로쉐프는 다음과 같은 실례를 들어 이야기한다.

> "까쉔꼬 병원의 정신과의로 근무했던 마믈레예프의 숙모는 그의 고질병이던 알콜중독을 치료할 목적으로 자신이 근무하던 병원에 마믈레예프를 몇 번씩이나 입원시키기도 했다."

후일 마믈레예프가 『존재의 운명』Судьба бытия, 1993 이라는 책에서 상세히 기술한 바와 같이, "자신만의 형이상학적 '나'"를 창작하려던 시도는 궁극적으로 '유쥔스끼' 지역 젊은이들의 겨울 저녁 모임과 논쟁을 통해 얻어낸 산물이라고 볼 수 있다. 이후 마믈레예프는 『모스끄바의 희생타』Московский гамбит, 1985 라는 장편 소설에서 유쥔스끼 저녁회합의 분위기를 매우 선명하게 그려냈다. 대다수의 비평가들은 이 소설의 주인공인 발랴 무롬쩨프의 원형을 다름 아닌 작가 마믈레예프 자신에게서 찾곤 한다. 하지만 마믈레예프는 유쥔스끼 골목에서 겪었던 자신의 모험담 중 극히 일부만이 무롬쩨프의 형상 속에서 묘사되었다고 인정할 뿐, 나머지 사항에 대해서는 부인하는 입장이다. 1968년에 마믈레예프가 선보인 장편소설 『불량배들』Шатуны은 몇몇 마니아층에서 인기를 끌었다. 하지만 소비에뜨 시절 동안 마믈레예프의 작품은 거의 출판되지 못했다. 독일의 러시아 문학연구자 까자끄B. Казак는 이 소설에 대해 다음과 같은 견해를 피력한 바 있다.

> "장편 『불량배들』의 테마는 살해당하는 자의 영혼 속에 감춰진 비밀을 통찰하고, 이를 통해 사후세계의 비밀까지 캐내려는 목적으로 벌이는 살인행위이다. 이러한 테마는, 책장을 넘기다가 가끔은 작가 자신마저도 공포에 질리게 만드는, 마믈레예프만의 잔혹하고 고통스러운 산문이 지닌 탐색의 심오한 측면을 보여준다."

하지만 까자끄는 이러한 마믈레예프의 경향 속에서 긍정적인 기반을 찾아낸다. 까자끄의 의견에 따르자면, 마믈레예프의 산문은 어둠에 침잠되어 있지만, 그럼에도 불구하고 작가는 여전히 "인간 영혼의 밝은 측면이 발현되도록 노력하고, 이런 측면이 성장해나가도록 만들고 싶어 한다." 『불량배들』의 첫 번째 출판은 1980년 뉴욕에서 이뤄졌다.

1974년 마믈레예프는 아내와 함께 소비에뜨 연방을 떠났다. 1975년에서 1983년에 걸쳐 마믈레예프는 미국의 코넬 대학교에서 러시아 문학을 강의했다. 1982년에는 파리에서 첫 번째 단편선 『고갱의 또 다른 진실』Изнанка Гогена을 출간했다. 일 년 뒤인 1983년 그는 예전부터 마음먹었던 바와 같이 파리에 완전히 정착했다.

1991년 마믈레예프에게 소비에뜨 국적이 반환되었다. 뻬레스뜨로이까 이후의 시기에 마믈레예프는 주로 시간 이동에 관한 테마에 집중하게 된다. 특히 그의 장편소설 『유랑하는 시간』Блуждающее время, 2001과 『세계와 너털웃음』Мир и хохот, 2003은 시간이동에 관한 테마를 잘 보여준다. 그 중 『유랑하는 시간』의 슈젯에 대해 마믈레예프는 다음과 같이 언급한다.

> "『유랑하는 시간』에서 나는 새로운 현실과 마주친 인간에 관해 이야기한다. 여기서 새로운 현실이란, 한편으로는 국가가 발전해 나갈수록 우주의 심연을 향해 점진적으로 열리는 현실이며, 다른 한편으로는 인도 서사문학에서도 묘사된 바 있는 전통으로의 구체적인 회귀를 의미한다. 모험소설의 슈젯을 위해 시간여행이라는 테마를 요구하는 것은 그 다음의 문제이다." 〈Ex libris НГ〉2003년 12월 11일

후일 마믈레예프는 '형이상학적 리얼리즘'을 이끄는 기수가 된다. 〈네자비시마야 가제따〉Независимая газета의 논평가 베라 쯔베뜨꼬바В. Цветкова와의 담화에서 그는 형이상학적 리얼리즘의 본질을 다음과 같이 설명한 바 있다.

> "난 형이상학적 리얼리즘이라는 경향이 문학에만 한정되는 것이 아니라, 의식의 변화라는 분야도 다루는 것이라고 말하고 싶다. 리얼리즘적 입장을 견지하며 현실을 반영하는 형이상학적 리얼리즘은 가시적인 세계만을 염두에 두는 것이 아니라, 인간 자신에게는 노출되지 않은 영혼의 영역, 도스또옙스끼가 부분적으로 언급한 바 있는, 감춰지고 어둠에 가려진 영역을 파고 든다. 이는 작가의 직관이 현실과 영혼의 차원이 병렬적으로 제시되는 세계 속으로 얼마만큼이나 깊게 파고들어 갈 수 있는지를 보여주기 위한 시도의 일환이다. 말하자면, 우리는 일반적인 리얼리즘과 인간 영혼의 비밀스러운 측면들을 하나로 통합시키고 싶어 하며, 마찬가지로 다른 차원 쪽으로 난 문을 살짝 열어보고 싶어 한다는 이야기이다. 인간의 영혼은 우주 영혼의 원형이다. 인간 속에는 신적인 층위, 순수한 의식의 층위에서부터 인간 심리 및 육체적 세계의 층위에 이르기까지 우주에 내재된 모든 코드가 들어 있다. 인간이라는 소우주는 세계라는 대우주를 반영한 것이며, 인간을 통찰해 나가면서 다른 세계를 통찰해 낼 수 있다." 〈Ex libris НГ〉2005년 2월 17일

1994년부터 마믈레예프는 모스끄바에서 살고 있으며, 함부르크의 알프레드 토퍼Alfred Toepfer 재단에서 설립한 '뿌쉬낀 상'Пушкинская премия을 받은 바 있다.

192) 꼬무날까 коммуналка : 복도와 화장실, 부엌을 공동으로 사용하고, 각방마다 한 세대가 거주하는 공동아파트. 1970년대까지만 해도 러시아에서 꼬무날까가 전체 주택시장에서 차지하는 비율이 높았지만, 1980년대 이후 협동조합 방식의 주택건설이 증가하면서 점진적으로 감소해나갔다.

193) 쥐말 게이다르(1947~): 모스끄바 태생의 이슬람주의자. 현재 철학자, 사회 · 정치 인사, 시인 등 다양한 직함을 앞세워 활동하고 있으며, 러시아 이슬람 위원회 대표이기도 하다.

194) 예브게니 골로빈(1938~2010): 작가이자 시인, 문학연구가, 문화학자, 번역가, 신비주의자 등 다양한 직함을 가지고 있다. 1960년대에서 80년대까지 '모스끄바 신비주의 지하예술운동' Московское мистическое подполье의 리더로 활약했다. 1990년대에는 '젠뜨르' Центр 라는 그룹에 참여하면서, 이 그룹에게 헌정하는 저서 『로큰롤의 감상주의적 분노』 Сентиментальное бешенство рок-н-ролла를 집필하기도 했다.

25 :: 알렉산드라 마리니나
Александра Маринина

알렉산드라 마리니나 또한 돈쪼바와 함께 러시아 추리소설의 여제로 불린다. 그뿐만 아니라 마리니나는 1990년 이후 옐찐과 더불어 러시아를 움직이는 권력가 25인에 선정되기도 했다. 프랑스에서 푸코의 『말과 사물』이 빵보다 많이 팔린 책으로 평가받는 것과 마찬가지로, 1990년 러시아의 서점가는 쪼들리는 살림에도 마리니나의 소설을 구하려는 독자들로 늘 북적거렸다.

마리니나의 본명은 마리나 아나똘리예브나 알렉세예바Марина Анатольевна Алексеева이다. 그녀는 1957년 리보프에서 태어났다. 아버지와 할아버지가 경찰이었고, 엄마는 형사사건과 관련한 전문 배심원이었다. 유년시절 마리니나는 음악을 공부했고, 고등학교 때까지 영화 평론가가 되겠다는 꿈을 가지고 있었다. 하지만, 대학에서 법학을 전공하고, 졸업 후 내무성에서 범죄 심리 분석가로 일하다가 중령 계급을 달고 전역을 했다.

마리니나가 추리소설 작가로서의 첫발을 내 디딘 것은, 1991년 경찰 동료였던 알렉산드르 고르낀А. Горкин과 함께 『여섯 날개의 천사 세라핌』Шестикрылый Серафим이라는 추리소설을 〈밀리찌야〉Милиция라는 잡지에 게재하면서부터 시작되었다. 이때 잡지의 편집진들이 두 사람의 이름을 합쳐 '알렉산드라 마리니나' 라는 필명을 붙여준 것이다. 하지만, 이 작품의 후속으로 나온 『만들어진 정세』Стечение обстоятельств 부터는 마리니나 단독 작품이다. 이 작품에서부터 마리니나 추리소설의 주인공 아나스따시야 까멘스까야가 등장한다.

위의 두 추리소설은 '엑스모' Эксмо 출판사의 관심을 끌 만했고, 출판사는 마리니나에게 매우 파격적이라 할 수 있는 조건을 제안하면서 1년에 5권의 책을 써달라고 요구했다. 그러나 당시 내무성에서 일하고 있었던 마리니나에게 그 요구는 무리였다. 결국, '엑스모' 출판사와의 계약은 성사되지 못했다.

그런데 얼마 후, 다른 출판사로부터 계약 제의가 들어왔다. 당시 아파트를 살 수 있는 원고료를 지급한다는 조건이었다. 하지만 '엑스모' 출판사에서 이 사실을 알고는 제동을 걸어왔고, 마리니나는 이 문제를 해결하기 위해 고전적인 방법을 이용할 수 밖에 없었다. 그것은 원래의 작품에 약간의 변형을 가하는 것이었다. 먼저 주인공들의 이름을 바꾸었다. 그러나 외모, 성격 등은 그대로 남겨두었다. 이렇게 하여 『스타일리스트』Стилист 라는 작품이 탄생하게 된다. 그때 마리니나는 '엑스모' 출판사와는 앞으로 어떤 계약도 할 수 없을 것이라고 생각했지만, 얼마 후 '엑스모' 출판사는 마리니나에게 또 다른 제안을 해 왔다. 『스타일리스트』를 발간한 출판사와 공동으로 책을 출판할 수 있기를 바라며, 원고료 또한 2배로 인상해 주겠다는 제안이었다. 이 제안을 받고 망설이는 마리니나에게 당시 상사였던 나딴 자블로쯔끼 Н. Заблоцкий 는 자신이 출판사와의 법률적 관계를 돕겠다고 나섰다. 말하자면 나딴은 마리니나의 매니저가 된 셈이다.

곧이어 『죽음의 환한 얼굴』Светлый лик смерти 이 출간되었고, 이후, 마리니나는 내무성을 그만두고 추리소설 창작에만 전념하기로 한다.

내무성에서 일했던 전적은 마리니나의 소설에 등장하는 주인공 까멘스까야의 형상에 많은 영향을 미쳤다. 까멘스까야는 마리니나의 분신과 같은 존재라 할 수 있다. 마리니나 자신에게 일어나는 모든 일은 까멘스까야에게도 일어났고, 마리니나는 까멘스까야를 통해 자신의 문제를 해결하곤 했다. 달리 말하면, 작가 마리니나는 자신의 주인공 까멘스까야를 통해 자신을 객관화할 수 있었고, 정확히 분석할 수 있었다.

마리니나는 반년에 한 편 꼴로 작품을 창작했다. 하지만 내무성 일을 그만두고 난 후, 마리니나는 소설을 쓰기가 더 어려웠다고 한다. 마리니나는 그 이유가 출근할 필요가 없어지면서 깨진 생활 리듬 때문임을 깨닫고, 집필실을 임대해서 매일 그 곳으로 출근하여 소설을 썼다.

비평가들은 마리니나의 소설이 분석과 논리에 비중을 두고 연역적인 방법으로 사건을 해결하는 것을 특징으로 하는 영국의 추리소설 기법을 계승하고 있다고 평가한다. 알렉산드라 보리센꼬A. Борисенко는 특히, 『만들어진 정세』Стечение обстоятельств, 『타 구역에서의 게임』Игра на чужом поле, 『사후세계』Посмертный образ 등의 작품이 영국 추리소설 기법을 거의 그대로 차용한 대표적인 작품이라 꼽고 있다. 이에 덧붙여, 보리센꼬는 『타 구역에서의 게임』에 특별히 주목할 필요가 있음을 강조한다. 이 작품은 아가사 크리스티 류의 '밀폐된 공간'을 배경으로 펼쳐지는 소설이다. 이런 류의 작품은 사건이 한정된 공간에서만 일어나고, 등장인물 또한 한정되어 있다는 특징을 지닌다. 『타 구역에서의 게임』에서 사건은 한 작은 마을의 요양소에서 일어난다. 주인공 까멘스까야는 허리의 지병을 치료받기 위해 그 요양소를 찾아간다. 그런데 며칠 후, 요양하던 한 사람이 살해 당한다. 까멘스까야는 자신도 사건 해결에 참가하고자 했지만, 경찰과 검사는 그녀를 풋내기로 치부하고, 그녀의 도움을 거절한다. 이때 누구보다 살인사건 해결에 관심을 보인 사람이 있었는데, 그는 그 마을의 실질적 주인이라 할 수 있는 마피아 두목이었다. 그는 누가 자신의 구역에 침범하여 살인한 것인지 알아내고자, 까멘스까야를 사설 탐정으로 고용하고 사건 해결을 맡긴다. 소설이 전개되는 동안, 독자들은 모든 등장인물을 차례로 의심하지 않을 수 없게 되고 소설을 읽어가는 동안 긴장감을 놓을 수 없게 된다. 그러나 범인은 예기치 않은 인물로 판명된다. 보리센꼬는 이러한 사건 전말이 영국 추리소설의 전형적 유형일 뿐만 아니라, 까멘스까야의 형상이 영국 추리소설에 나오는 탐정들, 셜록 홈스, 에르큘 포와로, 그리고 미스 마플의 특징을 그대로 투영하고 있음을 지적했다. 까멘스까야가 사격술이 뛰어나거나, 싸움을 잘하는 수사관이 아니라 항상 의자에 앉아 종이에 사건의 전말을 적고, 그려내면서 용의자를 하나씩 지워나가는 것 역시 언급된 탐정들과의 유사성을 보여주는 것이다.

2002년까지 마리니나는 총 27권의 추리소설을 발표했다. 그녀의 소설은 외국 독자들에게도 잘 알려졌으며, 약 23개국에서 번역되어 출판되었다. 2001년 프랑스 소르본에서는 '현대 러시아 의식을 투영하는 알렉산드라 마리나나의 창작물' Творчество Александры Марининой как отражение современной российской ментальности이라는 주제로 국제학술대회가 열리기도 했다. 이외에도 마리니나의 추리소설은 1999년부터 '까멘스까야'라는 제목으로 TV에서 드라마로 방송되었다.

한동안 마리니나의 창작은 휴면에 들어간다. 그러다 2009년 약 2년간의 침묵을 깨고 마리니나는 새로운 시리즈 '영원의 시선'에 속하는 첫 소설 『선량한 의도』Благие намерения를 내놓는다. 그리고 2010년 이 시리즈의 두 번째 소설 『길』Дорога과 시리즈의 완결판 『지옥』Ад을 출간했다. 같은 해, 또 다른 시리즈 '스따소프' Стасов에 속하는 두 권의 소설 『삶 이후의 삶』Жизнь после жизни, 『사적인 이유』Личные мотивы도 함께 출간되었다. 이상의 작품 중 소설 『지옥』은 '전자 문자' Электронная буква[195] 문학상의 베스트셀러 부문 최우수상을 받기도 했다.

195) '전자 문자' 문학상은 2010년 굴지의 E-book 판매회사인 '리뜨레스' ЛитРес 가 설립한 문학상으로, 전자책으로 만들어진 산문에 수여되는 러시아 최초의 문학상이다.

26 :: 알렉산드르 모로조프
Александр Морозов

알렉산드르 모로조프는 1998년 러시아 문단에 혜성과 같이 등장했다. 사실상 그때까지 문학계 내에서 무명이나 다름없었던 그가 당해 최고의 소설에 수여되는 '러시아 부커'를 수상한 것이다. 수상작은 〈즈나먀〉Знамя에 발표한 『타인의 편지』Чужие письма였다.

그러나 곧 모로조프가 그렇게 무명도 아니라는 사실이 밝혀졌다. 1990년 그는 한때 끼릴과 메포지 문제를 연구했다. 그 당시 작가 발렌찐 라스뿌찐В. Распутин은 미하일 고르바쵸프 측근이 되어 대통령 고문의 지위를 이용하여 슬라브 문학 재단의 최고위층까지 올라갈 수 있었지만, 사회 조직의 중추역할을 하는 것을 더는 원치 않았기에 자신을 대신할 조각가 뱌체슬라프 끌리꼬프В. Клыков를 대통령에게 천거하게 된다. 전 세계적으로 유명한 조각가 끌리꼬프는 새로운 재단의 모든 출판 프로그램 기획자로 알렉산드르 모로조프를 추천하였다. 끌리꼬프의 추천 이유는 다음과 같았다. 모로조프는 주제를 잘 다루었고, 오랫동안 〈모스꼽스까야 빠뜨리아르히야〉Московская Патриархия 잡지에서 일했으며, 지금은 '안드레이 루블료프 고대 러시아 예술박물관'에서도 그를 높이 평가하고 있다는 것이다. 그 외에도 재단의 회원들이 모로조프를 확고부동한 친러파로 소개하였다. 그러나 끌리꼬프의 추천에도 모로조프는 그곳에서 오래 일하지는 않았다. 그리고 모로조프는 1998년 '러시아 부커'의 새로운 수상자가 되었다.

알렉산드르 모로조프는 1944년 9월 24일 모스끄바에서 태어났다. 아버지는 의사였고 어머니는 교사였다. 그는 모스끄바 국립대학교 인문학부에서 공부하였다. 1965년 대학생으로서 '스모그' 그룹에 참여하였다. 이후 〈모스꼽스끼 꼼소몰레쯔〉Московский Комсомолец, 〈리쩨라뚜르나야 가제따〉Литературная Газета 등의 신문사와 '몰로다야 그바르지야' Молодая гвардия 출판사에서 근무했다. 대학교 졸업장을 받은 해에 첫 번째 소설 『타인의 편지』를 집필하였다.

이 작품의 초고를 접하고 은사였던 대학교수 블라지미르 뚜르빈B. Турбин은 모로조프에게 〈노비 미르〉Новый Мир잡지에 투고해보라고 권고하였고, 부주간이었던 블라지미르 락쉰B. Лакшин에게 '쪽지'를 써주었다.

> "볼로쟈[196], 나는 당신과 이고르 비노그라도프가 우리 졸업생인 사샤 모로조프의 중편 『타인의 편지』를 읽어보기를 매우 바라네. 이 소설은 내가 판단하기로 매우 '노비 미르'적이라서 자네 잡지의 성향과 비슷하네. 누가 이 책을 출판할 용기가 있을지는 어쩐지 상상하기 어렵기는 하지만 나는 이 작품이 마음에 드네."

〈노비 미르〉 편집부는 작가에게 보낸 서신에서 "당신은 우리 삶의 백치주의의 가장 예민한 부분을 포착했습니다."라고 인정했지만, 소설의 초고는 거절했다.

사실 이 소설은 블라지미르 알레이니꼬프B. Алейников의 눈앞에서 탄생했다. 1967년 가을 그는 오스딴끼노에 사는 모로조프를 방문하였다. 그 때를 알레이니꼬프는 다음과 같이 회상한다.

> "슬픈 광경이었다. 폐허 사이를 걸으면서 우리는 조용해졌다. 정원이 있었고, 마당이 있었다. 아직 의자들과 식탁이 남아있었지만, 곧 망가질 것이다. 모든 것을 끌어내서 치우게 될 것이다. 채움을 대신해 비움이 도래할 것이다. 불탄 통나무

들, 남은 물건들, 울타리 판자들. 언젠가는 완전한 통일체를 이루었었고, 둥지였고, 잠들 곳이었고, 사람들의 은신처였고, 피할 지붕이었던 모든 것들을 끌어내 버린, 정돈되지 않고 어쩐지 무방비 상태인 것 같은 마당들 중 한 곳의 텅 빈 공간에서 우리 둘은 어째서인지 걸음이 느려졌다. 갑자기 바람이 불었다. 한 무더기의 봉투들과 그 속에서 떨어진 종이들이 펄럭거리며 우리 다리로 곧장 부딪혀 왔다. 나는 구부려서 종이들 중 하나를 들어 올렸다. 누군가의 손으로 꼼꼼하게 줄을 치고, 오랜 시간이 흘러 녹슨 금빛 색채를 띠게 된 보랏빛 잉크로, 정성스레 꼭꼭 눌러서 쓴 또박또박한 문체의 가지런한 문장들. 나는 몰두해서 읽었다. 타인의 편지의 문장들 너머로 내 앞에 누군가의 삶이 펼쳐졌고, 그것은 여기 지금 우리가 서 있었지만 영원히 사라져 버렸던 그런 삶이었다.

"이것 좀 봐, 사샤[197], 정말 재미있는걸!" 나는 이렇게 말하면서 모로조프에게 종이를 내밀었다.

그는 종이를 들고 읽기 시작했다. 그러다가 읽기를 중단하고는 나를 바라보더니 마치 무엇인가를 알아차렸다는 듯이 다시 편지가 쓰인 종이들을 보았다. 말을 맞춘 것도 아닌데 우리는 마당을 돌아다니며 이 편지들을 줍기 시작했다. 그런 다음, 벤치에 앉아서 담배를 물고는 그 편지들을 들여다보았다.

"이봐, 사샤, 이건 책이나 다름없어." 난 이렇게 말했다.

섬세한 사람인 모로조프는 조심스럽게 봉투들을 챙겼고 흩어진 종이들을 평평하게 펴서 묶음을 만들어 이 묶음을 가방에 넣었다.

빗방울이 뚝뚝 들리기 시작했다. 불탄 집터에서 탄 냄새가 확 끼쳤다. 우리는 헤어졌다. 각자의 집으로 갈 시간이었다. 얼마 후 사샤 모로조프는 『타인의 편지』란 책을 썼다. 바로 그 책이 사미즈다뜨에서 유행했다. 자기 작품의 장르를 사샤는 '에또뻬야' этопея 라고 말했다. 허구적 인물의 진실한 이야기란 뜻이다. 잘 모르겠다. 에또뻬야는 에또뻬야다. 인문학도인 모로조프 내부에는 대학의 인문학 교육이 살아 숨 쉬고 있었던 것 같고 어떤 인문학적 핏줄이 흐르는 것 같았다. 사실 편지는 진짜였다. 나는 직접 그 편지들을 발견했고 직접 읽었다. 이 편지들의 저자도 전혀 허구적 인물이 아니라 실존 인물이다. 비록 그의 성을 바꾸고 무엇인가를 추측하는 것은 어렵지 않았다 하더라도, 이렇게 그가 문학 작품의 주인공으로 변화된 것이었다. 내 시각으로 모로조프의 중편은 꼴라주에 더 가깝다. 우리 모두의 친구였던 바그리치 바흐차냔В. Бахчанян의 작품들과 유사하다. 소설은 수많은 보헤미안들이 좋아했다. 모로조프가 소설을 읽는 것은 재미있게 들렸다. 많은 이들이 모로조프를 칭찬했다. 물론 이런 점은 유쾌했다. 모스끄바의 지평선에 새로운 소설가 모로즈프가 등장했다… 내가 확신하는 바로는, 알렉산드르 모로조프는 소설에서 모스끄바 포스트모더니즘의 시조이다." 〈리쩨라뚜르나야 러시아〉Литературная Россия, 2003년 8월 22일

그러나 소설은 1997년에서야 출간될 수 있었다.

2년이 지난 후 잡지 〈즈나먀〉는 모로조프의 또 다른 작품 『종합장』Общая тетрадь, 1975을 출간했다. 하지만 문제는 이제 와서 모로조프의 작품들이 얼마나 읽히느냐는 것이다. 어쨌든 모든 책은 제때에 출간되어야만 한다. 세월을 이길 수 있는 것은 천재적인 작품들뿐이다. 그러나 『타인의 편지』는 작가가 천재적 재능을 가졌다고 하더라도 아직은 그렇게까지 독자들을 끌어당기고 있지는 않지만, 충분히 읽을 가치가 있는 작품이다.

196) 블라지미르 라끄쉰의 애칭.
197) 알렉산드르 모로조프의 애칭.

27 :: 아나똘리 나이만
Анатолий Найман

아나똘리 나이만은 1936년 4월 23일 상뜨 뻬쩨르부르그에서 태어났다. 아버지는 기술자였고 철저한 똘스또이주의자였다. 어머니는 의사였다. 독소獨蘇전쟁은 외가 쪽 거의 모든 친척이 살고 있었던 리가[198]에서 발발했다. 그래서 그 후 가족 모두가 스베르들롭스끄로 피난을 떠났다. 그후 아나똘리 나이만은 1958년 상뜨 뻬쩨르부르그 기술 대학을 졸업하였다. 전공은 화학이다. 1960년대 초에 안나 아흐마또바A. Ахматова의 문하생으로 '아흐마또바의 고아들' 이라는 서클에 가입하였고 구소련 시대에는 주로 번역물만을 출간하였다.

중세 남부 프랑스 방랑시인들의 작품에 대한 나이만의 번역물은 특히 유명했다. 한때 시인 나이만의 번역작업에는 미하일 메일라흐М.Мейлах[199]도 관여했다. 메일라흐는 개인적으로 적지 않은 양의 시들을 번역했다. 그러나 메일라흐의 시각과 행동들에 불만을 품었던 당국은 나이만의 비호자였던 메일라흐를 곧 감옥에 넣어버렸고 방대한 작업을 완성할 기회를 앗아가 버렸다. 나이만 혼자서 책의 출간까지 맡게 되었다. 그러나 최종 인쇄본에서 번역의 공동저자였던 메일라흐의 이름이 갑자기 사라져 버렸다.

나이만의 시는 상당히 오랫동안 서구에서만 출간되었다. 독일의 슬라브연구자 볼프강 까자끄B. Казак[200]가 지적하였듯이 "나이만의 시는 그의 정신적 경험과 사람들 간의 관계를 반영한다. 그의 시는 사회평론이나 정치와는 거리가 멀고 서술적이고 묘사적 성격을 띠며, 때로는 대화적이고 때로는 산문에 가깝다."

1989년 나이만은 〈노비 미르〉 지에 회고적 성격의 연작 『안나 아흐마또바에 대한 이야기』Рассказы об Анне Ахматовой를 발표하였다. 이 때 '아흐마또바의 고아들' 서클 출신의 다른 회상록 작가들과는 결별하기 시작하였기에 몇몇 비평가들은 이 연작 이후에 작가에게 '아흐마또바의 과부'라는 또 다른 조롱적인 별명을 붙여주었다.

그러나 '아흐마또바의 고아'였던 나이만은 회상록에서만 능력을 드러낸 것은 아니었다. 시인 예브게니 레인[201]에 대한 소품 희곡 『시인 쉬바레쯔의 삶과 죽음』Жизнь и смерть поэта Шварца도 그의 재능을 잘 드러내 준다.

2003년 가을, 프랑크푸르트 도서전시회에서 나이만은 스캔들의 주인공이 되었다. 미하일 메일라흐가 사람들 앞에서 그의 뺨을 때린 것이었다. 많은 사람들은 이 일이 중세 프랑스 방랑시인 작품의 번역물과 연관된 개인적 사건으로 인한 결별이라고 여겼지만, 메일라흐 자신은 2004년 1월 22일 〈Ex libris НГ〉 잡지에서 그의 뺨을 때린 것은 소설 『B.B. 등등』Б.Б. и другие 때문이었다고 말했다. 그는 다음과 같이 설명했다.

> "풍자적 소설들에서 희화화된 형태로 나와 나의 지인들, 친구들을 묘사하면서, 나이만은 내 개인적이고 심지어 본능적인 삶까지 침투해 들어왔다. 그는 우리의 삼십 년 지기 우정을 배신했다. 우리가 친구이던 시절 그가 나 때문에 그리고 나의 각별한 신뢰에 힘입어 접근할 수 있었던 주위 환경들을 빌어 자신의 필명을 드높였다. 그런데 그 환경들을 왜곡하고 불합리한 관점으로 폭넓게 채색하기도 했다. 부분적으로는 나의 일기에서 직접 차용하기까지 하였다. 미래의 배신자를 전혀 의심하지 않고 나는 그가 요청하자 내 일기를 내주었던 것이다. 한때 나이만이 대부였던 나의 아들이 죽을병을 앓는 동안에 바로 그는 이런 풍

자 작품을 썼고 내가 상중일 때 출간했다는 사실에 대해서도 묵고하지 않을 것이다."

메일라흐가 밝힌 나이만의 소설에 대한 신랄한 비판에 여러 사람들이 동참했다. 예를 들어 시인 예브게니 레인 역시 비판의 동조자였다. 레인은 나이만의 소설을 파렴치한 작품이라고 직접적으로 명명했다. 인터뷰 도중 따찌야나 베끄[202]에게 레인은 작가로서 나이만은 수많은 치명적인 잘못을 저질렀음을 지적하면서 흥분해서 다음과 같이 말했다.

"제목도 정확하게 기억하지 못하겠지만, 『불명예스런 세대의 명예로운 종말』 Славный конец бесславных поколений인가 하는 책에서 그는 나를 가수 꼬브존이나 마고마예프, BLKSM[203]의 총아 같은 형상으로 묘사하고 있다. 나이만은 모든 비방자들이 그렇듯이 너무 기억력이 좋다. 예를 들어 이런 것이다. 나는 1953년 기술 대학 1학년 때 그와 알게 되었고 실제로 우리 학창 시절, 그리고 대학 졸업 후 우리 일상의 우스꽝스러운 또는 진지한 수많은 주변 상황들도 그는 잘 알고 있다. 그리고 그는 내가 3점을 맞고 졸업했다는 둥, 내가 누군가의 생일 파티에서 과일조림 물 한 통을 다 마셨다는 둥, 그런허튼 소리까지도 회상하고 있다. 이 모든 일은 사실이었지만 그나마 다행인 것은 세상 그 누구도 그게 나라는 것을 알아볼 수는 없다는 것이다. 이제 나이만은 『시인 쉬바레쯔의 삶과 죽음』과 유사한 제목으로 나에 대한 희곡을 썼다."

레인은 나이만에 관계된 그런 변화들을 질투라고 설명했다. 레인은 다음과 같이 회상했다.

"나이만이 중세 프랑스 방랑시인들의 작품과 프로방스의 시를 번역하기 시작했을 때 그는 무식했기 때문에 모든 기본 작업을 위대한 전문가였던 미샤 메일라흐가 했다고들 했다. 그런데 나이만은 소설 『B.B. 등등』으로 그에게 감사를 표했던 것이다."

그러나 소비에뜨 첩보기관의 베테랑 미하일 류비모프M. Любимов는 예전의 '아흐마또바의 고아들'이 보여준 태도에 동의하지 않는다. 그는 2004년 3월 25일 〈Ex libris НГ〉에서 다음과 같이 썼다.

"나이만의 위대한 책이 모든 상을 지나쳤으며 비평가들이 어째서인지 불만스럽게 그 책을 받아들였다는 사실이 놀라울 뿐이다. 그들에게 나이만의 책은 지성을 내리친 낫이었다. 그래서 재능 있는 책을 무시했던 것이다. 상을 노리는 후보자들은 너무도 많지만, 나이만은 표현력이 풍부한 사회적 타입을 창조해냈고 메일라흐는 뺨을 때릴 것이 아니라 훌륭한 러시아 문학에 그런 부록이 있다는 것을 기뻐해야만 한다. 문학계에서 이타주의자를 찾아볼 수 있는가? B.B.는 단순한 이기주의자가 아니라 문학과 소기업 분야에서 전문지식으로 출발한 보통 사람의 전형이다. 이교도인 것은 자연스럽다. 한 때 시납스끼가 자신을 그렇게 정의했듯이, 오히려 더 미학적이다. 그런 사람들은 특히 뻬레스뜨로이까 초기에 매우 교묘하게 잘 적응했다. 외제물건 장사와 투기도 했다. 비록 작은 부분이라 하더라도 거의 모든 새로운 계급은 이런 일에 종사했다. 서구 백화점들과 경찰 관계자들과도 긴밀한 관계를 유지했다. 그는 '프로스트의 창작에 대한 알류샨인의 문화[204]의 영향'과 같은 그런 똑같은 주제를 가지고 심포지엄, 국제회의, 세미나들에 계속 참여했다. 모든 것이 포착되었다. 본질적으로 서구 민주주의와 자유로운 기업 활동에 대한 동경을 가진 B.B.와 같은 부류는 뻬레스뜨로이까 시절에 활발해진 그런 새로운 계급을 반겨 맞이했다. 나이만이 B.B.와 같은 부류가 존재한다는 상당히 병적인 상황이나, 서구 첩보기관들이 그들에게 직·간접적 지원을 했다는 것을 건드리는 것을 두려워했다는 사실만이 안타까울 뿐이다."

하지만 류비모프의 의견이 모두 옳은 것만은 아니라는 점이 밝혀졌다. 2004년에 나이만은 이미 소설 『까블루꼬프』Каблуков를 발표하였는데 거기서 다른 주제들과 함께 첩보 기관에도 커다란 관심을 기울였다. 그리고리 렙진Г. Ревзин은 이 작품의 내용을 다음과 같이 요약해놨다.

"소설의 스토리는 이렇다. 군수비대 출신의 젊은이 까블로꼬프는 상뜨 뻬쩨르부르그 전기기술 대학에 입학한다. 왜냐하면 농구선수였기 때문이다. 한 장면은 미래의 가장 친한 친구와 만난다. 그 친구는 시합에서 그를 격렬하게 밀치며 몰아댔다. 다른 장면은 미래의 부인과 탱고를 추는 장면이다. 그녀는 우연한 모임에서 밤새도록 그에게 춤추는 것을 가르친다. 그 후 그는 시나리오 작가가 되고 인기 있는 감독과 일을 하게 되고 명예를 얻는다. KGB는 서구에 지식인-비非귀국자로 위장한 첩보원을 보내기로 한다. 위장 비 귀국자는 까블루꼬프에게 시나리오를 주문하고 그와 함께 서구로 도주한다. 시나리오는 다음과 같다. 여성 농구팀의 공격수는 헤르메프리다이트다. 영화 제목은 '마구간'이고 시골 노인인 헤르메프리다이트[205]의 아버지는 목을 매 자살하는 것으로 끝난다. 서구로 비 귀국자가 도망하자 KGB는 주인공을 도주 공모자로서 추적하기 시작한다. 장면: 루반까 심리실에 있는 주인공이다. 아내에 대한 주인공의 사랑, 암에 걸린 아내, 아내는 자살한다. 오랜 친구의 딸은 까블루꼬프를 사랑하게 되고 너무나 아름다운 이 미인과 플라토닉 로맨스가 펼쳐진다. 그녀는 성폭행을 당하고 불구가 되고 에이즈에 걸린다. 그는 돌아와서 지하 통행로에서 '몰로또프의 칵테일[206]'이 든 병을 자기에게 던져 자폭하게 된다. 끝." 〈꼬메르산뜨〉 2005년 11월 17일

소설 『까블루꼬프』는 새로운 스캔들을 불러일으켰다. 2005년 이 책은 '러시아 부커' 후보 목록에 포함된다. 그 당시 '러시아 부커'의 심사위원장은 평소 나이만과 돈독한 관계를 맺고 있음을 대놓고 드러냈던 바실리 악쇼노프В. Аксёнов였다. 그런데 갑자기 심사위원들은 대다수의 투표로 이 중요한 상을 나이만이 아니라 로스토프-나-도누 출신의 신출내기 작가 데니스 구쯔꼬Д. Гуцко에게 수여하였다. 악쇼노프는 그런 결정에 심한 모욕감을 느꼈고 심지어 심사위원들의 결과를 공개적으로 발표하는 것도 거절하였다.

나이만이 '러시아 부커'를 수상하지 못한 사건을 두고 레프 다닐낀은 다음과 같이 논평을 냈다.

"나이만은 마치 '사방팔방으로 덕지덕지 쳐발라놓은 상태'로부터 떨궈져나와

> 누더기처럼 너덜거리는 온갖 개인사와 사건 조각들을 기워서 만들어 낸 프랑켄슈타인 같은 괴물이다. 비평가 나딸리야 이바노바는 러시아 문학을 '부커의 약혼녀'로 칭한 바 있다. 하지만 이 표현이 완전히 들어맞는 것 같진 않다. '러시아 부커'라는 문학상이야말로 프랑켄슈타인의 약혼녀라 할 수 있다." 〈아피샤〉Афиша, 2005년 21호

2006년 나이만은 『'사모바르'와 함께한 소설』Роман с 'Самоваром'이라는 책을 집필했다. 이 책의 주된 내용은 미국 뉴욕에 위치한 레스토랑 '러시아 사모바르'Русский Самовар의 설립 역사와 요리에 관한 것이다. '러시아 사모바르'는 사업가 로만 까쁠란Р. Каплан이 시인 브로드스끼, 발레리노이자 안무가인 미하일 바리쉬니꼬프М. Барышников와 함께 문을 연 러시아 전문 레스토랑으로, 미국 내에서 러시아 문화센터로서의 역할을 톡톡히 담당하고 있다.

한편 나이만은 문학월간지 〈옥짜브르〉1995, 1997, 2000, 2002 및 〈노비 미르〉1997에서 주관하는 상을 여러차례에 걸쳐 수상했으며, 2001년에는 영국의 철학사상가 이사야 벌린Isaiah Berlin에게 헌정한 장편소설 『Sir』Сэр로 '러시아 부커' 숏-리스트에 이름을 올린 바 있다.

198) 발틱 반도에서 가장 큰 도시이자 라뜨비아의 수도 이름이다.

199) 미하일 메일라흐(1944~): 문학이론가 보리스 메일라흐의 아들. 상뜨 뻬쩨르부르그 대학교를 졸업하였고 철학 박사 학위를 받았다. 『뜨루바두르의 언어』(1975)를 비롯하여 하름스와 오베리우 예술가들에 관한 책을 출간하였다. 1983년 반소비에뜨 문학 전파라는 죄목으로 체포되어 7년 형을 선고받았지만, 1987년 고르바쵸프에게 사면을 요청하는 편지를 발송해서 풀려났다.

200) 볼프강 까자끄(1927~2003): 독일의 슬라브연구자이자 문학비평가이다. 주요 저서는 『20세기 러시아 문학 편람』Лексикон русской литературы XX века, 1996 이고, 빠우스똡스끼, 로조프, 쏘꼴로프, 솔제니찐 등을 연구했다.

201) 예브게니 레인(1935~): 러시아의 시인이자 소설가. 1960년대에 이오시프 브로드스끼, 드미뜨리 보비쉐프, 아나똘리 나이만 등이 참여하고 있던 '아흐마또바의 고아들' 이라는 서클에 가입했다. 이후 레인은 아흐마또바와 '아흐마또바의 고아들' 의 만남이 이루어졌던 '똘스또이의 집' 에서 잠시 거주하기도 했다. 1979년에는 『메뜨로뽈』 선집 제작에 참여했다. 레인의 시는 사미즈다뜨를 통해 전파되었고, 일부는 잡지 〈신딱시스〉Синтаксис를 통해 발표되었다. 1987년 작가동맹에 가입했으며, 현재는 고리끼 문학 대학의 문학창작과에서 교편을 잡고 있다. '러시아 국가상' (1997년), '뿌쉬낀 상' , '짜르스꼬예 셀로 예술상' (1997년)을 받았다.

202) 따찌야나 베끄(1949~2005): 러시아의 여류 시인. 문학 비평가와 문학이론가로도 활동 중이다. 1978년 소비에뜨 작가동맹에 가입했으며, 1991년에서 1995년까지 모스끄바 작가동맹 서기직을 수행했다. 현재 러시아 펜클럽 회원이다.

203) 전(全) 소비에뜨 연방 레닌 공산주의 청년동맹.

204) 알류샨 열도에 사는 소수민족인 에스키모-알류샨 인들의 문화를 일컫는 말로, '알레우트 문화' 라고도 한다.

205) 그리스로마 신화에 등장하는 남녀 양성의 신이다.

206) 화염병의 일종이다. 쉽게 제조할 수 있기 때문에 거리 시위나 게릴라전에서 흔히 사용된다.

28 :: 블라지슬라프 오뜨로쉔꼬
Владислав Отрошенко

블라지슬라프 오뜨로쉔꼬는 다양한 문학상들을 두루 받으면서 러시아 문단의 이목을 집중시키고 있다. 사실 그의 재능을 처음으로 높이 평가한 것은 이탈리아인들이었다. 작가의 강좌들이 너무나 많은 청중들을 불러 모았기에 로마에서 오뜨로쉔꼬를 놓아주지 않았던 때도 있었다. 1997년 이탈리아인들이 오뜨로쉔꼬의 『불확실한 증거』Недостоверные свидетельства를 자국에서 출간했던 것은 어쩌면 당연한 결과다. 2004년에 그들은 오뜨로쉔꼬에게 '그린자네 까부르Гинзане Кавур 상을 수여하였다. 이탈리아에서보다 1년 먼저 오뜨로쉔꼬는 한국의 기업 '삼성'이 후원하는 문학상 '야스나야 뽈랴나' Ясная Поляна를 받았다. 여러 에피소드로 이루어진 중편 『증조부 그리샤의 정원』Двор прадеда Гриша이란 작품으로 1만 달러를 수상했다. 심사위원들은 이 작품을 탁월한 데뷔작으로 평가하였다. 2005년에 안드레이 비또프А. Битов가 이끄는 문학가 연합은 오뜨로쉔꼬에게 〈즈나먀〉지에 발표된 중편 『기술 도시에 대한 일』Дело об инженерском городе로 '이반 뻬뜨로비치 벨낀 문학상'을 수여하였다.

블라지슬라프 오뜨로쉔꼬는 1959년 11월 20일 노보체르까스끄에서 태어났다. 그는 까자끄 핏줄임을 자랑스러워했다. 1984년 모스끄바 국립대학교 언론학부를 졸업하고 라디오에서 일했다. 한 때 대학에서 교편을 잡기도 했다. 1991년 오뜨로쉔꼬는 화가 레오니드 찌쉬꼬프Л. Тишков의 출판사에서 첫 작품인 『부활절 하이쿠』Пасхальные хокку[207]를 출간했다. 이후 그는 하이쿠가 세계에서 가장 훌륭한 장르라고 여러 번 언급하였다. 2005년에 이미 작가는 다음과 같이 회상했다.

> "하이쿠란 장르를 알게 된 것은 대학교 1학년 때 친구였던 중국인 덕분이었다. 그 친구의 아버지는 문화 혁명 시기에 감옥에 갇히게 되었고 그는 어머니와 함께 중국에서 도망쳤다. 내 생각에 하이쿠는 작가에게 거의 모든 것을 배우게 할 수 있는 최고의 장르이다. 이 장르에서는 짧고도 깊은 의미를 담아낼 수 있는 언어를 단련할 수 있다."〈Ex libris НГ〉2005년 4월 21일

오뜨로쉔꼬 작품의 특징을 가장 잘 파악한 사람은 드미뜨리 벤Д. Пэн이다. 2000년에 이미 이 작가의 『신빙성 없는 사람들』Персона вне достоверности이란 책을 소개하면서 그는 다음과 같이 지적하였다.

> "오뜨로쉔꼬는 다양한 민족의 문화적 특징을 잘 표현한 작가 중의 하나이다. 그의 작품에 나타나는 다양한 민족 문화적 특징은 오뜨로쉔꼬의 주인공들이 태어난 곳이자 정신적 고향이기도 한 러시아 남부의 고유한 지리적 특성과 깊은 관련이 있다. 러시아 남부는 역사적으로 다양한 민족들의 문화가 유입되고 혼합된 지역이다. 고대 도시국가의 문화와 초원의 바람에 의해 형성되었다는 '지꼬예 뽈레'[208]를 누비며 살았던 용맹스러운 유목민들의 문화가 공존했던 지역이며, 거친 산악 민족이 정착한 깝까즈 북쪽 산맥과 광활한 평원을 다스리던 러시아 제국의 남부 전초기지였던 곳이기도 하다. 이뿐만 아니라 러시아 남부에는 오스만 족, 징기즈 칸의 후예들인 몽골족, 약삭빠른 비잔틴 제국민들, 폴란드의 기사들 등 다양한 종족들이 어울려 살았던 곳이다. 다채로운 민족과 문화의 공존과 혼합이라는 러시아 남부의 지리적, 역사적 특징은 독립적이고 전투적이며, 슬라브 민족의 크샤트리아[209]라는 위상을 가진 까자끄인들의 독특한 기질을 만

들어냈다. 오뜨로쉔꼬의 작품에는 다양한 민족적 기질이 혼합되어 형성된 까자끄인들의 독특한 정신세계가 진하게 스며들어 있다. 달리 말하면 그의 작품은 여러 민족 문화 요소들을 총체적으로 집약한 것으로 이는 까자끄인의 모든 기질을 깊게 반영하는 서정적 주인공-화자의 성향과 기질, 정신세계를 통해 실현된다. 좀 더 구체적으로 말하면, 그의 작품에는 사람들이 모르는 돈강 하류지역의 까자끄인의 도시, 그 도시보다 더 세상에 알려지지 않았지만 풍요로운 히말라야의 왕국들, 그리스의 곡예사, 미국의 전문인, 중국제 인형 장식물, 프랑스제 오리나무 침대 소파, 스키타이인의 우상들, 불상佛像들과 러시아 목욕탕 신, 헛간 신, 가신家神의 변형들, 돈 강의 부족장들, 영국의 군주들과 러시아의 전제군주들, 티베트 승려들, 러시아-이탈리아의 군대 북잡이들과 이들을 수행하는 깝까즈의 용병들 등 이루 말할 수 없는 다양한 민족과 문화적 요소들이 아무런 제약 없이 묘사되고 있으며, 각각의 요소들은 상호 혼합되기도 한다."

한동안 오뜨로쉔꼬는 보수주의자들과 자유주의자들 사이에서 괴로워하기도 했다. 1991년 그가 자신의 단편 중 하나인 『고문서 보관자와의 이별』Прощание с архивариусом을 보수적인 대지주의자들의 잡지 〈나쉬 소브레멘니끄〉와 자유주의적 코스모폴리탄들의 잡지 〈그노지스〉Гнозис에 투고했던 것은 두 진영 사이에서 느낀 갈등을 반증한 것이라 할 수 있다. 그 당시에 이미 미국 비평가들은 단편 『고문서 보관자와의 이별』이 "시간과 공간의 상호관계에 대한 존재론적 물음에 대한 보르헤스적인 형이상학적 연구"라는 결론에 도달했다.〈The Literari Review〉1991년 3호

구체적인 문학적 경향을 둘러싼 작가의 천착에 대한 문제로 돌아와서, 오뜨로쉔꼬는 '좌'와 '우'가 가장 첨예하게 대립하던 시기에 어느 쪽에도 치우치지 않고 '중용'을 유지할 줄 알았다는 사실을 지적할 필요가 있다. 그는 후에 다음과 같이 말했다.

"모든 이데올로기는 일시적 현상이다. 내 생각에 모든 창작에서, 특히 문학 작

> 품 창작에서, 가장 필수적인 것은 초超시간적인 존재에 대한 감각이다. 이 감각만이 내게 행운을 선사한다." 〈리찌라뚜르나야 러시아〉1995년 12월 8일

오뜨로쉔꼬가 말한 이런 감각이 그의 최고의 작품인 중편 『증조부 그리샤의 정원』을 꿰뚫고 있다. 비평가 까뻬똘리나 꼭쉐뇨바K. Кокшенёва는 그 작품이 "순수함, 어린이다운 순진함, 그리고 젊음의 비밀과 시듦의 비밀을 아는 노년의 백발, 그 노년의 백발이 보여줄 수 있는 현명함의 '진수'를 담고 있다."라고 인식하였다.〈리찌라뚜르나야 러시아〉1995년 12월 8일

한편 빠블로프는 다음과 같은 의견을 제시한다.

> "오뜨로쉔꼬는 천상의 이야기꾼으로 자연스럽게 믿어지는 허구와 신화를 시간을 초월한 세계의 창조 수단으로뿐만 아니라 악의 배척, 그리고 본질상 가장 러시아적이라 할 수 있는 미학적이고도 초자연적인 명상을 위한 수단으로 삼는 문학관을 가진 현대 작가의 부류에 속한다." 〈리찌라뚜르나야 러시아〉1999년 1월 15일

모든 비평가들은 오뜨로쉔꼬가 '속이기 기법'Мистификация을 쓴다고 지적한다. 몇몇 전문가들은 이런 경향은 수호보 꼬빌린Сухово-Кобылин의 영향 때문으로 추정했다. 오뜨로쉔꼬가 그에 대한 중편 소설 『장님아, 나를 안내해』Веди меня, слепец를 1991년에 이미 출간했던 것도 우연이 아니라고들 한다. 그러나 누군가의 영향이 있었다고 친다면 우선으로는 고골일 것이다. 비평가 레프 다닐낀Л. Данилкин은 오뜨로쉔꼬의 소설 중 하나인 『신빙성 없는 사람』을 고골의 『죽은 농노』 제2권에 대한 서곡일 뿐이라고 평가했다.

고골의 영향은 오뜨로쉔꼬의 다른 소설인 『사진 앨범에 대한 접근: 또 다른 가족 연대기』Приближение к фотоальбому: Вариант семейной хроники에서도 감지된다. 보리스 옙세예프Б. Евсеев는 "이 작품이 사실주의와 고골에서 나온 그로테스크-유희적 산문과의 경계에서 얻어진 것"이었다고 간주한다.〈리찌라뚜르나야 우쵸바〉Литературная учёба, 2003년 5호

오뜨로쉔꼬 자신의 해설도 흥미롭다. 그는 다음과 같이 말한다.

"만약 보리스 옙세예프가 그로테스크를 웃음이라고 생각한다면 그의 정의에 대해 논쟁하지는 않을 것이다. 나는 웃음만이 사람을 죽음에 맞설 수 있게 하는 거의 유일한 방편이라고 생각한다. 나는 다음과 같이 확신한다. 다양한 종교와 신화들에서 여러 이름을 가지는 죽음의 천사들은 공통적인 특징을 가지는데, 죽을 때 웃고 있는 사람들을 볼 때 공포와 당혹감을 느낀다는 것이다. 왜냐하면 그들은 죽음을 초월한 사람들을 보고 있기 때문이다. 인생은 매 순간 우리를 상실, 노화, 붕괴로 이끌게 되어 있다. 우리는 원칙적으로는 웃을 수가 없다. 그러나 사람은 웃는다. 때로는 소리 없이, 가벼운 흔들림도 없이 웃기도 하고, 웃음이 광명의 순간들과 비교되기도 한다. 때로는 육체가 영혼과 함께 웃는다. 그런 것은 중요하지 않다. 나는 고귀하고 고양된 웃음에 대해 이야기하는 것이다. 웃음은 다양하게 발현된다. 때로는 웃음을 슬픔에 견주기도 하는데, 예를 들면 중세 시대 일본에서 '존재의 슬픈 매력'이라고 불렀던 그런 특별한 상태와 유사하게 발현되기도 한다. 옙세예프가 지적한 웃음을 나는 높게 평가하고 모든 예술에서 찾고 있다."〈리쩨라뚜르나야 러시아〉2004년 6월 4일

2005년 오뜨로쉔꼬는 중편 『기술 도시에 대한 일』로 '이반 뻬뜨로비치 벨낀 문학상'에서 수상의 영광을 안았다. 리자 노비꼬바Л. Новикова는 잡지 〈꼬메르산뜨〉에서 이 작품에 대한 매우 흥미로운 해설을 내놓았다. 그녀는 다음과 같이 생각한다.

"중편 『기술 도시에 대한 일』에서 작가의 고향인 노보체르까스끄의 건설에 대한 역사적 스케치들은 환상적 환영들 때문에 중단된다. 도시 설계사들 앞에는 어디서도 보지 못한, 건축술로는 이탈리아적인 것을 상기시키는 도시가 나타나게 된다. 러시아에 대해서는 아무것도 모르는 투명 도시의 황제는 자신의 나라를 가장 위대한 제국이라고 생각한다. 중편은 이 환영을 묘사하는 몇 개의 문서들로 구성되어 있지만, 포스트모더니즘적 유희는 갑작스럽게 시작되었던 것처

럼 그렇게 갑자기 중단된다. '이반 뻬뜨로비치 벨낀 문학상'의 심사위원들은 중편이라는 짧은 길이 때문에 이 작품에 대한 매력을 느꼈는지도 모른다. 최종 심사에 오른 작품들 중에서 블라지슬라프 오뜨로쉔꼬가 가장 간결했던 것으로 밝혀졌다. 그러나 이것은 체호프가 노래했던 그런 간결함은 전혀 아니다. 중편의 서문에서 작가는, 자신이 직접 지은 하이쿠인 '산문 하이쿠'를 인용한다. 『기술 도시에 대한 일』은 어떤 더 거대한 구상의 단편인 것 같다. 그 구상의 구체적 내용은 향후 알게 될 것이다. 본 작품을 통해 작가는 이미 그 구상의 일면을 보여준 것이기 때문이다."

소설 쓰기를 멈추고 쉬는 동안에 오뜨로쉔꼬는 개괄적 문학이론서를 집필하기도 한다. 2005년 그는 『비밀스런 창작사』Тайная история творений라는 책을 출간하였는데 거기서 카툴루스[210], 오비디우스[211]와 고골에 대한 새로운 해석을 제시하였다. 책을 발간하면서 작가는 다음과 같이 지적하였다.

"이것은 세계 텍스트의 역사 속에서 가장 불확실하고 부조리한 상황들에 대한 테마 에세이다. 예를 들어, 첫 장에서 난 꽤 설득력 있게, 오비디우스가 자신의 유형생활을 미화시키는 과정을 보여줬다고 생각한다. 그는 로마 근처에 위치한 자신의 영지에 앉아서 『뽄뜨로부터의 편지』Письма с Понта를 집필하였는데, 이는 문학사에서 최초의 허구적 작품이었다. 또한 나는 카툴루스와 레스비아의 상호관계를 연구하였는데, 에세이 『카툴루스의 업적』Подвиг Катулла에서 레스비아에게 바친 그의 시들이 실제로는 레스비아의 정부情夫이기도 했던 기사 카일리우스Целий[212]의 이름으로 그녀에게 선사되었다는 사실도 언급했다. 그는 영웅이었지만 카툴루스는 시인이었다. 그는 이 사랑을 사랑했다."〈Ex libris НГ〉2005년 4월 21일

그러나 레프 다닐낀은 『비밀스런 창작사』를 읽고는 다음과 같이 독설을 내뿜었다.

> "오뜨로쉔꼬는 고골의 '코' 이상은 아무것도 보지 못한다. 그의 특징은 별 볼일 없다. 까자끄의 혈통, 이탈리아 광狂, 특이한 문체 정도. 실제로 그는 고골다운 고골이기보다는 고골의 코 위의 반점에 가깝다. 그러나 이것은 옥사나 롭스끼О. Робски[213]의 입술 주위 점처럼 용모를 윤색하는 조화로운 반점이기도 하다."〈아피샤〉Афиша, 2005년 21호

이탈리아 광이라는 말은 어느 정도 타당성을 갖는다. 1997년 오뜨로쉔꼬의 산문 『불확실한 증거들』이 로마에서 이탈리아어로 출간되었다. 앞으로도 그를 향한 이탈리아 인들의 관심과 사랑은 계속될 것이다.

207) 하이쿠: 일본의 시 형식 가운데 하나. '홋쿠' 発句라고도 한다. 3행 17음절로 구성되었으며, 각 행은 5 · 7 · 5음절로 구성되어 있다. 하이쿠는 31 음절로 이루어진 '단카' 短歌라는 전통 시의 처음 3행에서 유래했다. 하이쿠는 도쿠가와 시대德川時代: 1603~1867에 단카와 더불어 유행하기 시작했는데, 이 시대에 거장 마쓰오 바쇼松尾芭蕉가 하이쿠를 매우 세련된 형식의 예술로 승화시켰다. 바쇼가 쓴 대부분의 하이쿠는 실제로 렌가連歌의 홋쿠 형식과 유사했다. 하이쿠라는 말은 '하이카이' 俳諧: 17음절의 우스꽝스러운 시의 '하이' 와 '홋쿠' 라는 단어의 '쿠' 로부터 유래했다. 하이카이와 홋쿠라는 2개 용어는 수 세기 동안 하이쿠의 동의어로 사용되었다. 원래 이 형식은 주제 선정에 비 암시적인 경향을 띠나, 감정적인 반응을 불러일으키는 4계절 중의 어느 한 계절을 암시하는 자연에 대한 객관적 묘사에만 국한되어 있었다. 후에 주제 선정 범위가 넓어졌고 가능한 최소한의 단어를 사용하여 더 많은 것을 표현하고 암시하는 예술로 남게 되었다. 하이쿠의 거장으로는 18세기의 요사 부손與謝蕪村과 18~19세기의 고바야시 잇사小林一茶, 19세기 말의 마사오카 시키正岡子規 등이 있다.

208) 지꼬예 뽈레: 흑해와 아조프해 주변의 초원을 일컫는 역사적인 명칭이다.

209) 크샤트리아는 인도의 카스트의 두 번째 계급으로 정치, 군사적 힘을 가지고 있다. 이런 맥락에서 '슬라브 민족의 크샤트리아' 라는 것은 까자끄인들의 군사적 지략과 용맹성을 상징적으로 표현한 것으로 이해할 수 있다.

210) 카툴루스(Catullus, BC 84~BC 54): 고대 로마의 서정 시인. 베로나에서 태어나 로마로 상경한 뒤, 당시 유행하던 알렉산드리아 문학을 신봉하는 젊은 문학 그룹에 참여하여 사교계에 등장, 연상의 귀부인 클로디아와 사랑에 빠졌다. 그러나 그녀의 사랑은 유희에 지나지 않아 결국 수년 후 헤어진다. 시집 속에서 이 여성은 '레스비아' (Lesbia)로 불리는데 그녀에 대한 애증을 노래한 시가 최대의 비중을 차지한다.

211) 오비디우스(BC 43~ 17): 로마의 시인. 『사랑의 기술』, 『변신이야기』로 특히 유명하다. 그는 AD 8년에 아우구스투스 황제의 명령으로 토미스로 추방되었다. 부도덕한 행위를 저질렀다는 것이 그 이유지만, 그 행위가 어떤 것이었는지는 아직도 밝혀지지 않았다. 흑해 연안에 있는 로마 제국의 오지인 토미스에서 그는 계속 글을 썼고, 여기서 쓴 글 가운데에는 특히 『슬픔』이 유명하다.

212) 카일리우스(BC 82~BC 48): 로마의 정치가로, 키케로의 절친한 친구였다. 시인 카툴루스가 자신의 정부 클로디아를 훔쳐갔다고 비난한 루푸스와 동일인물로 간주되곤 한다. 카일리우스는 클로디아를 저버렸고, BC 56년 클로디아가 주동하여 폭력행위로 기소되었다. 그러나 키케로와 크라수스의 변호로 카일리우스는 무죄로 풀려났다.

213) 옥사나 롭스끼(1968~): 개인 경비 회사의 사장이며 작가다. 미인으로 유명하며, 특히 입술 주위의 점이 매력적이라고 알려져 있다.

29 :: 올레그 빠블로프
Олег Павлов

올레그 빠블로프의 5권짜리 전집이 출판사 '브레먀' Время에서 곧 출간된다. 1970년생인 젊은 나이에 환상소설가도 아니고 추리소설가도 아닌 견실한 사실주의자이자 도덕군자가 묵직한 전집을 출간할 수 있다는 것은 지금 현실에서는 유일한 경우다.

올레그 빠블로프는 1970년 3월 16일 모스끄바에서 태어났다. 어머니는 장군의 딸이자 직업상으로는 기자였으며 한 때 마가단 방송국에서 일했다. 아버지는 시에 조예가 깊은 엔지니어였다. 올레그가 9살이 되었을 때 부모는 이혼했다.

빠블로프는 15살에 처음으로 작품을 발표했다. 작가의 말에 따르면 젊은 시절에 빠블로프 아버지와 한때 연인 관계였던 넬리 로기노바Н. Рогинова가 〈리쩨라뚜르나야 가제따〉에 『제9학년생의 독백』Монолог девятиклассника을 실어 주었던 것이다.

빠블로프는 한 때 시 창작을 꿈꾸기도 했었는데 따찌야나 베끄와의 인터뷰에서 그는 다음과 같이 말했다.

"나는 흘레브니꼬프В. Хлебников, 부를류끄Д. Бурлюк[214]와 같은 미래주의에 심취하여 어린시절을 지나왔다. 나는 그들의 시대를 재현했고 심지어 그들의 방식대로 살기 시작했다. 그때 나에게도 세계에 대한 형상적 시각이 열렸고 시가 더 강하게 약동했다. 자연주의적 형상성이었고, 거기서 중요한 것은 사람의 열정이었다. 내 곁에는 비극적이며 오만한 시선의 쯔베따예바M. Цветаева 215도 있었다. 초현실주의를 비롯한 모든 아방가르드적 경향들은 포스트모더니즘에까지는 이르지도, 어떤 전일성을 획득하지도 못했지만, 그런 경향들 내부는 비극적으로 꺾여버린 격발의 감정이 있었다. 그런 감정이 더 중요하다고 생각된다. 끊어진 선, 불구의 형식. 그런 경향들의 시를 섭렵하고 나서야 나는 진정으로 산문을 느끼게 되었다."

고등학교를 졸업한 후 미래의 소설가는 역사박물관에서 노동자로 일했다. 1988년 봄 그는 처음에는 따쉬껜뜨 수송부대에 입대하였고 그 후엔 까라간딘스끄 주州로 옮겨갔다. 그의 군 복무 기간은 겨우 반년이었다. 그러나 그는 후에 이 기간을 다음과 같이 회상했다.

"군대에서 성폭행을 당할 수도, 참살될 수도, 총살당할 수도, 감옥에 갈 수도, 불구가 될 수도 있었고, 거기서 나는 군대에서 일어나는 예기치 못할 일에 모두 대처할 능력이 없었기 때문에 회복 불가능한 영원한 불구가 될 수도 있었다. 나는 마치 내몰려 쫓겨 숨을 헐떡이는 짐승을 바로 내 앞에 대면하는 것만 같았다. 그러나 기적이 일어났다. 마지막 순간에 나를 구원해 준 기적은 바로 사람들이었다. 또한 나는 수용소란 어떤 곳인지, 그리고 수용소를 둘러싸고 어떤 일이 벌어지는지를 똑똑히 알게 되었다. 머리에 외상을 입었을때, 정신적으로는 큰 문제가 없었지만 야전병원 침상에 얼마동안 누워있었다. 그 후 한달 반동안 까라간딘스끄의 정신병원에 입원해 있다가, 수송부대에서 의가사 제대를 했다."
『러시아의 작가: 현대인의 전기』Писатели России: Автобиографии современников, 1998년

빠블로프는 의가사 제대를 한 뒤 야간 경비원으로 일했다. 1989년 빠블로프는 시를 가지고 고리끼 문학 대학에 원서를 제출했지만, 경쟁을 통과하지는

못했다. 그러나 일 년 후 그는 고리끼 문학 대학 비출석 과정[216]에 입학해서 니꼴라이 옙도끼모프Н. Евдокимов 교수가 지도하는 소설 세미나에서 공부하게 되었다. 1990년 8월 그의 연작 『보초병의 애가』Караульные элегии의 여러 단편 소설들이 로기노바의 추천으로 잡지 〈리쩨라뚜르노예 오보즈레니예〉에 발표되었다. 1995년 졸업장을 받고 얼마 동안은 병원 경비실에서 일하기도 했다.

빠블로프에게 첫 번째의 명성을 가져다준 작품은 중편 『진부한 이야기』Казённая сказка였다. 처음에 이 작품을 발표하려고 했던 잡지는 〈소글라시예〉Согласие였다. 그 잡지사에서 한 때 비평가 알라 마르첸꼬A.Марченко가 일했었다. 이전에 그녀는 〈리쩨라뚜르노예 오보즈레니예〉에 발표된 빠블로프의 단편 『보초병의 애가』에 강한 인상을 받았었다. 그녀는 빠블로프와 계약을 체결하였다. 그런데 그 계약은 순조롭게 이루어지지 않았다. 이에 대해 빠블로프는 따찌야나 베끄와의 인터뷰에서 다음과 같이 말했다.

"계약 체결 후 〈소글라시예〉는 폐간되었고, 알라 마르첸꼬는 〈노비 미르〉로 자리를 옮겼으며 산더미같이 쌓인 나의 미완성 초고들을 가져갔다. 〈노비 미르〉에 뜻밖의 일이 생겨 내게 기회가 주어졌다. 사정이 생겨 어떤 호에 185쪽짜리 작품이 빠지자 내게 다음과 같이 제안했던 것이다. "중편을 185쪽으로 늘려보세요, 우리가 게재할게요." 그 당시 나는 집안에 틀어박혀있었고 의기소침한 상태였다. 아무것도 하지 않았고 뭐가 어떻게 되어 가는지 이해할 수가 없었다. 그러자 마르첸꼬가 단호하게 나를 자극하면서 내게 그 글을 쓸 의욕을 불어넣어 줬다. 두 달 동안 나는 그녀와 함께 중편 한편을 만들어냈다. 저돌적으로 일해야만 했다. 나는 작품 일부분이 완성되는대로 다음 날 마르첸꼬와 만났을 때 나는 그 초고 부분을 넘겼고, 그녀는 그 원고를 즉시 편집부로 넘겼다. 밤이면 나는 다시 타자를 쳤고 아침이면 마르첸꼬에게 다시 넘겼다. 이렇게 마르첸꼬와 함께 나는 『진부한 이야기』를 완성했다."

그렇게 해서 빠블로프의 단편은 〈노비 미르〉지 1994년 7월호에 등장하였다. 마르끄 리뽀베쯔끼M.Липовецкий의 지적대로 질질 끄는 플롯, 허약한 구성과 빈약한 문체에도 그 작품은 '러시아 부커'의 최종심사까지 올라갔다. 하지만 결국 게오르기 블라지모프Г. Владимов의 소설 『장군과 그의 군대』Генерал и его армия에 패배했다.
빠벨 바신스끼П. Басинский가 이 작품이 주제의 측면에서는 성공적이었다고 지적했다. 그렇지만 많은 비평가들은 『진부한 이야기』의 성공에는, 1994년 절정에 달했던, 대중매체 대부분이 보여주던 반反군대 히스테리가 많은 영향을 끼쳤던 것으로 생각했다. 바신스끼는 이 작품의 주제와 관련하여 다음과 같이 확신하였다.

> "『진부한 이야기』에서 '운 좋게 발견한 주인공 하바로프 대령을 가지고 빠블로프는 '애가'와 '수기[217]'에서 그런 일면들을 확인할 수 있도록 '깊이 있게 고안된 상징'을 이끌어낼 수 있었다. 하바로프 대령은 러시아의 혼돈을 바로 잡고, 빠블로프의 단편 속에서 묘사된 끝없는 모욕, 계속되는 적대감, 끝이 없는 듯한 오해 속에서도 조직적 통일을 지향하는 러시아인의 모습, 좀 더 고상한 언어로 표현하자면, 소위 인류의 형제애를 영원히 지향하는, 분산된 개개인들을 연결할 수 있는 러시아 인의 형상이다."

〈노비 미르〉에 첫 작품 『진부한 이야기』가 발표된 이후 곧바로 알라 마르첸꼬는 사직해야만 했다. 그런 조치에 대한 대답으로 빠블로프는 이 잡지에 전쟁을 선포하여 자기 작품을 싣지 않겠다고 했다. 빠블로프의 예전 지도 교수 니꼴라이 옙도끼모프는 빠블로프의 소설 『마쮸쉰 사건』Дело Матюшина을 잡지 〈옥짜브르〉Октябрь에 추천하였고, 그 잡지는 작품을 바로 채택했다. 빠블로프는 물론 옙도끼모프 교수에게 감사를 표했다. 그러나 그렇게 서둘렀던 것이 어떤 점에서는 이 작가에게 해를 끼쳤던 것도 사실이다. 후에 빠블로프가 인정하였듯이, 그는 매우 강렬한 소설의 결말을 원했다. 그는 어떻게 수용소가

'반란' 을 꾀하는지를 이야기하려고 했다.

> "'죄수' 의 죽음 때문에 수용소에서 반란이 시작되는 것이다. 작은 악이 튕겨 나와서 세계로 쏟아졌고 마쮸쉰은 그런 장면을 배경으로 하고는 떠나간다. 불타는 수용소, 모여드는 장갑 부대원들, 수용소를 포위하는 부대. 모든 것이 반란 진압을 준비해간다. 그리고 전에 그와 함께 있었던 모든 것은 이런 성난 바다 속에서는 중요하지 않게 된다. 이런 지옥 속에서 사람들은 모두가 전혀 알 수 없는 전체 메커니즘을 작동시키는 작은 톱니바퀴일 뿐이다."

결과적으로 빠블로프의 결말은 훨씬 더 부드러워져서 출간되었다. 그는 편집 기한에 맞출 수가 없었고, 수용소에서의 반란과 관계된 일화는 소설을 책으로 출판할 때 포함하기로 결정했다. 그러나 이러저러한 급한 일들 때문에 작가는 그런 뜻을 자꾸만 미루어버렸다. 그래서 강렬한 결말은 공상으로만 남게 되었다.

소설 『마쮸쉰 사건』이 왜 그렇게 많은 독자들의 호응을 불러일으켰는지 이해할 수 없다는 비평가들도 있고, '호랑이가 없을 때는 토끼가 왕' 이라는 식의 평가도 있었다. 1997년 까삐똘리나 꼭쉐뇨바도 다음과 같이 언급하였다.

> "소설은 무겁고 질편하게 쓰여졌다. 소설은 미리 계획된 언어의 무게로 독자를 압박한다. 소설은 주인공의 뒤를 쫓아 '천천히' 진행된다. 작가는 주인공 바실리 마쮸쉰이라는 인물이 이끌어가는 4부로 된 중편을 무겁고 커다란 '바위들' 로 쌓아간다. 그 안의 모든 것은 꽉 짜여 있고 답답하다. 열성적인 인간 관계들, 사람들로 꽉 차 있다. 우리 앞에는 처음에는 작은 지방 군사 도시에 사는 가족의 '갇힌 인생' 이 등장하고, 그 후엔 주인공의 군대 징집과 징집자들을 태운 기차의 움직임에 대한 찬찬한 묘사가 펼쳐지는데, 그 기차 안에서 점점 가까워지는 따쉬껜뜨의 폭염으로 인해 벌어진 갈등으로 주인공과 함께 독자도 고통 받게 된다. 훈련에 대한 이야기는 주인공의 병 이야기로 바뀐다. 군 병원에서의 생활은 수용소를 경비하는 수송부대로 복무지가 새롭게 지정되면서 중단된다.

죄수를 죽인 후 그는 군대에서 불명예 제대를 한다. 마쮸쉰과 우리는 또다시 유년 시절의 도시인 엘스끄에서 작별하게 된다."

올레그 빠블로프의 문체는 안드레이 쁠라또노프의 문체와 비교되기도 한다. 꼭쉐뇨바는 다음과 같이 생각한다.

"원칙적으로 소설이 주인공을 통해 어떤 사상을 드러내야 한다는 것을 거부한 채, 빠블로프는 모든 힘을 사실성의 구현에, 주인공의 '내적 고통'에, 기쁨이 아닌 그의 '불행한 탄생'의 형이상학에 쏟아 붓는다. 현실은 여전히 이해할 수 없는 것으로 남는다. 주인공은 자기 자신도 이해하지 못하고 악도 이해하지 못한다. 작가가 극복하려 했던 것은 조금도 스스로의 위치를 양보하지 않았고 조금도 좁혀지지 않았다. 마쮸쉰은 죄수를 거래에 끌어들여 서로서로 상대방에게 밀주와 돈을 주고받기로 약속했지만, 결국에는 죄수를 죽여 버리고 만다. 그리고 바로 이런 악질적인 우발적 살인, 악에서 나온 행동은 그를 병역으로부터 해방시켰고, 자유로운 삶을 제공하게 된다."

그러나 어떤 비평가들은 『마쮸쉰 사건』에는 어떤 정교한 기교성이 없으며 예술적 관점에서 빠블로프의 소설은 성과가 없다고 보기도 한다.
지금까지도 몇몇 비평가들은 새로운 러시아 문학에서 빠블로프가 러시아 군의 '어두운 세태를 묘사'할 수 있는 자유를 많이 얻어냈다고 간주한다. 다른 비평가들은 빠블로프에게서 '연마된 문장가'를 발견하기도 했다. 그러나 발렌찐 꾸르바또프B. Курбатов는 빠블로프의 창작에서 어떤 이중성을 감지했다. 빠블로프의 첫 작품들을 분석하면서 꾸르바또프는 다음과 같이 지적했다.

"빠블로프는 '악을 끝장낼 수 없다면 악에 대해 최대한의 목소리로 외쳐서 중단'이라도 시키고 싶었고, 군대 이야기에서 금기시되었던 소재나 주제에 대한 경계심의 장막을 거둬내 버리고 장막 너머의 지옥을 드러내서 '우리 머리에 곧바로 충격을 가하고' 싶었다. 그러나 악에 대한 이야기는, 작가가 하는 말들이

악을 변형시킨 것은 아닐지도 모르지만, 마음을 잔혹하게 만들어서 악을 증산 시킨 것이 되어 버렸다." 〈드루쥐바 나로도프〉Дружба народов, 1999년 9호

안나 스뜨렐쪼바A. Стрельцова의 의견은 특별하다. 그녀는 1997년 빠블로프의 두 번째 소설 『마쮸쉰 사건』이 등장한 뒤로, 자유주의 비평이 빠블로프의 목소리를 의식적으로 억누르려한다고 확신한다. 그녀는 이렇게 평한다.

"신빙성 있는 극도의 심리 묘사를 통해 작가가 서술해내는 살인자가 된 수용소 경비병의 이야기는 새로운 지적 자유와 도덕을 가진 현대 '문화 사회'에 대한 도전으로 받아들여졌다." 〈젠 리쩨라뚜리〉День литературы, 2003년 7호

스뜨렐쪼바는 자유주의자들이 어떤 면에서 보면 빠블로프에게 창작의 위기를 겪게 했었지만, 빠블로프는 2001년 중편 『까라간딘스끄의 제9중대원』Карагандинские девятины을 발표함으로 그 위기에서 벗어나게 되었다고 생각한다. 레프 다닐낀은 2002년 10월 신문 〈베도모스찌〉Ведомости에서 다음과 같이 언급하였다.

"올레그 빠블로프의 『까라간딘스끄의 제9중대원』은 중앙아시아의 지옥과 같은 군대에 대한 사회소설이다. 혐오스러운 사건, 거의 추리소설에 맞먹는 사건에 연루된 군인에 대한 이야기이다. 그러나 영국식 탐정소설은 아니다. 전문 문학가에 의해 쓰여진 것이고, 심지어 피로 쓰여진 것 같다. 어쨌든 재미는 없다."

재미가 없는 이유에 대해서는 나움 레이제르만H. Лейдерман[218]과 마르끄 리뽀베쯔끼M.Липовецкий가 아마도 가장 잘 밝혀낸 것 같다.

"올레그 빠블로프는 중편 『마쮸쉰 사건』과 『까라간딘스끄의 제 9중대원, 또는 마지막 날들의 소설』에서 작가와 주인공, 작가 또는 주인공의 독백, '고양된 가

치'를 순전히 선언적으로 확신하는 작가의 사유를 '체르누하[219]' 소설의 특징이라 할 수 있는 자연주의와 교차시킨다. 예술 세계의 완전성과 자력 발전이라는 사실주의 미학의 가장 중요한 카테고리가 이 실험들의 희생물이 된다."

그러나 기교적인 차원에서 봤을 때, 빠블로프가 이 '교차'를 너무 미숙하게 했다는 평가도 있다. 그의 교훈적 톤이 정도를 넘어섰던 것 같다는 것이다. 마리야 레미조바는 2002년 12월에 잡지 〈스미슬〉Смысл에서 다음과 같이 명확하게 언급했다.

"『까라간딘스끄의 제9중대원』을 읽다 보면, 난해한 음절의 장막을 통해 쏟아낸 열정적이면서도 거의 병적인 발언을 감지하게 된다. 여기서 오늘을 초월한, 가장 중요한 어떤 것, 작가에게 유일하게 의미를 줄 수 있었던 것, 바로 그것을 상실한 존재에 대해 선고가 내려진다. 그러나 그런 상실은 사람 자체의 기반이 파괴된 결과이므로 『까라간딘스끄의 제9중대원』은 형식적으로 살아있는, 그러나 애초부터는 죽은 사람들의 세계를 그리고 있다."

한편 빠블로프는 자신의 소설 근간에는 '어린 시절의 공포'가 자리하고 있다고 생각한다. 이후 작가의 이런 '어린 시절의 공포'는 중편에서 다시 모습을 드러낸다.

"우리는 모스끄바의 '평화' 거리 초입에 있는 낡은 집에 살았는데, 그곳에는 농업성省 노동자들, 교수들, 할머니와 할아버지들이 살았고 아이들은 거의 없었다. 집에는 친구들이 없었고, 나는 온종일 혼자 놀았다. 마당은 사방이 막혀 있었고, 창문이 거의 없는 갑갑하고 높은 집의 벽들이 둘러쌓여 있었다. 주변에는 쓰레기가 더미를 이루며 쌓여 있었다. 나는 그 주위를 걸어 다니며 무슨 용도인지 모르는 어떤 물건들을 찾아내곤 했다. 그리고 그것들을 가지고 놀았다."〈끄니즈노예 오보즈레니예〉Книжное обозрение, 2003년 1월 27일 사회의 지적 경향을 주도하려는 비중 있는 사회평론가로서 빠블로프에 대해 최근 더 자주 언급되기 시작했다. 발렌찐 꾸르바또프는 빠블로프의 초기 작품들이 지나치게 잔인할 뿐만 아니라 삶의 균형과 밝음이 부재하다고 비난한다. 그러나 빠블로프의 논문집 『20세기 러시아인』Русский человек XX века, 2002년을 읽었을 때 "이것은 전혀 새로운 세대와 새로운 사상의 목소리다."라며 감탄하고 있다. 꾸르바또프는 이렇게 언급한다.

> "빠블로프는 예전의 러시아 인의 심장을 가지고 과거로 되돌아갈 수 없는 새로운 시대로 나왔다. 그는 지나간 과거로부터 자신의 정신적 좌표들을 뽑아내고, 동정은 가지되, 지나치게 그런 부분을 확대하여 현대와의 경계를 애매하게 만들지 않으면서, 과거에 대한 자신만의 관점을 형성한다. 진정한 문학가들이 늘 드물었던 것과 마찬가지로, 아직까지는 그리 많지 않은 신세대 러시아 문학가들이, 이제는 적어도 뭔가 불안한 기운이 감돌고 있다는 두려움에 떨지않고 숨을 내쉴 자유를 얻었다는 점은 확실하다. 어쨌든, 그들은 이제 예전과 같은 분위기 속에 젖어있을 수 없을 것이다."〈드루쥐바 나로도프〉2004년 9호

사실 『20세기 러시아인』이란 책은 빠블로프에게는 너무 회자하여 지겨울 수도 있다. 빠블로프처럼 사고하고 글을 쓰는 것은 21세기에는 이미 불가능하다. 시대는 작가가 포착할 수 없었던 다른 문체를 강요할 때도 있기 때문이다.
소설 쓰기와 사회평론 외에도 빠블로프는 문학 비평에 관심을 기울인다. 사실 때로는 비방자들의 콧대를 꺾으려 드는 억제할 수 없는 빠블로프의 욕망이 오해를 불러일으키기도 한다. 알렉세이 바를라모프А. Варламов와 세르게이 예신С. Есин에 대한 그의 부정적인 비평은 바로 그런 그의 욕망으로밖에 설명되지 않는다.
비방자들도 가만히 있지는 않았다. 특히 예신이 그러했다. 2000년 12월 20일 자 자신의 일기에 그는 다음과 같이 적었다.

"〈네자비시마야 가제따〉Независимая газета에 드디어 오래전부터 기다려온 올레그 빠블로프의 논문이 등장했다. 여전히 진부한 문구들을 조합한 것이고 나에 대한 열렬하고도 꺼지지 않는 질투뿐이다. 나는 이제 문학적 운명이 풀리지 않은 사람들에게 익숙해졌다. 내 생각에 올레그 빠블로프는 그의 모든 '수용소 경비병의 문학'이 끝나가고 있다는 것을 아는 것 같다. 그러나 여전히 이 수용소에서 저 수용소로 옮겨 다니며, 어떤 조그만 스캔들로 자신의 이름을 세간에 유지하려고 노력하고 있다. 전문가로서 확신하건대, 그의 이름은 오래 유지되지 못하고 사라질 것이다. 아직 떠도는 것은 젊음 때문이다. 늙고 병들고 턱수염이 난 이 풋내기가 진실로 안타깝다. 논문은 밀고적이다. 여러 사실을 폭로해서 나를 대통령 행정실 쪽 사람들과 충돌시키려 한다. 빠블로프는 내적 안정성을 상실한 매우 흥미로운 현대적 유형이다. 다만 품행이 이중적이다. 그는 절도 있는 사람이 어떻게 보이는지, 양심적인 사람이란 어떻게 보이는지를 잘 알고 있다. 본능에 따라 행동해야만 하는 경우가 있다. 이 경우 다양한 지식은 오히려 독이다. 한 마디로 말해 그는 지적 사기꾼이며, 문학의 밀고자일 뿐이다."

빠블로프와 예신이 결별한 이유도 이해가 가며 예신의 상황도 이해할 수 있다. 그러나 의심의 여지없는 빠블로프의 장점은 타인의 재능을 사심 없이 반기는 능력, 젊고 재능 있는 작가들, 예를 들어 알렉산드르 또롭쪼프A. Торопцов [220], 알렉산드르 야꼬블레프A. Яковлев의 작품들을 끄집어내서 출간하는 것이다. 2000년에 빠블로프는 '러시아 국가상' 후보에 올랐으며, 2002년에는 소설 『까라간딘스끄의 제9중대원, 또는 마지막 날들의 이야기』로 '러시아 부커'를 수상하였다.

214) 다비드 부를류끄(1882~1967) : 러시아 시인이자 화가이며, 러시아 입체미래주의 창시자 중 한 명이다.

215) 마리나 쯔베따예바(1892~1941): 20세기 최고의 러시아 여류시인들 중 한 사람으로 쯔베따예바의 아버지는 모스끄바 국립대 교수이자 '모스끄바 뿌쉬낀 조형 미술관'의 설립자였고, 피아니스트였던 어머니는 안똔 루빈슈떼인의 제자였다. 쯔베따예바는 1912년 세르게이 에프론과 결혼하여 그 해에 큰딸을 낳았다. 그녀는 남편을 사랑했음에도 1914~1916년까지 여류시인이자 번역가였던 소피아 파르녹과 동성애를 경험하였다. 1917년 작은딸이 고아원에서 굶어 죽는 고통을 겪었고, 백군이었던 남편이 러시아 혁명 후 프라하 대학으로 유학을 떠나자, 1922년 남편을 따라 러시아를 떠나 베를린, 프라하, 파리 등에서 1939년까지 머물렀다. 이 시기에 보리스 빠스쩨르나끄와 편지를 주고받았으며, 그의 소개로 라이나 마리아 릴케와 인연을 맺고 1926년 릴케가 사망할 때까지 서신을 교환했다. 쯔베따예바 가족은 1939년에 러시아로 귀국했지만, 남편은 체포되어 1941년 총살당했다. 그 해에 같이 체포되었던 큰딸 아리아드나는 1955년에서야 복권되었다. 쯔베따예바는 감옥살이를 하진 않았지만, 그녀의 시는 한 편도 출판되지 못했다. 그녀는 '작가' 레스토랑에서 설거지를 하며 겨우 삶을 꾸려나갔으나, 작가 부인들로부터 독일 스파이라는 모함을 받아 레스토랑을 나온 뒤, 소도시 옐라부가로 가서 지방 유지의 집에서 허드렛 일을 하며 생계를 유지했다. 결국 심각한 경제난과 당국의 압박을 견디지 못한 채 목을 매어 자살하는 것으로 생을 마감했다.

216) 러시아 대학 교육과정 중에는 일반과정 외에도 '비출석과정'이라는 특별한 교육과정이 존재한다. 이 과정은 주로 직장인이나 지방거주 학생들처럼 정규수업에 출석하기 어려운 학생들을 위해 개설된 과정으로, 과제물 제출, 학기별 시험, 방학 기간에 특별 수업 등으로 출석 및 정규교과과정을 대체한다.

217) 빠블로프의 단편 연작 『보초병의 애가』와 『장화 밑의 수기』 Записки из-под сапога를 말한다.

218) 나움 레이제르만(1939~2011): 러시아의 철학자이자 비평가이며, 교육자이자 20세기 러시아 문학 연구가이기도 하다. 비평가 마르끄 리뽀베츠끼가 그의 아들이다.

219) 러시아 문학계에서 '체르누하 чернуха'적 요소들은 1980년대 말부터 본격적으로 등장하기 시작했다. 소비에뜨 시절 당시 '체르누하'라는 용어는 사회주의적 현실의 어두운 측면에 관한 묘사들을 총체적으로 일컫는 용어로 사용되곤 했지만, 글라스노스뜨를 기점으로 포스트 소비에뜨 시대로 넘어오면서 네오자연주의적 산문에 대해 광범위하게 적용되기 시작한다. 이후 죽음, 질병, 성욕, 알코올중독 등 기존의 상위문화에서 금기시되던 테마들이 포스트 소비에뜨 시기 이후 적극적으로 문학장 내에 도입되면서 대중 및 현실에 대한 개념과 이를 바라보는 시각에 대한 커다란 수정이 일어난다.

220) 알렉산드르 또롭쩨프(1949~): 러시아의 작가이자, 철학자, 비평가이며, 소비에뜨 작가동맹 회원이었고, 현재 고리끼 문학 대학 아동문학과 교수로 재직 중이다. 대표작으로는 『요새와 성의 세계사』 Мировая история крепостей и замков, 2008, 『제1차 세계대전』 Первая мировая война, 2000, 『끼예프 루시. 역사이야기』 Киевская Русь. Исторические рассказы, 2000 등이 있다.

인문학적 현학성, 혹은 대중 철학으로 무장한 문단의 총아

30 :: 빅또르 뻴레빈

Виктор Пелевин

빅또르 뻴레빈은 일명 '베일에 쌓인 작가', '침묵하는 작가'로 불리면서, 자신을 둘러싼 일화만으로도 수많은 '작가 신화'를 탄생시킨 장본인이다. 어떤 이유에서인지는 모르지만, 유리 뽈랴꼬프Ю.Поляков[221]는 뻴레빈의 성이 원래는 '네차이꼬' Нечайко라는 듯이 확신에 차서 떠들어댔다. 뻴레빈의 실제 나이를 두고도 여러 가지 말들이 오갔다. 하지만 뻴레빈은 이런 경우를 당할 때마다 대부분 아무런 대응도 하지 않은 채 넘어가곤 했다.
결국 기자들의 집요한 추적에 힘입어 뻴레빈이 1993년 12월 1일 기자 연합회에 참석해서 작성했던 앙케트가 발견됐고, 그 결과 뻴레빈이 1962년 11월 22일생이라는 사실이 밝혀졌다. 그의 아버지는 모스끄바 바우만 고등기술전문학교МВТУ им.Н.Э.Баумана의 군사학과 강사였고, 어머니는 영어교사였다.
1985년 뻴레빈은 모스끄바 에너지 연구소의 전기설비 · 산업 및 운송 자동화 학부를 졸업했고, 1989년에는 박사과정을 마쳤다. 1989년 뻴레빈은 〈화학과 삶〉Химия и жизнь이라는 잡지에 첫 번째 단편『마법사 이그나뜨와 사람들』Колдун Игнат и люди을 게재했다. 그리고 1989년에서 1990년도에 걸쳐 고리끼 문학 대학 통신학과에서 수학하며, 미하일 로바노프M.Лобанов의 세미나에 참여했다.

펠레빈은 한동안 동양의 신비주의 문제를 연구하는 〈과학과 종교〉Наука и религия 라는 잡지에서 일했는데, 이 잡지에 게재된 펠레빈의 논문 '양모羊毛로 점치기' Гадание по рунам가 세간의 관심을 불러일으켰다. 그리고리 네호로쉐프Григорий Нехорошев의 말에 따르자면, 펠레빈은 "이 논문을 고리끼 문학 대학에 개설된 '중세 및 르네상스 시대의 해외문학'이라는 과정의 학년 말 과제로 제출했으며, 양모 수집을 위한 설명서 용도로 이 논문을 어느 협동조합에 팔아버렸다."라고 한다.〈네자비시마야 가제따〉2001년 8월 30일

한 때 펠레빈을 지도했던 미하일 로바노프는 다음과 같이 제자를 평가했다.

> "펠레빈의 단편 속에는 그럴듯한 세태 관찰, 이따금 그럴듯하게 과장된 관찰자적 시각이 담겨 있다. 가장 최근의 단편에서 펠레빈은 어떤 식으로 죽음이 도래하는가에 관한 '초현실주의적' 서사를 시도한 바 있다. 하지만 아직까지는 펠레빈의 탐색이 내적이며 영적인 경험에서 나온다기보다는, 오히려 추상화된 '철학적 서사' 에서 나온다고 보는 것이 옳다."

1992년 펠레빈은 '알파-환상문학' Альфа-фантастика 시리즈를 통해 첫 번째 단편 선집 『푸른 가로등』Синий фонарь을 내놓는다. 이 선집은 일 년 뒤에 '미니 부커' Малый Букер[222]를 수상했다. 이듬해인 1993년 그는 〈네자비시마야 가제따〉 1월 20일 자 지면에 강령적 에세이 『존 파울스와 러시아 자유주의의 비극』Джон Фаулз и трагедия русского либерализма을 게재하기도 했다.

펠레빈에게 처음으로 유명세를 안겨준 작품은 소비에뜨 유토피아의 환상을 풍자한 중편 『오몬 라』Омон Ра, 1992 이다. 비평가 레이제르만Н. Лейдерман[223]과 그의 아들 리뽀베쯔끼М. Липовецкий가 단언하듯이, "이 중편의 패러독스는 주인공의 의식에 뿌리박혀 있는 모든 것이 현실 속에서 가장 높은 위상을 차지한다는 점에 있다. 반대로 현실에서 실제로 요구되는 모든 것들은 허구적이며, 불합리한 형태로 나타난다. 소비에뜨의 모든 시스템은 영웅적인 노력과 인간의 희생을 담보로 하여 이렇듯 허구로 가득한 현실을 지탱해 나가도록 설

정되어 있다. 펠레빈의 시각에 따르자면, 소비에뜨 영웅주의는 선택의 자유를 완전히 파기할 뿐만 아니라, 반드시 영웅이 되야만 한다는 의무를 지운다는 점에서 차별화된다." 예를 들어, 텍스트 내에서 비행학교의 생도들은 입학 첫날부터 '진정한 인간'으로 거듭나기 위해 다리를 절단당한다. 게다가 다리를 절단당한 졸업생들은 여전히 아무것도 타지 않은 채 마치 '신화 속 영웅처럼' 날아다녀야만 한다.

하지만 모든 이들이 펠레빈의 중편 『오몬 라』를 환영하진 않았다. 특히나 빠벨 바신스끼П. Басинский는 이 작품을 매우 마음에 들어 하지 않았다. 1999년 바신스끼는 『오몬 라』에 대해 다음과 같은 평을 내놓았다.

> "이 중편소설은 농도 짙은 사실주의적 발단으로 포문을 연다. 그리고 비행학교 생도들의 다리가 잘려나가는 장면처럼 소츠아트적인 형상이 시작된다. 나머지는 온통 낡아빠진 불합리주의의 연속이다."

이 논평에서 바신스끼는 펠레빈이라는 인물이 단순히 그저 그런 작가가 아니라, 아예 아무것도 아닌 작가라는 결론을 내린다. 하지만 좀 더 시간이 지난 뒤, 바신스끼는 펠레빈 창작에 대한 자신의 입장을 부분적으로 수정하고, 그가 지닌 두 가지 탁월한 재능을 인정한 바 있다. 그건 바로 동시대적일 수 있는 능력과 '진보적인 대중의 언어'를 느낄 줄 아는 능력이다.

1993년 〈즈나먀〉 제4호에 게재된 펠레빈의 첫 번째 장편 『벌레들의 삶』Жизнь насекомых은 수많은 반향을 불러일으켰다. 까먀노프В. Камянов는 이 작품을 일종의 '소설-마니페스트'로 규정하면서, "『벌레들의 삶』이야말로 전통 문학이 난색을 표명할만큼 러시아 포스트모더니즘이 급속도로 발전한 양상을 보여준다."라는 평을 내놓았다.〈즈나먀〉1994년 제1호

1996년 〈즈나먀〉 제4호, 5호에 걸쳐 연재된 『차빠예프와 뿌스또따』Чапаев и Пустота에 대해서도 역시 소란스러운 반향이 끊이지 않았다. 알렉산드르 게니스A. Генис[224]는 이 작품을 "러시아 최초의 '젠 스타일'Zen style 불교 소설"로 규

정한다. 한편 류드밀라 울리쯔까야Л. Улицкая는 "현대적 언어를 사용하여 지극히 흥미로운 필치로 그려낸 불교의 대중적 버전"이라는 평을 내렸다. 1990년대 말 펠레빈의 또 다른 장편 『P 세대』Generation П, 1999는 젊은이들 사이에서 거의 우상적인 존재처럼 군림했다. 리뽀베쯔끼는 이 책이 "펠레빈 시학의 내적 경계를 드러냈다."고 간주한다.

> "펠레빈은 패러독스한 방식을 통해, 포스트 모더니즘의 심층으로부터 자신의 시선을 거둬들인 뒤, 종교-철학적 이상의 창조, 심지어 유토피아 창조를 부르짖으며 열정적으로 설교를 쏟아내는 러시아 고전의 전통 쪽으로 방향을 전환했다."

이 소설과 관련하여 세르게이 예신С. Есин은 매우 흥미로운 해석을 내놓았다. 2000년 8월 19일 자에 해당하는 일기에 그는 이런 글귀를 적어 놨다.

> "펠레빈은 모든 영역에서 유희를 벌인다. 그의 책은 잡식적 성격이 강하다. 그는 매우 재능 있는 현대 작가로, 말재간도 있고 관찰력도 있다. 아마 기자로서의 재능이 더 많은 듯 싶다. 하지만 그의 잡식성 때문에 나는 꺼림칙한 마음이 생겼다. 그런 잡식성이 어떤 이해타산을 전제로 한 것은 아닌가 하여 두렵다. 그에겐 위대한 작가가 되고 싶어하는 야심이 전혀 보이지 않는다. 다만 잘 팔리는 작가가 되고 싶어 할 뿐이다. 그의 작품은 텔레비전과 광고에 대한 것들이다. 사랑이라는 테마가 완전히 빠져 있다는 점이 놀랍고 흥미로울 따름이다. 시류에 걸맞게 책 속에 삽입된 동양의 학설과 신화 덕분에, 독자는 책을 읽으면서 자신이 더 똑똑해진다고 느낀다. 쓸데없이 돈을 낭비했다는 생각이 들진 않는 것이다. 하지만 칭찬할 땐 하더라도, 이런 사실을 어떻게 이해할 것인지 논의할 필요가 있다. 펠레빈은 매우 재능 있고 냉철한 이성을 지녔다. 하지만 그는 여전히 가진 자들을 위한 유희를 벌인다. 심지어 출판사가 선호하는 경향과 구미에 맞춰서 유태인 혐오주의자를 주인공으로 내세운 적도 있다. 이와 관련된 논거는 얼마든지 찾아낼 수 있다. 감정과 정情이 배제된 펠레빈의 문학 작품은 마

치 남극 지방에 와 있는 것처럼 차갑게 소독되어 있다."

알라 라띠니나A. Латынина는 "펠레빈은 대기 중에 떠도는 최신 사상을 재빨리 포착하여, 마치 강력한 재충전 배터리처럼, 그런 사상들을 몇 배로 강화시키는 놀라운 재능을 지녔다."고 굳게 확신하는 눈치이다. 그렇지만 라띠니나는 펠레빈의 소설이 우상처럼 신봉된다고 해서 이것이 곧 작품의 질을 말해주는 것은 아니라고 지적한다. 그녀의 의견에 따르자면, "결국 펠레빈의 소설에서 남는 것은 '단순화시켜버린 불교'와 삶의 허구성에 대한 은유"뿐이다. 〈리쩨라뚜르나야 가제따〉2002년 47호

안드레이 넴제르는 1999년 〈브레먀 미〉Время MИ라는 신문 지면에 다음과 같은 논평을 실었다.

> "펠레빈은 항상 조각조각 흩어져 있는 일화에서 취한 슈젯을 이리저리 이어붙이곤 했다. 이렇게 만들어진 글은, 때로는 꾸며낸 이야기보다 더 괜찮은 때도 있지만, 때로는 오히려 그보다 더 못한 경우도 많다. 또한 펠레빈은 늘 인문학적 현학성으로 텍스트를 채운다. 그는 불교, 매스미디어 이론, 융 심리학, 신화에 대한 구조적 분석, 네오막시즘, 카스트 제도적인 계급성 등 온갖 현혹적인 현대사상 일련을 '지극히 단순명료하게 축약'시켜 '서투르게' 풀어놓았다."

해외 언론은 펠레빈의 작품에 대해 훨씬 더 우호적인 태도를 보였다. 미국의 서적리뷰 신문 〈뉴욕 타임즈 북 리뷰〉New York Times Book Review는 1990년대 펠레빈의 작품에 대해 "고골, 불가꼬프, 도블라또프의 전통에 입각한 재기가 가득 넘치고, 웃음을 자아내면서도, 예리함을 놓치지 않았으며, 그 외에도 특별히 쉽게 읽히는 글이다."라는 서평을 내놓았다.
자유주의 비평 진영은 펠레빈의 초기 소설들을 말 그대로 쌍수를 들어 환영했다. 하지만 소설 『전환기의 변증법』ДПП:Диалектика переходного периода, 2003 과 『변

신술사의 성스러운 책』Священная книга оборотня, 2004 은 이들을 거의 두 파로 갈라서게 만들었다. 나딸리야 이바노바는 『부커의 약혼녀』Невеста Букера, 2005 라는 자신의 저서에서, "펠레빈은 변덕스러운 작가지만, 그의 텍스트는 현실적이다. 또한 그는 단번에 몇몇 의미적 층위를 오가면서 작업한다."라는 평을 마지못해 내놓았다. 2003년 '아뽈론 그리고리예프 문학상' Премия им. Аполлона Григорьева 에서 펠레빈의 수상을 지지했던 미하일 엡슈떼인M. Эпштейн[225] 은 훨씬 더 후한 평을 내놓았다.

"펠레빈의 세계는, 잠재적으로 증가하고 붕괴되는 현실 세계이다. 텍스트에 나오는 모든 것들, 모든 등장인물들은 다름 아닌 우리들 자신의 모습이 될 수도 있다. 〈…〉 하지만 모든 것이 가능한 펠레빈의 세계에는 기적도, 다른 현실을 향한 돌파구도 존재하지 않는다. 펠레빈적 진부함은 펠레빈적 마법에 대항하는 필수요소들을 구성해낸다. 침체된 언어는 지속적으로 전개되는 현실의 무게감을 드러내 주고, 펠레빈의 주인공들은 자유로운 슈젯에 따라 그런 현실을 돌파해 나간다."

2005년도에 펠레빈은 창작 초기에 써놨던 거의 모든 텍스트를 모아서 『유물. 초기작 및 미발표작』Relics. Раннее и непознанное 이라는 제목을 붙여 책으로 출간했다. 이 책의 출간과 관련하여 펠레빈은 다음과 같은 말을 기자들에게 전했다.

"『유물』(Relics)은 어떤 면에서 보자면 '영혼의 숨박꼭질' 에 해당한다고 볼 수 있죠. 이 작품은 오렌지 빛깔 타이를 둘렀던 냉엄한 시대에 딸기빛 자켓을 걸치고 다녔던 사람들에 대한 노스탤지어적 회상입니다. 이 책의 구성은 사건이 벌어진 연대와 책의 내용이 대략적으로 일치하도록 짜여 있습니다. 우리가 그곳에 어떻게 도착했는지, 또 어떤 일에 얼토당토않게 말려들었는지, 그리고 그 사건 후에 어디로 숨어 버렸는지 이런 식의 시간적 배치를 따라서 말입니다. 이

텍스트들은 '책상 위에' 쌓여 있던 것이 아니라, 잡지와 신문에 게재되었던 것들입니다. 다만 텍스트 중 상당 부분이 책이라는 형태를 빌어 출간되지 않았을 뿐이죠. 그런데 이 텍스트들 대부분이 인터넷 상에서 너덜너덜한 형태로 떠돌아다니더군요. 결국엔 그 텍스트들을 온전하게 출판하는 편이 더 낫겠다는 생각이 들었습니다. 그 외에도, 이 책 속에는 러시아에서 발표되지 않은 에세이도 들어 있습니다. 참고로 책 제목은 내가 제일 좋아하는 그룹인 '핑크 플로이드'의 레코드 타이틀에서 따온 겁니다."〈꼼소몰스까야 쁘라브다〉2005년 10월 4일

몇몇 비평가들은 작가의 초기작들을 하나로 모아서 엮은 책이 출판되는 것을 지켜보며, 마치 펠레빈의 창작활동에 큰 위기라도 찾아온 것처럼 여겼다. 이에 맞서 펠레빈은 오디오 서적 형태의 신간소설을 서둘러 선전하고 나섰다. 하지만 이런 행보가 순전히 펠레빈만의 아이디어에서 나온 것은 아니었다. 이는 모두 영국 출판사 '캐논게이트'의 노하우에서 비롯된 것이다. '캐논게이트' 출판사는 세계 각국에서 활동하는 유명한 작가들을 상대로 고대 신화 중 괜찮은 작품들을 자유롭게 선별하여 모국어로 기술해보면 어떻겠냐는 제안을 내 놓았다. 영국의 여류작가 카렌 암스트롱Karen Armstrong과 자넷 윈터슨Jeanette Winterson, 러시아 작가 중에서는 펠레빈이 이 출판사의 제안을 최초로 받아들였다. 제안을 수락한 영국의 여류 작가들 중 한 명은 『신화의 역사』История мифа라는 모노그래프를, 다른 한 명은 인류가 지금까지 쌓아온 모든 역사를 대중적인 방식으로 요약해냈다. 그리고 펠레빈은 장편 『공포의 투구』Шлем ужаса, 2005를 써냈다. 이 소설을 접한 출판사는 금세 컴퓨터 게임을 연상해냈다. 이 소설에서 펠레빈의 주인공으로 등장하는 테세이와 미노타우르스는 인터넷 채팅을 한다. 이런 류의 장면은 아직까지 러시아 문학에 존재한 적이 없었다. 하지만 이와 비슷한 종류의 것이 또 생겨날 것이다. 결론적으로 펠레빈의 소설 『공포의 투구』는 테세이와 미노타우르스 신화를 인터넷 채팅이라는 형식을 취해 현대적으로 해석해 낸 작품이다. 소설은 처음부터 끝까지 각자의 방에 들어앉아 있는 8명의 등장인물이 자기들 중 누가 테세

이고, 누가 미노타르우스인지 밝혀내려고 애쓰며, 미로 속에서 빠져나갈 출구를 찾는 내용으로 채워져 있다. 『공포의 투구』는 2005년 11월 모스끄바의 출판사 '오뜨끄리띠 미르' Открытый мир를 통해 제일 먼저 독자들의 손에 쥐어졌다. 같은 해 11월 말에는 쥐빌레 몬뜨빌라이떼Живиле Монтвилайте 감독이 이 소설을 연극으로 각색하여 모스끄바에서 상연했다.

펠레빈은 2001년도에 가장 훌륭한 풍자작가라는 타이틀로 '리하르트 쉔펠트 기념 함부르크 문화 기금상'Премия Культурного фонда Гамбурга имени Рихарда Шенфельда을 받았으며, 그 외에도 헝가리 도서관이 '임팩 더블린 국제문학상' International IMPAC Dublin Literary Award[226] 후보자로 펠레빈을 추천한 바 있다.

한편 펠레빈은 2003년 소설 『전환기의 변증법』으로 '내셔널 베스트셀러' 와 '아뽈론 그리고리예프 문학상' 을 받았다. 또한 2007년에는 장편 『제5제국』Empire V, 2006으로, 2010년에는 장편 『t』2009로 '위대한 책' 숏-리스트 명단에 이름을 올린 바 있다.

221) 유리 뽈랴꼬프(1954~): 모스끄바 태생의 작가이자 문학비평가. 1980년 '몰로다야 그바르지야' Молодая гвардия 출판사를 통해 첫 번째 시선집 『도착 시간』Время прибытия을 선보였다. 러시아 시의 리얼리즘적 전통을 충실히 따르는 뽈랴꼬프의 시는 서정적 감정의 개방성과 명료한 형태, 섬세한 자기 아이러니로 특징지어진다. 1980년대부터는 소설을 쓰기 시작했으며, 사회적 테마에서 벗어나 주인공의 내적 삶에 더 집중하는 태도를 보이게 된다. 1990년대 초부터는 포스트모더니즘에 관한 관심을 보이면서, 리얼리즘적 산문의 입장을 취하되 포스트모더니즘 경향의 미학적 요소를 취하려고 노력했다. 대표작으로는 리얼리즘과 포스트모더니즘적 원칙의 결합을 시도한 소설 『우유를 뒤집어 쓴 새끼염소』Козлёнок в молоке, 1995, '노비 루스끼'에 관한 중편소설 『타락한 자들의 하늘』Небо падших, 1998 등이 있다.

222) 미니 부커Малый Букер: 2001년 3월 7일 모스끄바에 위치한 '영국 부커상 협의회'가 '미니 부커' 문학상과 관련된 기자회견을 개최하여, '미니 부커' 설립 및 시상과 관련된 운영지침을 공표했다. '미니 부커' 문학상은 1992년부터 매년 러시아에서 시상됐고, 2001년에는 10주년을 맞이했다. 처음에 '미니 부커'는 '부커'상 프로그램 내에서 시상되었지만, 2000년에 '부커'와 분리되어 '논픽션' 시장 쪽으로 옮겨갔다. '부커'상 프로그램에서 독립된 '미니 부커'의 스폰서 및 설립자는 영국의 러시아 문학 애호가 프란시스 그린Francis Greene이다. '미니 부커'의 설립 및 시상 목적은 러시아 문학계에서 가장 흥미롭고 시의적인 경향을 발굴하여 격려하는 것에 있다. 따라서 다른 문학상과 달리 '미니 부커'의 수상범위 및 수상후보 대상은 매년 바뀐다. 예를 들어, 지난해에 '새로 창간된 가장 뛰어난 잡지', '해외에서 발행되는 가장 뛰어난 러시아 어문학 잡지' 등이 수상대상이었다면, 이듬해에는 '영어에서 러시아 어로 번역된 가장 뛰어난 작품'이 대상으로 선정되는 방식으로 운영된다.

223) 나움 레이제르만(1939~2010): 우끄라이나 태생의 문학연구자로, 20세기 러시아 문학에 관한 전문가이다. 대표저서로는 『20세기 러시아 문학 고전』Русская литературная классика XX века, 1996, 『포스트리얼리즘』Постреализм, 2005 등이 있다.

224) 알렉산드르 게니스(1953~): 미국 작가이자 문학연구가. 게니스는 라쟌에서 태어났지만, 리가에서 성장했고, 1977년에 미국으로 이민을 떠나 현재 뉴욕에서 거주하고 있다. 20년 이상 라디오 '스보보다' Свобода에서 근무하며 '미국 시간' Американский час이라는 프로그램을 이끌고 있다. 한편 게니스는 세르게이 도블라또프С.Довлатов가 출판한 재외 러시아 신문 〈새로운 미국인〉Новый американец에서 근무하기도 했다. 게니스가 집필한 문화 및 문학관련 대표 저서로는 『도블라또프와 그 주변: 어문학 소설』Довлатов и окрестности: филологический роман, 2001, 『이반 뻬뜨로비치는 죽었다』Иван Петрович умер, 『개인적인 일』Частный случай 등이 있다.

225) 미하일 엡슈떼인(1950~): 문화학자이자 문학 연구가. 포스트모더니즘, 문학 원형 및 메타 리얼리즘 이론, 소비에뜨 이데올로기 및 철학 이론, 기호학 등 다방면에 관한 저술 및 연구서로 유명하다. 1990년부터 미국 에모리대학 교수로 재직 중이며, 러시아 현대 어문학 아카데미 회원이다. 1991년 '안드레이 벨리 문학상'의 인문학 연구부문 상을 받았으며, 1990년에는 잡지 〈즈베

즈다〉에서 주관하는 상을, 2000년도에는 러시아-미국 양국문화 발전을 위한 공헌을 높이 인정받아 '리버티' Liberty 상을 받았다. 대표저서로는 『새로운 시각의 패러독스』Парадоксы новизны, 1988, 『여백의 기호』Знак пробела, 2004, 『러시아 문학에서의 포스트모던』Постмодерн в русской литературе, 2005 등이 있다.

226) 임팩 더블린 국제문학상: 1955년 아일랜드의 더블린 시의회가 세계문학의 메카인 더블린의 명성을 되살리기 위해 미국 임팩IMPAC의 지원을 받아 설립한 문학상으로, 현존하는 문학상 가운데 가장 상금이 많기로도 유명하다. 영어로 쓰였거나 영어로 번역된 작품이 수상대상이며, 영어로 쓴 작품은 약 114,000달러에 달하는 상금을, 번역 작품은 작가에게 85,500달러가, 번역자에게는 28,500 달러가 수여된다.

31 :: 류드밀라 뻬뜨루셉스까야
Людмила Петрушевская

류드밀라 뻬뜨루셉스까야는 1992년 영국에서 '러시아 부커' 설립을 계획했을 때, 자유진영에 속하는 비평가들이 이구동성으로 지목한 유력한 후보작가였다. 그러나 최초의 '러시아 부커' 수상 작가는 뻬뜨루셉스까야가 아니고, 마르끄 하리또노프M. Харитонов[227]로 결정되었다. 이에 대하여 나딸리야 이바노바Н. Иванова는 심사위원들이 결정적인 실수를 한 것이라고 확신했다. 그녀에 의하면, 하리또노프의 소설 또한 작품성은 뛰어나지만, 독자층이 소수 엘리트로 한정되어 있다는 것이다. 이에 덧붙여 이바노바는 만일 뻬뜨루셉스까야가 러시아에서 첫 '부커'를 수상했다면, 그 문학상의 위상뿐만 아니라 러시아에서의 문학 환경 또한 다른 방향으로 진전되었을 것이라고 말한 바 있다.

류드밀라 뻬뜨루셉스까야는 1938년 모스끄바에서 태어났다. 그녀의 아버지는 유명한 언어학자였다. 1969년 모스끄바 국립대 언론학부를 졸업한 뻬뜨루셉스까야는 라디오 방송국에서 일하게 된다. 같은 해 뻬뜨루셉스까야는 〈노비 미르〉지에 처음으로 자신의 작품을 투고했지만, 편집부로부터 거절 통지를 받는다. 뻬뜨루셉스까야의 소설이 너무도 우울한 일상을 소재로 하고 있으며, 현실의 암울함을 너무 적나라하게 묘사하고 있다는 것이 편집부로부터 거절 당한 중요한 이유였다. 1972년이 되어서야 뻬뜨루셉스까야의 작품이 세상의 빛을 보게 된다. 그것은 위험을 감수한 〈아브로라〉 편집진의 용기 때문이었다. 여기에 실린 단편이 『들판을 지나』Через поля 이다. 이후 10년간 뻬뜨루셉스까야는 어떤 작품도 출판하지 못했다. 1975년이 되어서야 『두 개의 창』Два окошка 이라는 제목으로 첫 작품집이 발간되었다.

뻬뜨루셉스까야가 유명세를 타게 된 것은 1985년 희곡 '꼴롬빈의 아파트' Квартира Коломбина 가 '소브레멘니끄' Современник 극장에서 상연된 이후이다. 연극이 상연된 이후, 많은 비평가들은 뻬뜨루셉스까야의 희곡이 부조리 연극의 특성을 두드러지게 보여주고 있음에 주목하였다.

1990년, 뻬뜨루셉스까의 산문 또한 대단한 주목을 받기 시작했다. 이때 출간된 작품으로 중편 『시간 밤』Время ночь, 연작 모음집 『동 슬라브인들의 노래』Песни Восточных славян 가 있다. 뻬뜨루셉스까야 산문의 주제 역시 희곡과 별반 다르지 않았다. 산문의 주인공들은 유년에서부터 노년에 이르는 여자들이다. 대표적인 단편으로 『베라의 모험』Приключения Веры, 『끌라리사의 이야기』История Клариссы, 『끄세냐의 딸』Дочь Ксени, 『나라』Страна, 『누가 대답할 것인가?』Кто ответит?, 『미스테리』Мистика, 『위생학』Гигиена 등을 꼽을 수 있다. 이와 관련하여 나딸리야 깍쉬또Н. Какшто는 뻬뜨루셉스까야 산문을 관통하는 핵심 주제는 여성의 운명이라고 규정한다. 동시에 뻬뜨루셉스까야의 작품은 유토피아에 대한 환상이 가족, 남녀간의 사랑, 사회에서 어떻게 다양한 모습으로 깨지고 있는지를 보여줌으로써, 삶의 암울함, 비속함, 절망감, 고통과 아픔 등을 그 누구보다 적나라하게 보여주고 있으며, 이로 인해 때로는 감당하기 어려운 충격과 두려움을 준다고 지적하였다. 이에 반해 블라지미르 본다렌꼬는 뻬뜨루셉스까야의 작품은 남편으로부터 버림받은 여자, 아이들을 위해 헌신했지만 아이들의 증오 대상이 되는 엄마, 알코올 중독자 아니면, 게으른 백수 아들, 길거리를 배회하며 남자를 유혹하는 딸 등과 같은 인물과 슈젯을 반복하고 있을 뿐이라고 비난하기도 했다. 본다렌꼬에 의하면 뻬뜨루셉스까야의 모든 작품은 한마디로 '지옥의 음악' 이다. 그런가 하면 시인 알렉산드르 슈뻘로프A.Щуплов는 뻬뜨루셉스까야의 작품은 '좋다'와 '매우 좋다'라는 평가밖에는 못하는 비평가들에 의해 대단한 비호를 받고 있다고 비판을 하기도 한다.

한편 나딸리야 이바노바는 뻬뜨루셉스까야의 작품을 둘러싼 다양한 비평을 통합하려고 시도한다. 그녀에 의하면 뻬뜨루셉스까야는 도저히 모방할 수 없는 것들을 모종의 마법적인 방법을 통해 모방할 수 있는 작가이다. 『부커의 약혼녀』Невеста Букера, 2005라는 책에 기술된 이바노바의 견해를 요약하면 다음과 같다.

> "뻬뜨루셉스까야의 작품은 단지 현실의 암울함만을 보여주는 감상주의적 소설이 아니다. 표면적으로 세상의 온갖 부조리란 부조리를 다 모아, 스피커에 대고 고래고래 소리를 지르는 듯한 인상을 주기는 하지만, 그로테스크, 과장, 부조리를 이용한 그녀의 작품은 섬세하게 실존의 문제를 다루는 드라마와 같다."

뻬뜨루셉스까야는 동화를 집필하기도 했다. 동화는 어린이뿐만 아니라 어른들을 위한 것이기도 하다. 『옛날에 자명종이 살았대요』Жил-был будильник, 『엄마, 그래서요!』Ну, мама, ну! 『아이들에게 들려준 이야기』Сказки, рассказанные детям, 『꼬마 마법사』Маленькая волшебница, 『인형의 로맨스』Кукольный роман 등이다.

최근에 발행된 뻬뜨루셉스까야의 작품집으로는 『검은 나비』Чёрная бабочка, 2008, 『두 왕국』Два царства, 2009, 『나의 개인적인 삶에 대한 이야기』Истории из моей собственной жизни, 2009가 있다. 그리고 같은 해 출간된 작품집, 『옆집 아이를 죽이려던 한 여자가 살았었네. 무시무시한 이야기』Жила-была женщина, которая пыталась убить ребёнка своей соседки: Страшные рассказы로 뻬뜨루셉스까야는 진 울프Gene Wolfe와 함께 2010년 '세계 환상 문학상'World Fantasy Award을 공동으로 받았다.

227) 마르끄 하리또노프(1937~): 1963년 중편 『2월의 어느 날』День в феврале로 데뷔했다. 1988년 해당 중편과 같은 제목의 작품집이 처음으로 출간되었으며, 여러 나라의 언어로 번역되었다. 1992년 『운명의 선로, 밀라쉐비치의 궤짝』Линии судьбы, или Сундучок Милашевича이라는 장편소설로 '러시아 부커'를 받았다.

32 :: 발레리 뽀뽀프
Валерий Попов

발레리 뽀뽀프는 오늘날 러시아 문단에서 활동하는 몇 명의 '뽀뽀프'들 중 한 사람이다. 그 중 한 명은 숙쉰이 생전에 문학의 길을 축복해 주었던, 시베리아 출신의 예브게니 뽀뽀프E. Попов이다. 또 다른 사람은 하리꼬프 출신의 미하일 뽀뽀프M. Попов로 비평가들은 그를 '부활된 거성군'에 포함했지만 우여곡절 끝에 그는 다른 길을 선택했다. 그리고 마지막에 해당하는 세 번째 인물은 다름 아닌 발레리 뽀뽀프이다.

발레리 뽀뽀프는 1939년 12월 8일 까잔의 생물학자 집안에서 태어났다. 1963년 상뜨 뻬쩨르부르그 전기대학을 졸업하였고, 1970년 소비에뜨 국립 영화대학의 시나리오 학부를 비출석 과정으로 졸업했다. 젊은 시절에는 시를 창작했다. 1968년 2월 뽀뽀프는 문학의 밤 행사들 중 하나에 참여하였다. 그러나 당혹스럽게도 '문학의 밤들'은 스캔들과 밀고로 끝이 났다. 행사 참가자들이 누군가의 마음에 들지 않았던 것이다. 참가자들 가운데 이오시프 브로드스끼И. Бродский, 세르게이 도블라또프С. Довлатов, 블라지미르 마람진 В.Марамзин, 블라지미르 우플랸드В. Уфлянд 등은 당시의 공식 이데올로기를 거부했다. 이후 뽀뽀프 역시 불순한 작가들의 목록에 포함된다.

뽀뽀프를 둘러싼 추문과 기이한 일화들이 많은데, 그 가운데 뽀뽀프가 첫 고료를 받은 일화를 얘기해보자면 다음과 같다. 2000년 따찌야나 베끄와의 인터뷰에서 그는 이 사건을 이렇게 회상했다.

> "첫 고료를 받은 즉시 나는 술집에 방을 빌리고는 5명의 추종자들을 불렀다. 비또프도 있었고, 미샤 뻬뜨로프도 있었고, 천재 물리학자도 있었다. 그 후 비또프는 외화 상점의 진열창을 때려 부수고 다이아몬드들을 뿌려대기 시작했다. 우리를 꽁꽁 묶어서 경찰서로 데려갔는데 나를 추종했던 다른 친구들이 달려왔고 경찰들과 몇 마디를 나누자 매수당한 경찰이 우리를 풀어주었다. 우리는 모두 한패가 되어 술집으로 되돌아갔다. 그리고 관현악단원들이 '성자들이 순회할 때…'를 연주하였다. 다시 말해서 우리는 아무일 없었던 듯이 홀의 박수를 받으면서 하던 일을 계속했던 것이다."

뽀뽀프는 첫 번째 소설 『예전보다 더 남쪽에』Южнее, чем прежде를 1969년에 출간했다. 블라지미르 노비꼬프В. Новиков는 다음과 같이 생각했다.

> "뽀뽀프의 문학적 계보는 두 가지 기본적인 방향성과 연관된다. 그 방향성은 고골의 그로테스크, 부닌의 섬세한 시각적 표현과 우아함이다. 〈…〉 뽀뽀프는 현대 러시아 소설가들 중에서 표도르 도스또옙스끼와 레프 똘스또이의 예술적 유훈을 거부하거나 19세기 문학 전통의 기본 원칙인 사회적 파토스, 고통의 설교, 독자에 대한 도덕적 영향 등을 거친 목소리로 따지려 들지 않는 거의 유일한 소설가이다."

독일의 슬라브 학자 볼프강 까자끄는 "뽀뽀프는 자신의 소설들 속에서 단일하게 연결해주는 슈젯으로 개별적인 일화들을 묶지 않으면서도 그것들을 결합해낸다. 화자라는 그의 위치는 아이러니한 거리감, 풍자성, 희화성으로 결정된다. 그의 등장인물들은 보통 일상의 황당한 일들을 잘 수습해나가며, 그의 풍자는 깊이를 알 수 없는 절망과 슬픔을 담고 있다."라고 확신하고 있다.

그의 작품 가운데 소설 『성공한 인생』Жизнь удалась, 1985을 대표작으로 꼽을 만하다. 따찌야나 베끄와의 인터뷰에서 뽀뽀프는 다음과 같이 밝혔다.

"이 책은 매력적인 내 친구들에 대한 이야기이며, 유명한 문학평론가 이고르 스미르노프И. Смирнов가 뮌헨으로 출국한 것에 관한 언급이다. 자연히 우리에게 던져진 섬광이 어떻게 빛을 잃어 가는가에 대한 것이기도 하다. 주인공은 두 번의 수술을 한다. 처음엔 의대 실습생이 그를 수술하고 그 후엔 같은 사람이 또 하게 되지만 이미 몸값이 오른 외과의사가 된 후였다."

뽀뽀프는 이 소설을 1985년에 완성하였다. 시간이 흐르자 작가의 의지와 상관없이 이 소설의 제목은 관용어처럼 사용되었다. 2000년에 작가는 다음과 같이 회상했다.

"당시 내 삶은 영 시원찮고 잘 풀리지 않았다. 내가 처해있던 현실보다 훨씬 괜찮은 소설 제목을 생각해냈더니, 이내 내 삶도 잘 풀려나갔다."

뻬레스뜨로이까 이후에서야 뽀뽀프는 칼럼 같은 장편소설 『할렘의 평일』Будни гарема을 집필했다. 후일 그는 이 책이 어떻게 생겨나게 되었는지 다음과 같이 말했다.

"사회주의와 자본주의 간의 격차는 너무나 큰 것으로 나타났다. 모든 것은 끝이 났다. 내 출판사는 문을 닫았다. 거기엔 특수경찰들이 드나들었다. 그래서 나는 살기 위해서가 아니라, 심연을 건너기 위해 신화 속 삼단도三段跳가 필요하다는 것을 알게 되었다. 그래서 『할렘의 평일』을 집필하였다. 나는 대단한 흥미를 느끼며 집필에 임했다."

2003년 뽀뽀프는 〈노비 미르〉Новый Мир지에 『세 번째 호흡』Третье дыхание을 발

표하였다. 따찌야나 베끄의 말에 따르면, 이 소설은 "알코올 중독과 생명의 과도한 오남용에 대한 음울하고도 슬픈 보고서다. 이 소설은 꽃에 대한(물론 '악의 꽃'에 대해서는 아니다) 것이기도 하다. 그 꽃은 곳곳에서 자라고 있는데 더러운 진흙과 쓰레기더미 속에 핀 아름다운 꽃이다."〈Ex libris НГ〉 2003년 9월 18일

이후 안드레이 넴제르 А.Немзер는 다음과 같이 덧붙였다.

> "이 작품은 자전적 소재로 집필되었다. 소설은 '극도의 신빙성'이란 설정 위에 쓰였다. 알코올 중독의 아내, 병약한 아버지, 소설을 이끌어가는 인물인 허둥대는 불운한 작가 등이 가공된 '문학적 등장인물들'로만 인식되어서는 안 된다."
> 〈브레먀 노보스찌〉 Время новостей, 2004년 4월 16일

그러나 이 소설에 대해서 누구보다도 간단하고 훌륭하게 지적한 사람은 예브게니 레인 Е.Рейн이다. 그는 "『세 번째 호흡』에는 진정한 비극이 존재한다. 하급 재료에서 고급 예술이 발생한 것이다."라고 말했다.

자유주의 진영의 인텔리들이 소설 『세 번째 호흡』을 현대 문학의 한 현상으로 평가했다면, 민족주의 진영의 비평가들은 이 소설을 뽀뽀프의 창작 중에서 실패작으로 간주하였다. 예를 들어, 소설가 알렉산드르 베즈줍쩨프-꼰다꼬프 А.Беззубцев-Кондаков[228]는 상당히 직접적으로 다음과 같이 말했다.

> "발레리 뽀뽀프가 『세 번째 호흡』에서 고백했던 모든 것은 전혀 무섭지 않다. 주인공 작가의 불행한 운명에는 변화가 일어나지 않으며 고난을 통한 정화도 없다. 게다가 솔직히 고난 자체도 없다. 다만 귀찮고 신경질나게 하는 삶의 일상적 불편함만 있을 뿐이다. 정신 병원을 묘사하는 장면에서조차도 비극성은 느껴지지 않는다. 할리우드 영화에서 그런 장면이 등장했다면, '당신, 무슨 문제 있어요?' 라는 질문을 받았을 것이다. 『세 번째 호흡』의 주인공에게는 바로 그런 '문제들'만 있을 뿐 비극은 찾을 수 없다. 그래서 결과적으로 서술은 흡연실 어

딘가에서 얘기되는 잡담같은 인상을 더욱더 풍기게 된다. ⟨…⟩ 고백과 음부노출증은 다르다. 발레리 뽀뽀프가 이전 책들에서 특징적으로 보여주던 재치의 번뜩임은 빛을 잃었고, 저속하지 않으면서 재치있게 보이려는 그의 모든 시도는 실패한 것으로 보인다. 그가 묘사한 방탕함도 출구 없는 막다른 골목이라는 느낌과 무력함에서 비롯된 것이다." ⟨리쩨라뚜르나야 가제따⟩Литературная газета, 2004년 35호

뽀뽀프는 오래전부터 순수문학 외의 사회 활동에도 전념하고 있다. 그는 상뜨 뻬쩨르부르그 작가 연합을 이끌고 있으며, 연합회장의 자격으로 2002년과 2003년에는 자신의 오랜 숙적이었던 비평가 빅또르 또뽀로프В. Топоров를 창작 연합에서 제명시키려 하기도 했다. 하지만 그 후 생각을 바꾸어, 2004년에 상뜨 뻬쩨르부르그에서 작가동맹연합회 창설에 대한 합의서를 체결하면서 애국주의 비평가 이반 사빌로И. Сабило와는 화해모드로 들어간 바 있다. 뽀뽀프는 현재 상뜨 뻬쩨르부르그에 살고 있으며, 그의 소설 『세 번째 호흡』은 '이반 뻬뜨로비치 벨낀 문학상'Премия им. Ивана Петровича Белкина을 받았다.

228) 알렉산드르 베즈좁쩨프 꼰다꼬프(1980~): 작가이자 비평가. 2004년부터 2005년까지 신문 〈네베스니 브사드니끄〉Небесный всадник의 편집장으로 일하였다.

지리하게 늘어놓은 삶의 진실

33 :: 올가 슬라브니꼬바

Ольга Славникова

올가 슬라브니꼬바는 이미 오래전부터 두 가지 직함을 가지고 있다. 물론 그녀에게는 그 어떤 것보다도 작가라는 직함이 잘 어울리지만, 현대 러시아 문학의 흐름을 이끄는 중요한 인물 중 한 명으로 그녀의 이름을 듣는 것 역시 낯설지만은 않다. 아마도 그녀가 러시아 전역에서 실행되는 '데뷔' Дебют[229]라는 신인 발굴 문학상의 핵심위원이라는 점을 언급하는 것만으로도 충분한 설명이 될 것이다.

올가 슬라브니꼬바는 1957년 10월 23일 스베르들롭스끄에서 태어났다. 그녀는 군수공업 기술자 집안 출생이다. 처음에 그녀가 비행기 기술자가 되려고 했던 것은, 아마도 이런 주변 환경적 요소가 작용했기 때문일 것이다. 그녀는 다음과 같이 자신의 어린 시절을 회상한다.

> "내가 입학할 대학을 결정하던 순간, 나는 선택을 감행했다. 나는 수학자로서 소질을 갖추고 있었지만, 사고하는 방식은 수학자가 아니었다. 이제야 막 수학적 자질이 내게 형성되고 있었다. 7학년이 되자, 난 수학적으로 세계를 묘사하는 일이 가능하다고 느꼈다. 인식한 것이 아니라 말 그대로 느꼈다. 수학은 예감과 같은 것이며, 글을 쓰는 일도 예감과 다를 것 없다는 느낌이었다. 이 점이

나를 동요하게 만들었다. 만일 인생이라는 길을 걸어가다가 강렬한 인물과 맞닥뜨리게 되면, 그 인물은 젊은 사람에게 큰 영향력을 발휘하게 된다. 학교에서 내게 문학을 가르쳐준 여선생님 아다 보로비끄A. Боровик는 바로 그런 강렬한 인물이었고, 그녀는 내가 이 년 동안 공부했던 수학공학부 특수반에서 신문방송학부로 전과할 수 있는 계기를 만들어줬다. 인간의 운명이란 사람들과의 관계에서 만들어지는 것이기 때문에, 내가 글을 쓰게 된 것도 어쩌면 일종의 운명이라고 볼 수 있다. 내 소설 『거울 속 한 남자』Один в зеркале, 1999에 등장하는 주인공 수학자 안또노프는, 내게 주어졌던 또 다른 운명, 즉 수학자로서의 삶을 잃어버린 아쉬움을 어느 정도 상쇄시켜 줬다." 〈끄니쥐노예 오보즈레니예〉2005년 34호

어린 시절 슬라브니꼬바는 전혀 고분고분한 성격의 아이가 아니었다. 청소년기에 그녀가 꼼소몰에서 제명될 뻔했던 사건을 아는 사람들은 그리 많지 않다. 당시 그녀는 솔제니찐의 『수용소 군도』Архипелаг ГУЛАГ를 읽고, 이 책의 사본을 타이핑 한 것에 대해 추궁을 당했다. 만약 추궁이 끝나고 꼼소몰에서 제명이라도 당했다면, 아마도 그녀는 꽤 오랫동안 블랙리스트 명단에 자신의 이름을 올려놨을 것이다.

1981년 우랄 대학교 신문방송학과를 졸업한 후, 슬라브니꼬바는 니짜쥐마쉬 НИИТЯЖМАШ의 광고출판부에서 근무를 시작했다. 시간이 남아돌자 슬라브니꼬바는 지루함을 견디다 못해 『1학년 여대생』Первокурсница이라는 중편소설을 쓰게 된다. 슬라브니꼬바는 1988년 잡지 〈우랄〉Урал에 위험을 감수하고 이 중편을 게재했는데, 다행히 그 이후로 일은 잘 풀려나갔다.

1996년 슬라브니꼬바는 자신의 첫 번째 장편소설 『멍멍이만큼이나 커져 버린 잠자리』Стрекоза, увеличенная до размеров собаки를 출간했고, 1997년 이 소설은 '러시아 부커' 숏-리스트에 이름을 올렸다. 훗날 그녀는 드미뜨리 바빌스끼 Д. Бавильский[230]에게 이런 말을 했다고 한다.

"내 첫 번째 소설은 글 쓰는 일을 접으려고 했던 결심이 만들어낸 작품이에요.

90년대가 정점에 다다랐을 때, 문학은 이제 생명이 다했다는 생각이 들었죠. 출판업계가 구성이 까다로운 산문에 대해 거부반응을 보인다는 말과 함께, 이제 그런 류의 산문은 아무도 필요로 하지 않는다는 이야기를 듣게 됐어요. 그러자 환희에 가득찬 자유의 감정이 내게 밀려왔죠. 이젠 난 누구에게도, 아무것도 빚진 게 없다는 생각이 들었어요. 그렇다고 해서 내가 책상에 앉아서 찔끔찔끔 일하지 말란 법도 없잖아요? 내가 일을 때려 친 것과 다를 바 없다면, 닫힌 문 뒤에서 내가 뭘 하든 간에, 그 누구도 알려고 들지 않을 테니까요. 그리고 나서 새로운 작품이 시작된 거지요." 〈또뽀스〉 Топос, 2005년 1월 28일

슬라브니꼬바의 두 번째 소설 『거울 속 한 남자』는 1999년 〈노비 미르〉 지에 실렸다. 로만 센친 Р. Сенчин[231]이 지적하듯이, 이 책은 20세기 말에 쓰인 지적 소설 중 가장 뛰어난 작품이다. 하지만 실제로 이 작품을 읽는 작업은 진이 빠질 정도로 힘들기 짝이 없다.

"문제는 주로 텍스트 그 자체의 복잡함이 아니라, 저자가 고안해 낸 서사 형식에 있다. 슬라브니꼬바는 타인에 관한 이야기를 풀어나가기 시작한다. 문제는 그녀가 그런 스토리 내부에 있지 않고, 스토리보다 좀 더 위쪽에 군림하고 있다는 점이다. 독자는 이미 도입부에서부터 이런 상황에 대한 정보를 얻게 된다. 소설의 도입부에는 이런 글귀가 적혀 있다. "내가 이야기하려고 하는 스토리는, 내가 잘 모르는 사람들에게 실제로 일어났던 일이다. 그들은 자신에게 일어났던 사건의 본질을 스스로 표현해내지 못하는 자들이다. 사실대로 말하자면, 그들은 정말 낯설기 짝이 없지만, 어떤 이유에서인지 갑자기 그들에게 밀어닥친 사건을 대하듯 모든 것을 받아들였다." 슬라브니꼬바는 350페이지에 걸쳐 전개되는 소설에서 내내 이 기법을 무조건적으로 고수해나간다. 슬라브니꼬바는 자신의 소설에 등장하는 주인공들이 실재하는 인물이며, 동시에 문학적인 인물이라는 점을 때로는 독자에게, 때로는 자기 자신에게 정기적으로 설득시키려 들면서, 반복에 반복을 거듭한다. 결국 그녀의 주인공들은 곧 그녀의 소유물인 것이다." 〈리쩨라뚜르나야 러시아〉 2005년 9월 9일

마리야 레미조바M. Ремизова는 『거울 속 한 남자』와 관련하여 다음과 같은 평을 내놓았다.

> “슬라브니꼬바는 그 어떤 간섭에 의해서도 중단되지 않는 저자의 억양만 남겨 놓은 채, 독자를 졸음에 빠져들게 한다. 독자의 의식은 점차 보편 생리학적 법칙에 굴복하게 되고, 변화없이 단조로운 서술로 인해 자연스럽게 베게 쪽으로 머리를 가져가게 된다. 이런 무의식적인 반응으로 인해 독자는 자신이 즐길 권리를 빼앗겨버릴 수도 있다. 즉, 슬라브니꼬바의 독자들은 지금 잠이 쏟아지게 하는 페이지보다 좀 더 뒤쪽으로 페이지를 넘기다 보면, 마치 잘 짜인 공식처럼 표현된 저자의 관찰을 즐기면서 만족할 권리를 박탈당할 수도 있다는 것이다.”

첫 번째 문학적 성공으로 기쁨을 만끽한 슬라브니꼬바는 머지않아 고향땅인 예까쩨린부르그를 뒤로 하고 도시로 떠나기로 결심하게 된다.

모스끄바로 이주한 뒤, 슬라브니꼬바는 새로운 작품 『불사자不死者. 진정한 인간에 관한 이야기』Бессмертный. Повесть о настоящем человеке, 2001를 출판한다. 다른 누구보다도 율리야 라하예바Ю. Рахаева가 이 소설에 대해 커다란 찬사를 보냈다. 라하예바는 소설 『불사자』에서 슬라브니꼬바가 “많은 이들이 잘 무르익은 정체기로 받아들이는 시기와 관련된 향수鄕愁를 모조리 배제한 채, 우리와 우리 시대에 관한 불편한 진실을 풀어나간다.”라는 단호한 평을 내렸다.〈이즈베스찌야〉2002년 3월 12일

소설에 등장하는 주인공은 소비에뜨 시대에 정보국 요원으로 활동했지만, 지금은 14년 동안 꼼짝도 못하는 상태로 누워있는 노인이다. 우리 시대가 겪는 잔혹한 현실로부터 주인공을 벗어나게 해주려는 마음에, 가족들은 그를 위해 여전히 1970년대 분위기를 연출해주고자 노력한다. 하지만 그 누구도 시간을 바꿀 수는 없었다.

장편 『불사자』는 출판되자마자 ‘이반 뻬뜨로비치 벨낀 문학상’Премия им. Ивана Петровича Белкина, ‘내셔널 베스트셀러’, ‘스미르노프-부커’Smirnoff-Букер[232] 등

권위 있는 문학상 추천명단에 이름을 올렸다. 하지만 결과적으로는 '아뽈론 그리고리예프 문학상' Премия им. Аполона Григорьева 이라는 상대적으로 규모가 작은 상을 받는데 그쳤다.

몇 년 후 이 소설은 두 가지 스캔들의 중심에 놓이게 됐다. 첫 번째 스캔들은 독일 감독 볼프강 베커Wolfgang Becker와 번드 리츄텐버그Bernd Lichtenberg가 2003년도에 그녀의 소설 『불사자』의 슈젯을 사용하여 '굿바이 레닌!' Good-bye, Lenin!이라는 영화를 찍으면서 시작됐다. 슬라브니꼬바는 이들이 그녀의 소설을 한 군데도 인용한 적이 없다고 언급한 점에 대해 거세게 반발하며 비난을 가했다. 한편 2001년 12월 3일 슬라브니꼬바는 그녀와 소설 출간계약을 체결했지만, 3년 동안이나 약속을 이행하지 않은 채 버티는 '올림프' Олимп 출판사에 대해 제재를 가했다. 이것이 두 번째 스캔들이다. 하지만 그녀는 양쪽 모두에게 아무런 처벌도 가하지 못했고, 사건은 모두 단순한 해프닝으로 마무리됐다.

2005년 말 슬라브니꼬바는 조지 오웰적 느낌으로 이름을 붙인 새로운 장편소설 『2017』을 선보였다. 그녀는 자신의 소설이 완성된 과정에 대해 이렇게 언급했다.

"이 책의 내용은 2017년에 일어나는 사건에 관한 것이다. 〈…〉 처음에 난 '돌과 관련된 소설'을 쓰려고 생각했다. 주인공은 천부적인 연마공이고, 돌에 대해 특별한 감각을 지닌 사람이다. 그가 지닌 감각은 어떤 의미에서 볼 때 '별이 총총히 뜬 하늘을 느끼는 것'과 같다. 우랄산맥 북쪽, 소설에서는 리페이Рифей라고 불리는 장소에서 진귀한 루비광산을 발견하게 되는 사건이 슈젯을 이끄는 중요한 원동력이 된다. 이 모든 일에 산의 정령들이 속한 세계도 관여한다. 그러다 보니 처음의 계획과 달리 소설의 규모가 커져 버렸고, 자기만의 방식으로 전개되어 버렸다. 어떻게 하다가 소설이 그런 형이상학적 사회성의 집약체가 되어 버렸는지는 잘 모르겠다. 아마도 역사학도로 나오는 주인공이 그 원인이라 할 수 있을 것이다. 그렇다고 해서 주인공이 학자는 아니다. 그냥 대학을 졸업한 뒤에 학위와 상관없는 길로 들어선 인물이다. 하지만 그에게 직관이 생겨나게 되고, 그 덕분에 그는 이것저것에 대해 해석을 가하며 예언까지 하는 단계에 이르게 된다."〈끄니쥐노예 오보즈레니예〉2005년 34호

슬라브니꼬바의 장편 『2017』은 출간된 이듬해2006에 '러시아 부커'를 수상했으며, 2010년에는 소설의 영어본이 출간되었다. 2007년 슬라브니꼬바는 『거울 속 한 남자』를 포함한 초기 작품들을 모아 『야수와 함께 왈츠를』Вальс с чудовищем이라는 선집을 선보였고, 2008년에는 장거리 노선 운행열차에만 한정적으로 배포되는 〈여행용 가방. 침대칸〉Саквояж. Спальный вагон이라는 잡지의 청탁으로 철도와 관련된 단편들을 집필하게 된다. 이후 이 단편들은 『제7번 차량에서의 사랑』Любовь в седьмом вагоне이라는 제목의 선집으로 출간되었다.

229) 데뷔Дебют: 젊은 작가들을 위한 가장 큰 규모의 문학경연장이다. '데뷔' 문학상 설립 후 5년 동안 러시아 각지를 비롯하여 유럽 및 미국, 일본 등 전 세계 각국에서 보내온 17만부 이상의 필사본이 접수되었다. '데뷔' 문학상은 '세대' Поколение 라는 국제 기금회에 의해 설립되었고, 러시아어로 쓰인 문학작품이 수상대상이며, 수상시점을 기준으로 25살을 넘기지 않은 젊은 작가에게 시상된다. 통상적으로 '데뷔' 문학상의 1차 심사에서는 작가를 비롯하여 비평가, 출판업자와 문화종사자들이 심사를 진행하지만, 최종심사는 러시아 현대 작가 5~7명이 맡는다. 수상자들에게는 '새' Птица 형상의 명예 트로피가 수여되고, 동시에 미화 약 3,000달러에 해당하는 원고료를 지원해주며, 국제기금회 '세대'와 출판계약을 맺을 권리가 부여된다.

230) 드미뜨리 바빌스끼(1969~): 문학연구가이자 비평가, 작가로 활동 중이다. 2004~2007년까지 〈브즈글랴드〉Взгляд 인터넷판 문화분과 편집장으로 근무했으며, 현재 사회철학 및 문학비평 관련 인터넷 잡지 〈또뽀스〉Топос 에서 '이기주의자의 작은 도서관' Библиотечка эгоиста 이라는 섹션을 맡아 진행하고 있다. 2010년부터는 인터넷 잡지 〈오끄노〉Окно 에서 산문분과를 이끌고 있다.

231) 로만 센친(1971~): 상뜨뻬쩨르부르그 건축기술학교에서 수학하고 고리끼 문학 대학을 졸업했다. 〈노비 미르〉, 〈나쉬 소브레멘니끄〉, 〈즈나먀〉 등의 지면을 통해 작품을 게재하고 있으며, 그의 산문에 대한 평가는 매우 양가적이다. 로드냔스까야И. Роднянская의 경우 "절도 있는 서술전략으로 독자의 심금을 울린다."라는 긍정적 평을 내놓았지만, 아게예프А. Агеев의 경우 "스메르자꼬프가 펜을 들어 쓴 글 같다."라는 악평을 가하기도 했다. 한편 2009년에는 평범한 러시아 가족의 몰락과 파멸의 역사를 그린 소설 『엘띠쉐프 가의 사람들』Ельтышевы을 선보였으며, 이 작품은 '러시아 부커' 숏-리스트에 올라갔다.

232) 스미르노프 부커Smirnoff-Букер: '러시아 부커'는 1992년 '재러 영국협의회' Британский совет в России의 주도로 설립된 러시아 최초의 민간 문학상으로, 매년 러시아어로 쓰인 장편소설에 대해 시상을 거행한다. 총 5명으로 구성된 심사위원단이 1단계 심사에서 롱-리스트 후보 명단을 작성하고, 그 후 2단계 심사에서 6편의 최종 후보가 들어간 숏-리스트를 작성하며, 이후 시상식 당일 최고수상자를 결정하게 된다. 숏-리스트에 오른 최종 후보들에게는 각각 2,000달러의 상금이 수여되며, 최고 수상자에게는 2만 달러의 상금이 수여된다. 이후 1997년 '러시아 부커'의 스폰서가 '부커사' Booker plc에서 '스미르노프 기념 기금 재단'으로 바뀌면서 상의 명칭도 '러시아 부커'에서 '스미르노프 부커'로 변화되었다. 이 기금 재단은 세계적인 메이저 위스키사 UDV United Distillers and Vintners 에 소속되어 있다. 2002년에서 2005년까지는 '부커-열린 러시아' Букер-Открытая Россия 라는 명칭으로 다시 재편되었고, 유코스ЮКОС 사의 총수들이 사비로 설립한 자선단체 '열린 러시아' Открытая Россия 가 스폰서로 활동했다. 2006년부터는 국제적인 에너지 기업 BP가 '러시아 부커'의 후원자로 활동하고 있다. 마까닌В. Маканин, 1993, 쉬쉬낀М. Шишкин, 2000, 울리쯔까야Л. Улицкая, 2001, 악쇼노프В. Аксенов, 2004, 슬라브니꼬바О. Славникова, 2006 등이 최고의 영예를 안은 바 있다.

진지한 문학성과 상업적 성공의 갈림길에 선 작가

34 :: 알렉세이 슬라뽑스끼

Алексей Слаповский

알렉세이 슬라뽑스끼는 1957년 7월 29일 사라또프 인근 지역의 치깔롭스꼬예 마을에서 출생하여 축산학자 집안에서 성장했다. 1979년 그는 사라또프 대학교 어문학부를 졸업했으며, 1979년에서 1981년 사이에 고등학교에서 러시아어 및 러시아 문학을 강의했다. 이 외에도 슬라뽑스끼는 다양한 직업경력을 가진 것으로 유명하다. 학교 선생님을 그만두고 약 2년간 짐꾼으로 일했으며, 그 후 사라또프 지역 TV 방송국 및 라디오에 입사하여 기자로 근무하면서 1989년까지 다양한 경력을 쌓았다. 또한 1990년부터 1995년까지는 잡지 〈볼가〉Волга의 예술문학분과 편집국장으로 근무했다.

창작 초기에 슬라뽑스끼는 소품 위주의 음유시인 분위기를 지닌 작가로 명성을 떨치기 시작하다가, 얼마 후 희곡작가로 전향하게 된다. 1988년 잡지 〈볼가〉에 최초의 희곡 '회상록을 조심하세요!'Бойтесь мемуаров!를 게재했지만, 이 작품은 처음이자 마지막으로 무대에 올려진 뒤 단 한 번의 상연을 끝으로 막을 내렸다. 그의 또 다른 희곡 '작은 벚꽃 동산' Вишнёвый садик은 1994년 5월 독일에서 열린 제1회 유럽극작가 콩쿠르에서 입상했으며, 1996년에는 전 러시아 극작가 콩쿠르에서 수상의 영예를 안았다.

1989년 슬라뽑스끼는 마침내 소설가로 데뷔하게 된다. 그는 잡지 〈볼가〉에 장편 『진심 어린 예술가』Искренный художник를 게재했지만, 당시 평론가들의 주목을 받지는 못했다. 대신 그는 1992년 〈볼가〉 제2호에서 제6호에 걸쳐 연재한 모험소설 『나는 내가 아니다』Я-не Я로 큰 반향을 불러일으켰다. 이 소설은 한 남자가 타인의 몸뚱이 속으로 전이되어 다른 사람의 삶을 경험하는 사건에 관한 이야기이다. 안드레이 바실렙스끼A. Василевский는 이 작품을 "내용면에서 볼 때 다소 무게감이 떨어지지만, 흥미롭고, 지루하지 않은 소설"로 정의내렸다. 슬라뽑스끼는 소설 『나는 내가 아니다』로 1993년 '러시아 부커' 숏-리스트에 이름을 올렸다.

비평가 로만 아르비뜨만P. Арбитман[233]은 1994년 〈리쩨라뚜르나야 가제따〉 지면에 슬라뽑스끼의 창작을 분석한 글을 실었다. 아르비뜨만은 이 소설을 두고 "지금까지 이미 수천 번도 넘게 사용된 오래된 문학 구성기법에 나오는 조각들로 우리 삶의 풍속도를 모자이크처럼 짜맞춘 작품"이라고 지적한 바 있다.

한동안 슬라뽑스끼는 탐정소설의 매력에 푹 빠져 지내기도 했다. 1996년 그는 잡지 〈즈베즈다〉Звезда에 장편 『기타리스트의 죽음』Гибель гитариста을 게재했다. 빅또르 또뽀로프B. Топоров는 아가사 크리스티의 기법, 부분적으로는 패트리샤 하이스미트Patricia Highsmith의 기법과 브로드스끼И. Бродский의 장시 『얄타에 바친다』Посвящается Ялте에 사용된 문체론적 특징과 분위기가 이 작품 속에 혼합되어 있다는 평을 내렸다.

탐정소설은 슬라뽑스끼가 소위 상업문학에 진지하게 전념하도록 만든 계기가 되었으며, 그는 이 분야에서 독보적인 성과를 거뒀다. 슬라뽑스끼 문학의 상업적 경향을 두고 세르게이 예신C. Есин은 자신의 2000년 9월 7일자 일기에 다음과 같은 글귀를 적어놓았다.

"알렉세이 슬라뽑스끼의 소설 『돈이 붙는 날』День денег, 2000을 다 읽었다. '악한 소설'이라는 부제는 별 도움이 되지 못한다. 모든 것에는 내적 핵심도, 삶의 상황도 부재하며, 러시아 인들의 음주 세태에 압박을 가하지도 않는다. 평이하기 그지없는 도식적인 독서 층위 속에서 거의 모든 사건이 전개된다. 이 작품보다 약간 앞서 나온 슬라뽑스끼의 소설 『앙케이트』 Анкета, 1998 의 구성과 마찬가지로, 이 작품 역시 기계적인 구성을 취한다. 이런 아이러니는 이미 지긋지긋할 정도로 신물이 난다. 〈…〉 그는 항상 도식적이며, 바로 그러한 도식적 경향 속에서 자신만의 색깔을 찾게 될 것이다."

탐정소설 및 상업소설류에 열중하던 슬라뽑스끼는 마침내 TV 연속극 분야까지 자신의 창작범위를 넓혀나가게 된다. 처음에 그는 '요청하면 서는 정류장' Остановка по требованию, 2000 이라는 제목을 단 트렌디 드라마를 집필했다. 그 후 연출가 세르게이 가자로프 С. Газаров[234]는 슬라뽑스끼의 시나리오를 바탕으로 10편 짜리 시리즈물 '다섯 번째 모퉁이' Пятый угол, 2001 를 찍었다. 이 작품과 관련하여 슬라뽑스끼는 스스로 다음과 같이 언급한 바 있다.

"'다섯 번째 모퉁이'는 심리 드라마에 속한다. 이 작품은 우리가 통상적으로 시리즈물 수준에서 나눌만한 대화에 담긴 진지함의 극치를 보여준다."〈끄니쥐노예 오보즈레니예〉 2004년 6월 26일

슬라뽑스끼가 대본집필에 참여했던 TV 시리즈물 중 가장 큰 성공을 거둔 것은 세르게이 베즈루꼬프 С. Безруков[235]가 주연으로 나왔던 '관할구역' Участок, 2003 이라는 작품이다. 드라마 '관할구역'은 2004년 책으로 출간되면서 다시 한 번 화제에 올랐다. 슬라뽑스끼는 이 작품을 다음과 같이 평한다.

"외적인 측면에서 봤을때 '관할구역'은 각각의 시리즈마다 나름대로의 슈젯을 지닌 탐정 수사물이지만, 동시에 이 작품은 매우 희극적인 요소를 보여준다." 〈끄니쥐노예 오보즈레니예〉 2004년 6월 26일

TV 시리즈 대본을 집필하면서 슬라뽑스끼는 경제적인 여유를 본격적으로

만끽하게 된다. 2000년도에 그는 자신이 사라또프에서 5년 이상 편집을 맡았던 잡지 〈볼가〉를 폐간시키고 모스끄바로 거처를 옮겼다.
어느 정도 시간이 흐른 뒤, 슬라뽑스끼는 다시 자신의 본업인 산문작가의 길로 돌아왔다. 이러한 슬라뽑스끼의 행보를 두고 알렉산드르 아르한겔스끼A. Архангельский는 〈이즈베스찌야〉 지면에 다음과 같은 글을 게재하며 놀라움을 표한 바 있다.

> "슬라뽑스끼는 폭풍우처럼 빠르게 휘몰아치는 파불라를 다룬다. 주인공이 다른 사람의 집 창문을 바라보면서, 자기 자신을 다른 사람처럼 상상하고, 바로 그 다른 사람과 삶의 역할을 바꾸고, 그 후에도 또 한 번, 또 한 번 계속되고… 이런 식의 전형적인 도식에 따라 작품의 슈젯은 끊임없이 갱신된다. 하지만 슬라뽑스끼가 정작 자기 자신의 운명을 구성해야 할 때는 대체 무슨 이유로 시종일관 '슈젯을 지연시키는 기법'을 사용하는 것인지 알다가도 모를 일이다."

슬라뽑스끼는 소설 『나는 내가 아니다』가 성공을 거둔 이후, 갑자기 자신의 문학적 대척자인 빅또르 펠레빈В. Пелевин에 관한 신랄한 기사를 게재했다. 그리고나서는 TV 시리즈라는 '돈벌이가 되는' 시장에서 뜻밖의 돌파구를 찾고자 했으며, 그 이후에는 또다시 보수가 변변치 않은 산문작가로 되돌아왔다. 아르한겔스끼는 바로 이런 슬라뽑스끼의 행보를 두고 '지연'이라고 일컫는 것이다.
슬라뽑스끼는 비평가들이 자신의 문학작품을 '양질의 문학'으로 평가해주기를 기대했지만, 실제로 양질의 문학이 상업적 수익을 올리기는 어렵다는 딜레마에 빠져버렸다. 슬라뽑스끼가 2004년에 잡지 〈즈나먀〉 지면에 게재한 소설 『편저자』Адаптатор가 바로 이런 질문에 대한 답이 될 수도 있다. 『편저자』는 이후 『삶의 질』Качество жизни, 2004 이라는 제목을 달고 책으로 출간되었다. 이 소설 속에 등장하는 주인공은 타인이 저술한 복잡한 책의 내용을 자료별로 능숙하게 편집하여 일반대중을 위해 저술해내는 편저자로, 어느 날 갑자기 매스컴의 위력에 힘입어 '인기 작가'의 반열에 오르게 되고, 점차 작가가 아닌 매체 아이콘으로 전락해가는 인물이다. 이 작품에서 슬라뽑스끼는 주인공의 형상 속에 간접적으로 반영된 자기 자신의 모습과 문학적 고민들을 언뜻언뜻 내비쳐 보인다.

2005년과 2006년 슬라뽑스끼는 『그들』Они과 『그것』Оно이라는 두 편의 작품을 연달아 내놓았다. 장르상 『그들』은 수십 명에 이르는 다양한 모스끄바 인들의 이해관계가 충돌하는 '소설-수필'이다. '그들'이라는 표제로 인해 몇몇 비평가들은 자먀찐의 소설 『우리들』과 슬라뽑스끼의 『그들』을 자연스럽게 비교하기도 했다. 작품의 제목에 관해 슬라뽑스끼는 다음과 같은 설명을 내 놓았다.

> "소설을 작업할 당시 두 개의 제목을 생각해 뒀었다. '점령' оккупация과 '자아점령' самооккупация이라는 제목이었는데, 둘 다 무시무시한 명칭이다. 그 후 '그들'이라는 제목이 나왔다. 물론 나 역시 자먀찐의 작품을 떠올렸고, 사람들이 두 작품을 비교하게 될 것이라는 점도 알았다. 자먀찐의 작품에는 반 유토피아와 환상적인 측면이 존재한다. 하지만 제목이 유사하다는 점을 제외한다면, 사실 두 작품 간의 공통점은 아무것도 없다. 내 작품 중 '우리들'이라는 제목의 책이 나올 수 있다는 점 역시 배제할 수는 없지만, 그 작품은 전혀 다른 것이 될 것이다. 난 문학적 유희를 펼치려 한 것이 아니다. 그냥 그렇게 되었을 뿐이다."
> 〈이즈베스찌야〉2005년 3월 2일

슬라뽑스끼는 문학상 숏-리스트에 이름을 올리는 단골 작가이기도 하다. 지금까지 그는 소설 『첫 번째 재림』Первое второе пришествие, 1994, 『앙케이트』1998, 『돈이 붙는 날』2000, 『삶의 질』 등으로 총 4번에 걸쳐 '러시아 부커' 숏-리스트에 이름을 올렸다. 또한 2010년에는 뻬름에서 개최된 제1회 국제영화페스티벌 '텍스투라' Текстура에서 『화요일마다 일어나는 살인』У нас убивают по вторникам이라는 작품으로 최고 시나리오 그랑프리를 수상했다. 2008년도에는 영화

'나이트 워치' 로 유명한 티무르 베끄맘베또프Тимур Бекмамбетов 감독과 손을 잡고, 소비에뜨 시절의 향수를 불러일으키며 지금까지도 연말연시 러시아 TV 프로그램의 단골 메뉴로 등장하는 엘다르 랴자노프Э. Рязанов[236] 감독의 대표작 '운명의 아이러니, 혹은 목욕 잘하셨습니까!' Ирония судьбы, или С лёгким паром!, 1975의 후속작 '운명의 아이러니 2' 시나리오를 집필하여 영화화했다.

2009년에는 자신의 대표 소설 『나는 내가 아니다』와 『불사조 신드롬』Синдром феникса, 2007을 영화화하기 위한 시나리오를 집필하기도 했다. 현재 슬라뽑스끼의 작품은 영국, 프랑스, 독일, 폴란드, 헝가리 등 유럽 및 동유럽을 비롯한 세계 각국의 언어로 번역되어 전 세계적인 독자층을 형성하고 있다.

233) 로만 아르비뜨만(1962~): 작가이자 문학비평가. 사라또프 국립대학교를 졸업한 뒤 고등학교 교사로 근무하다가 1980년대 말부터 본격적으로 비평가의 길을 걸으며, 〈리쩨라뚜르나야 가제따〉, 〈끄니쥐노예 오보즈레니예〉Книжное обозрение, 〈노비 미르〉, 〈즈나먀〉 등에 글을 게재했다. 아르비뜨만은 특히 탐정소설 및 환상문학에 대한 비평으로 유명하다.

234) 세르게이 가자로프(1958~): 아르메니아 국적의 영화감독이자 시나리오 작가로, 때로는 직접 배우로 나서기도 한다. 1980년 '기찌스' ГИТИС 연기학과를 졸업한 뒤 한동안 모스끄바의 '소브레멘니끄' Современник 극장, '따바꼬프 연극 스튜디오' Театр-студия О. Табакова 등에서 연기했다. 1980년 엑스트라 배역을 맡아 영화배우로 데뷔했으며, 1980년대 말에는 비극적인 멜로드라마 '크레이지' Крейзи를 제작하며 영화감독으로 정식 데뷔했다.

235) 세르게이 베즈루꼬프(1973~): 영화 및 연극배우. 2008년 러시아 국민 배우 직함을 받았으며, '러시아 국가상' 수상자이기도 하다. 1994년 므하뜨 스튜디오에서 따바꼬프О. Табаков에게 연기지도를 받고 졸업했으며, 이후에도 따바꼬프의 지도로 극장에서 연기했다. '브리가다' Бригада, '관할구역' Участок, '거장과 마르가리따' Мастер и Маргарита, '예세닌' Есенин 등의 TV 시리즈물에 출연했으며, 1994~1999년까지는 '엔떼베' НТВ 방송국의 프로그램 '인형들' Куклы에서 옐찐, 쥐리놉스끼В. Жириновский 등의 목소리를 녹음했다. 2002년에는 '통합 러시아' Единая Россия 당에 입당했다.

236) 엘다르 랴자노프(1927~): 감독이자 시나리오 작가로, 1984년 소비에뜨 국민예술가 직함을 받았다. 1950년 '브기끄' ВГИК를 졸업한 뒤, 5년 동안 다큐멘터리 영화에 전념했다. 1955년부터 영화스튜디오 '모스필름' 소속 감독으로 근무하면서 소비에뜨 최초의 와이드스크린 영화 '봄날의 목소리' Весенние голоса를 제작했다. 이후 유명한 소비에뜨 희극작가이자 당시 '모스필름' 영화스튜디오의 책임자로 근무하던 삐리예프И. Пырьев의 권유로 코메디 영화에 전념하게 된다. 대표작으로는 '운명의 아이러니, 혹은 목욕 잘하셨습니까!' Ирония судьбы, или С лёгким паром!, 1975, '사내 연애' Служебный роман, 1977, '둘을 위한 기차역' Вокзал для двоих' 등이 있다. 랴자노프 감독은 소위 '도시 이야기' 라는 장르를 통해 대중 관객들의 관심에 주목하며 삶에 대한 사랑을 테마로 삼아 자신의 희극적 재능을 펼친 것으로 유명하다. 2002년에는 러시아 영화예술 아카데미 '니까' НИКА의 회장직을 맡았고, 2005년에는 랴자노프 영화클럽이 개관했다.

35 :: 블라지미르 소로낀
Владимир Сорокин

블라지미르 소로낀은 1955년 8월 7일 모스끄바 근교의 비꼬보 마을에서 태어났다. 1972년 소로낀은 모스끄바 석유 가스 연구소에 입학한 뒤 시 습작에 몰두했으며, 대학 신문에 작품을 게재하기도 했다. 당시 루슬라나 랴쉐바P.Ляшева가 소로낀의 재능을 눈여겨봤다. 그녀는 당시 소로낀과 그의 작품 및 주변 상황에 대해 이렇게 회상한다.

> "소로낀의 시는 꾸밈이 없었고 실험적이지도 않았다. 그것은 진실되면서도 마음에서 우러나온 소박한 시였다. 그 후 소로낀은 내게 거의 전문가 수준의 그림과 선화線畫를 가져왔는데, 테마는 여전히 서정적이었다. 그의 친구였던 이고르 비노그라도프И.Виноградов와 볼로쟈 세르게예프В.Сергеев는 산문에 관심을 보였다. 한시도 떨어지지 않았던 이들 삼총사 중에서 세르게예프는 가장 재능이 뛰어났지만, 동시에 가장 난잡했던 학생이었다. 결국 그는 3학년 재학 중에 정말 황당한 사고로 죽어버렸다. 그 이후 비노그라도프는 다른 나라로 떠나버렸다."
> 〈리쩨라뚜르나야 러시아〉 2002년

1977년 학위를 받은 뒤, 소로낀은 전공을 살리지 않고 모스끄바에 위치한

〈스메나〉Смена 라는 잡지사를 택한다. 25세가 되던 해에 소로낀은 기독교 세례를 받았다. 1984년에는 처음으로 KGB와 대립각을 세웠으며, 한동안 책 디자인으로 생계를 해결하기도 했다.

소로낀의 초기작들은 여러 가지 이유 때문에 서구에서 출판되었다. 가장 먼저 소로낀의 작품을 출간한 곳은 마리야 레미조바 М. Ремизова 가 운영하던 파리의 '신딱시스' Синтаксис 출판사였다. 1985년에는 소로낀의 장편 『줄』 Очередь 이 출간됐고, 이 작품은 순식간에 유럽 5개 국어로 번역되었다. 그 후 독일에서도 소로낀의 작품 몇 권이 출간됐다.

한동안 소로낀을 개념주의자로 간주하기도 했다. 하지만 정작 소로낀은 자신을 개념주의자들의 반열에 올리는 것을 원하지 않았다. 그는 이렇게 주장한다.

> "난 개념주의자도, 레프 루빈슈떼인도 아니다. 난 카드 목록에서 건져 올린 개성 없는 텍스트를 쓰지도 않는다. 개념주의자들이 내게 영향을 줬던 시기가 있었다. 낯설게하기 기법, 텍스트의 재료와 거리두기, 무인칭 편지와 같은 기법들은 1980년대 전반까지 내 흥미를 끌었지만, 1980년대 말로 접어들면서 난 이미 이런 기법들로부터 서서히 멀어져가기 시작했다."〈이즈베스찌야〉2005년 136호

바히뜨 껜줴예프 Б. Кенжеев[237] 는 장편 『규범』 Норма, 1994 이 출간된 이후 "소로낀이 유능한 작가라는 사실에는 의심의 여지가 없다. 그는 또한 모방에 탁월한 재능을 지닌 작가이기도 하다. 이 재능은 그가 사회주의 리얼리즘뿐만 아니라, 나보꼬프적인 서정적 산문, 일반 대중의 불량스러운 언어, 농촌 산문의 다소 우둔해 보이는 설교 등 모든 스타일의 총체를 정확히 모방할 수 있게 만들어 줬다."라는 평을 내놓았다. 한편 율리야 라하예프 Ю. Рахаев 는 서구에서 소로낀에게 열광하는 이유가 다름아닌 작가만의 독특한 문체가 없기 때문이라며 단순명료하게 설명한 바 있다.

하지만 정작 소로낀 자신은 다른 견해를 고수하는 입장을 보인다.

"내 작품들은 엄격하게 구성되어 있으며, 균형이 잘 짜인 도식이 작품 내부에 자리 잡고 있다. 이것은 초마법적인 생산물이다. 분석적 사고를 지닌 사람들은 내 작품을 하나하나 이해해 나가는 것이 즐거울 것이다. 내 산문은 러시아의 부조리 연극과 관련되어 있으며, 이런 의미에서 나는 러시아적인 형이상학을 그려낸다고 볼 수 있다."〈이즈베스찌야〉2002년 2월 18일

1992년 소로낀은 나딸리야 뻬로바Н.Перова[238]가 이끄는 '루슬리뜨' Русслит 출판사를 통해 처음으로 타국이 아닌 러시아에서 『단편선집』Сборник рассказов을 출간한다. 이 책은 후일 '러시아 부커' 숏-리스트에 올랐다. 소로낀의 책이 출간되자 드미뜨리 쁘리고프Д.Пригов가 축사를 보냈다. 블라지미르 노비꼬프В.Новиков는 소로낀의 책을 두고 "러시아 문학의 소츠아트적 경향에서 그 어떤 것보다 의의있는 현상"이라는 찬사를 보냈다. 또한 노비꼬프는 "소로낀의 작품에서 소비에뜨 이데올로기와 미학에 대한 패러디가 '라블레적인 하부' 라는 모티프와 결합하면서 강력한 결과를 가져왔다."라며 확신에 찬 어조로 작품을 평했다.〈즈나먀〉1993년 2호
아마도 소로낀의 작품에 대해 가장 충격적인 평가를 한 사람은 빅또르 예로페예프В.Ерофеев일 것이다. 그는 소로낀의 텍스트를 "피가 흘러나오고 구더기가 들끓는" 고깃덩어리에 견주었다. 예로페예프에게 소로낀의 산문은 "자신이 초라한 존재에 불과하다고 느끼게 만든 세계에 대해 복수를 꿈꾸는 환멸에 찬 낭만주의자가 요리한 음식"을 연상시켰다. 한편 유리 마믈레예프Ю.Мамлеев는 "아마도 소로낀이 어딘지 모르지만 나를 스승으로 여기는 듯하다."라고 공표한 바 있다.〈끄니쥐노예 오보즈레니예〉1993년 2호
몇 해가 흐르고 이런 논의들은 모두 잦아들었다. 독자들은 소로낀의 희곡작품 '지구여성' Землянка으로 또 한번의 동요를 겪게 된다. 1995년 〈소브레멘나야 드라마뚜르기야〉Современная драматургия라는 잡지가 위험을 감수하고 이 작품을 게재했다. 정교주의적 경향의 여류 비평가 까삐똘리나 꼭쉐뇨바К.Кокшенёва[239]는 '선동' Провокация이라는 제목의 논평을 통해 그 누구보다도 신랄한

비평을 가했다.

> "소로낀은 천박한 제스처를 행하면서 독자 혹은 관객의 '원초적인 감정'들이 폭발하기를 기다린다. 그의 주인공들은 첫 페이지부터 마지막 페이지까지 내내 욕지거리를 퍼붓는다. 그리고나서는 파렴치하기 짝이 없는 문체로 그리스도와 성모에 관한 이야기를 쓰는 등 역시 천박한 제스처를 취하면서, 또다시 '보통 사람'이 분개하고 격분하기를 기다린다. 그의 목적은 첫째도, 둘째도 시종일관 내내 천박한 제스처를 취하는 데 있다. 구세주 사원에서 일어나는 노출증 환자의 행동, 그리고 뿌쉬낀 박물관에서 벌어지는 배설행위에 무슨 의미가 있겠는가. 그런 류의 '행동대원들'은 오로지 경찰에서 부과하는 벌금과 처벌만을 두려워할 뿐이다. 하지만 우리는 자유를 누리는 자들이 아닌가! 자유라는 명목으로 벌을 받지 않는다는 것을 잘 알기 때문에 이 작품의 저자는 그 어떤 두려움에도 무감각하게 대응하는 것이다."〈리쩨라뚜르나야 러시아〉1995년 10월 20일

『마리나의 서른 번째 사랑』Тридцатая любовь Марины이라는 소설 역시 수많은 논란을 불러일으켰다. 지금까지도 소로낀은 이렇게 주장한다.

> "이 소설은 주인공이 자기 자신으로부터 구원받는 것에 관한 소설이다. 마리나는 자신만의 개성, 정신분열, 성적 불만족, 비전통적인 목표설정 등으로부터 벗어나 구원을 받는다. 그녀는 집단적인 '나' 속에 녹아든다. 이는 전례 없는 구원의 방식이지만, 20세기에는 바로 이런 형태의 구원이 사람들에게 제시된다. 이 소설은 인간의 선택, 즉 자기 자신의 모습대로 남느냐 아니면 자신을 잃느냐에 대해 이야기한다."〈네자비시마야 가제따〉2003년 7월 2일

장편 『푸른 비계』Голубое сало가 발간된 1999년에 또다시 소로낀의 작품을 둘러싼 스캔들이 일어났다. 사람들은 역사적 인물에 대해 경멸의 눈길을 보낸 소로낀에게 비난을 퍼부었다. 소로낀의 작품에서 스딸린은 베리야와 육체적 관계를 맺고, 아흐마또바는 검은 달걀을 낳으며, 빠스쩨르나끄는 외설적인

시를 쓴다. 그나마 가산 구세이노프Гасан Гусейнов240가 다소 긍정적인 시각으로 소로낀의 작품을 평했다.

> "소로낀의 소설은 러시아 문학의 깊이와 영혼성 위에 얹혀진 덮개를, 그 외에도 글로벌하고 전세계적인 역사적 경험으로서 소비에뜨 역사에 부여된 고결한 의미 위에 씌워진 덮개를 한 꺼풀씩 벗겨 내듯이 구성되어 있다. 〈…〉 블라지미르 소로낀은 러시아 문학의 새로운 조롱자이자 소용돌이 메이커이며, 서구에서 러시아로 불어닥친 새로운 합리성에 내재된 '아시아적 저항'의 경험을 선명하게 재현하는 작가이다."〈노보예 리쩨라뚜르노예 오보즈레니예〉2000년 43호

소로낀의 다른 장편 『향연』Пир, 2000은 상징적 표현과 성욕에 관한 이야기로 채워진 작품으로, 대부분이 일본에서 집필되었다. 비평가 미하일 졸로또노소프M. Золотоносов는 소로낀의 산문에 "현대성을 집적시켜 놓은 형상"이 들어 있다고 여긴다. 드미뜨리 올샨스끼Д. Ольшанский는 소로낀의 선집 『향연』을 2000년, 2001년 시즌에 나온 가장 뛰어난 10권의 책 중 하나에 포함시켰다. 그는 "소로낀의 작품 중에서도 특히 '카니발리즘'이 잘드러난 『나스쨔』Настя, 그리고 러시아 음식문화 및 어문학에 관한 제의적 추도가로 간주되는 『쳐먹어!』Жрать!라는 작품이 주목을 끌 것이다."라는 견해를 밝힌 바 있다. 이후 류드밀라 울리쯔까야Л. Улицкая 역시 올샨스끼의 견해에 공감을 표했고, 어느 강의에서 다음과 같은 의견을 직접적으로 공표했다.

> "소로낀이란 작가의 탁월함은 어디에 있는가? 세계에 존재하는 병적이고 병리학적인 모든 대상에 관해 비범한 감각을 지닌 그는, 궤양이 위치한 부위를 정확하게 손가락으로 가리킨다."

2002년 장편 『얼음』Лёд을 비롯한 소로낀의 다른 작품들이 또 한 번 언론을 떠들썩하게 만들었다. 블라지미르 본다렌꼬В. Бондаренко는 『얼음』을 "노골적

인 정치적, 반체제적 소설"로 간주했다.〈젠 리쩨라뚜리〉День литературы, 2002년 8호
하지만 소로낀은 이 작품에 대한 자신의 견해를 다음과 같이 밝혔다.

> "『얼음』이라는 작품은 언어적 실험기의 완성이자, 전통적인 소설을 쓰려는 시도의 일환이다. 〈…〉 『얼음』은 우리들의 삶, 세계, 기계화되고 있는 현대인에 관해 직접적인 의견을 제시해보려던 나의 첫 번째 경험이다. 이는 다른 이들을 각성시키고 잠에서 깨우려는 시도이다."〈네자비시마야 가제따〉2003년 7월 2일

2004년 소로낀은 장편 『브로의 길』Путь Бро을 출간한다. 이 작품은 바로 전에 나왔던 장편 『얼음』에서 이야기된 내용을 이어가는 소설이다. 어떤 비평가들은 소로낀이 문학적 태도를 바꿨다고 단언했다. 하지만 소로낀은 이에 대해 다른 의견을 토로한다.

> "난 내가 스스로에게 부여한 과제가 흥미롭다. 만일 내가 다른 장르, 예를 들어 유사 판타지 장르에 심취해 있었다고 가정해보자. 하지만 그것이 꼭 내가 판타지 장르에서 영영 헤어나오지 못할 것이라는 의미와 일맥상통하진 않는다. 〈…〉 『브로의 길』은 형식상 전적으로 『얼음』의 2장을 그대로 반복한다. 이 책의 구성은 그렇게 짜여 있지만, 더욱 광범위하고 더욱 심오하게 전개된다. 이것은 '얼음 3부작' 중 제2부에 해당한다."〈이즈베스찌야〉2005년 36호

소로낀은 얼음시리즈 3부에 해당하는 작품을 『23000』2005이라고 명명했다. '얼음 3부작'에 대해 쏟아져 나온 다양한 반향 중 니꼴라이 알렉산드로프Н. Александров의 의견은 주목할 만 하다. 그는 『얼음』이라는 작품을 현대의 현실에 의해 축소된 얼음신화에 대한 주목으로 해석한다. 알렉산드로프의 말을 빌자면, 『브로의 길』은 근원으로, 기원으로, 퉁구스의 운석으로 귀환하는 것이며, 『23000』은 끝과 끝을 만나게 하려는 시도, 완전하진 않더라도 명백히 존재하는 역사에 대해 해답을 제시하려는 시도이다. 하지만 알렉산드로프는

다음과 같은 부언을 잊지 않았다.

> "그렇지만 역사는 모든 것이 명백하지만은 않은 상태로 남아 있다. 소설은 확장된 에필로그라는 인상을 자아내며, 기존의 책에서 뽑아낸 요소들을 카피하는 듯이 보여진다. 잠결의 신기루로 변화되는 사격전과 추격전처럼 역동적인 영화적 장면들, 스베따의 형제들이 독백하는 것, 그들의 제의적인 행위, '얼음처럼 차가운' 사람들의 일상성 등, 이 모든 것들은 이미 얼음 3부작보다 앞서 나온 작품들에서 접해본 것들이다. 소로낀은 마치 앞선 두 편의 소설을 하나로 결합시키고, 앞선 두 편의 소설에서 뽑아낸 자료를 바탕으로 새로운 이야기를 수집하여, 신화라는 건물을 완공시키려 하는 듯이 보여진다."〈이즈베스찌야〉2005년 12월 14일

소로낀은 산문 외에도 영화작업과 음악 프로젝트에도 적극적으로 참여한다. 젤도비치 A. Зельдович[241] 감독은 소로낀의 시나리오로 '모스끄바' Москва라는 영화를 찍었고, 이반 디호비치니 И. Дыховичный[242]는 '쥐굴리' Жигули[243] 최초 모델의 역사에 관한 영화 '꼬뻬이까' Копейка를 찍었다.

소로낀의 시나리오로 작업한 영화 중에서도 특히 일리야 흐르좌놉스끼 И. Хржановский[244]가 찍은 영화 '4'가 비평가들에게서 호평을 받았다. 물론 이 작품 역시 상영을 둘러싼 스캔들을 피해갈 수는 없었다. 흐르좌놉스끼는 2003년 영화 작업을 마쳤다. 하지만 영화부처 관계자들은 흐르좌놉스끼 감독이 원래 계획되어 있는 필름의 작업 시간보다 40분을 초과했다는 점을 트집잡아서 영화 필름을 대폭 축소하라고 요구했다. 관계부처 공무원들은 무엇보다도 영화 내용 중 비정상적인 어휘가 사용된 장면들을 잘라내고 싶어 했다. 그렇게 하지 않으면 영화 상영 허가를 내주지 않겠다는 으름장까지 놓았다. 하지만 흐르좌놉스끼는 아무것도 바꾸려 하지 않았다. 결국 이 영화는 2004년 네덜란드 로테르담에서 개최된 제34회 국제영화제에서 타협하지 않는 예술가 정신을 인정받아 '황금 선인장' 상을 받았다.

이 영화와 관련하여 소로낀은 흥미로운 반응을 보였다. 소로낀의 주장에 따르자면, 자신은 숫자 '4'에 관한 형이상학적 이야기를 썼는데, 흐르좌놉스끼 감독은 자신의 시나리오를 뒷전으로 하고, 러시아에 관한 영화를 찍었다는 것이다.

2002년 소로낀은 볼쇼이 극장에서 상연할 오페라 '로젠딸의 아이들' Дети Розенталя 대본 작업에 착수한다. 오페라의 곡은 작곡가 레오니드 제샤뜨니꼬프 Л.Десятников[245]가 쓰기로 결정되었다. 그는 자신에게 있어서 소로낀은 늘 작가이자 작곡가였으며, 소로낀의 산문에서 가장 흥미로운 부분은 "때때로 비춰지는 배설 행위가 아니라, 소로낀이 형태를 구성하고, 이를 어떻게 음악적 형태와 결합시키는가이다. 소로낀의 텍스트에서 변주곡과 소나타를 발견할 수 있다."라고 강조한 바 있다.〈이즈베스찌야〉2002년 8월 12일

오페라의 초연은 2005년 봄으로 예정되어 있었다. 하지만 '떼베쩨' ТВЦ 방송국이 스캔들을 일으켰고, 스캔들을 둘러싼 논의가 국회에서까지 계속되었다. 국회의원들은 볼쇼이 극장에서 이런 오페라를 상영할 수 있는지 없는지에 관한 결정을 내려야 되는 특별 위원회까지 구성하기에 이르렀다.

소로낀의 적대자들은 이 오페라의 슈젯을 못마땅하게 여겼다. 오페라의 주인공인 유전학자 로젠딸은 파시즘을 피해 소비에뜨 연방으로 도망쳐온 자로, 비밀스러운 실험실에서 모짜르트, 바그너, 차이꼽스끼를 비롯한 몇몇 작곡가들의 후예를 만들어낸다. 하지만 소비에뜨 연방이 붕괴하자, 로젠딸이 만들어 낸 작곡가 후예들은 일련의 모험을 경험하게 된다. 모든 후예들 중 유일하게 살아남은 자는 모짜르트다. 물론 논쟁적인 슈젯 그 이상으로 이 작품은 클래식 애호가들 사이에서도 충격을 불러일으켰다.

하지만 결코 평범하다 할 수 없는 오페라의 슈젯은 다만 스캔들의 원인이 되었을 뿐이다. 상영 금지를 둘러싼 진짜 이유는 정치에서 찾아야만 한다. 소로낀을 옹호하려는 투쟁은 이미 오래전부터 전개되어 왔었다. 러시아의 다양한 정치세력들은 서구에서 인정받는 우상적인 작가를 자기편으로 끌어들이고 싶어했다. 이스라엘의 시사평론가 이스라엘 샤미르 Исраэль Шамир는 러시

아의 반정부적 신문 중 하나인 〈자브뜨라〉Завтра 지면에 소로낀을 저항 영웅의 반열에 올려놓는 기사를 서둘러 게재했다. 결국 오페라 '로젠딸의 아이들'은 2005년 3월 23일 러시아 볼쇼이 극장에서 세계적인 초연을 하게 된다. 현재 소로낀의 책은 세계 각국의 언어로 번역되어 대형 출판사를 통해 전 세계 독자들에게 보급되고 있다. 또한 소로낀은 2010년도에 '새로운 문학' Новая словесность[246]이라는 문학상을 받은 바 있다.

237) 바히뜨 껜줴예프(1950~): 러시아어로 시를 쓰는 까자흐스딴의 시인. 1977년 『레닌 언덕: 모스끄바 국립대학교 시인들의 시』Ленинские горы: Стихи поэтов МГУ라는 콜렉션 시선집을 통해 문단에 데뷔했다. 〈꼼소몰스까야 쁘라브다〉Комсомольская правда, 〈유노스찌〉Юность, 〈모스꼽스끼 꼼소몰레쯔〉Московский комсомолец 등에 꾸준히 글을 게재했지만, 정작 본인의 첫 번째 시집은 까자흐스딴 작가협회 고문서 보관실에 20년 동안 보관되어 있다가, 1996년이 되어서야 겨우 출판할 수 있었다. 70년대 초에는 간들렙스끼С. Гандлевский, 쯔베뜨꼬비А. Цветковый 등과 함께 '모스끄바 타임' Московское время라는 시인 그룹을 결성하기도 했다. 2000년 『아침 무렵 사라지는 여인』Снящаяся под утро이라는 시선집으로 '안티 부커' 를 수상했고, 2008년에는 『싸늘히 식어가는 자리에 선 농노』Крепостной остывающих мест라는 시선집으로 '러시아 상' Русская премия을 받았다.

238) 나딸리야 뻬로바: 1989년에서 1990년도에 걸쳐 알렉산드르 쁘로하노프А. Проханов의 지휘 하에 〈소베츠까야 리쩨라뚜라〉Советская литература라는 잡지의 영문판 출판을 이끈 바 있다. 소비에뜨 연방이 붕괴한 후에는 자신의 출판사 '루슬리뜨' 를 설립했다.

239) 까뻬똘리나 꼭쉐뇨바(1958~): 문학 및 연극 비평가로 활동하며, 현재 잡지 〈모스끄바〉의 문화 분과장으로 근무하고 있다. 고리끼 세계문학연구소의 학술연구원이기도 하다.

240) 가산 구세이노프(1953~): 작가 친기스 구세이노프Чингиз Гусейнов의 아들로, 문화사 및 고전어문학 관련 비평서와 논문을 집필했다. '기찌스' ГИТИС 및 고리끼 세계문학연구소에서 근무했으며, 미국, 덴마크, 독일 등의 대학에서 강의했다. 2007년부터는 모스끄바 국립대에서 교수로 재직하며 고대문학사 및 고대 그리스어를 강의 중이다.

241) 알렉산드르 젤도비치(1958~): 감독 및 시나리오 작가. 모스끄바 국립대 심리학부를 졸업하고 한동안 모스끄바 소재 의료기관에서 정신과 의사로 근무했다. 이후 시나리오 작가와 감독을 양성하는 기관에 입학하여 수업을 받았으며, 졸업한 뒤 1986년부터는 '모스필름' Мосфильм 영화 스튜디오 소속 감독으로 근무 중이다. 대표작으로는 '여군' Воительница, 1986, '모스끄바' Москва, 2000, 다큐멘터리 영화 '과정' Процесс, 2002, TV용 예술영화 '겨울 봄' Зима Весна, 2003, '표적' Мишень, 2009 등이 있다.

242) 이반 디호비치니(1947~2009): 배우이자 감독, 시나리오 작가. 엘다르 랴자노프Э. Рязанов 감독, 안드레이 따르꼽스끼А. Тарковский 감독에게 사사하고 1988년 세르게이 솔로비요프와 함께 공동으로 영화 '검은 수도승' Черный монах 시나리오를 집필했다. 대표작으로는 다큐멘터리 영화 '붉은 시리즈' Красная серия, 1989, '웅덩이' Прорва, 1992, '꼬뻬이까' Копейка, 2002 등이 있다. 그 중 '웅덩이' 는 얄타에서 열린 영화포럼에서 '니까' Ника상을 받았다.

243) 쥐굴리Жигули: 소비에뜨 시대에 생산되기 시작한 소형 자동차 모델명.

244) 일리야 흐르좌놉스끼(1975~): 모스끄바 태생의 감독이자 프로듀서. '브기끄' ВГИК를 졸업한 뒤 2004년 블라지미르 소로낀В. Сорокин이 시나리오 작업을 한 영화 '4' 로 데뷔전을 치뤘다. 이듬해 이 영화는 국제 영화페스티벌에서 많은 상을 휩쓸었으며, 로테르담, 부에노스아이레스 등

에서 개최된 영화제에서 최고 감독상을 받았다.

245) 레오니드 제샤뜨니꼬프(1955~): 우끄라이나 하리꼬프 태생의 작곡가. '러시아 연방 국가상'을 받았으며, 러시아 연방 예술인사 직함을 받았다. 2009~2010년 볼쇼이 극장의 예술 감독으로 일했다. 주요작품으로는 오페라 '로젠딸의 아이들' Дети Розенталя, 1막짜리 오페라 '가엾은 리자' Бедная Лиза, 제르좌빈 Державин의 시를 원작으로 삼은 칸타타 '재능' Дар 등이 있다.

246) 문학상 '새로운 문학' НОС, Новая словесность: '새로운 문학'은 미하일 쁘로호로프 자선기금회에서 러시아어로 쓰여진 현대문학의 새로운 트랜드를 개발하고 지원하기 위한 목적으로 설립한 문학상이다.

36 :: 따찌야나 똘스따야

Татьяна Толстая

따찌야나 똘스따야는 자신을 가장 자유로운 작가라고 여긴다. 2005년 봄, 똘스따야는 국가 지원으로 러시아의 50여 명의 작가와 함께 파리에서 열리는 세계 도서 박람회에 간 적이 있었다. 그때 베르사유 궁전에서는 프랑스와 러시아 양국 대통령의 회담이 예정되어 있었고, 몇몇 작가들이 그곳에 초대되었다. 그러나 초대된 작가 중 유일하게 똘스따야는 초대에 응하지 않았다. 도서 박람회가 시작되기 전에 파리 시내에 있는 가게들을 둘러보아야 한다는 것이 불참 이유였다.

따찌야나 똘스따야는 1951년 상뜨 뻬쩨르부르그에서 태어났다. 똘스따야는 알렉세이 똘스또이A. Толстой[247]의 아들인 니꼴라이 똘스또이Н. Толстой의 6번째 딸로 태어났다. 할아버지뿐 아니라 할머니 역시 수필작가였고, 엄마 역시 작가였다. 외할아버지는 번역가였다. 아버지는 화학자였지만, 문학 애호가였다고 한다.

똘스따야는 1974년 상뜨 뻬쩨르부르그 국립대학교 인문학부를 졸업함과 동시에 결혼해, 모스끄바로 이주한다. 그리고 '나우까'Наука 출판사에서 7년간 편집부원으로 일했다. 똘스따야의 소설은 1983년 〈아브로라〉지를 통해 처음으로 세상에 소개된다. 이때 소개된 단편이 『황금 댓돌에 앉아…』На золотом крыльце сидели…이다. 1987년에 이 단편과 같은 제목으로 13편의 단편이 수록된 단행본이 발간된다. 이때 똘스따야는 이 단행본의 제목을 단편 『오께르빌 강』Река Оккервиль과 동일한 제목으로 하기를 원했다. 하지만 출판사 측에서 이를 거절했다. 단편 『오께르빌 강』은 똘스따야에게 특별한 의미를 지닌다. 이 단편은 똘스따야가 많은 작품에서 보여주는 핵심주제, 상상과 현실 간의 갈등을 첨예하게 보여주고 있는 작품이기 때문이다. 똘스따야는 이 갈등이 인간의 삶에서 영원한 문제이며, 실존의 문제라고 말한다. 다음 해, 1988년에는 『안개 속의 몽유병자』Сомнамбула в тумане라는 단편 모음집이 나왔다.

많은 비평가들은 똘스따야의 작품이 '기교적 산문'의 새로운 경향을 지니고 있다고 평가했다. 이때 '기교적인 산문'이란 미하일 불가꼬프M. Булгаков, 유리 올레샤Ю. Олеша의 패러디와 익살, 장난기가 넘치는 작품들과 같은 뿌리를 가진 작품들을 의미한다. 똘스따야는 자신의 작품과 관련하여 다음과 말한 바 있다.

> "나는 외로운 사람들에게 관심이 많다. 그들은 우리가 이해할 수 없다고 치부하는 사람들이기도 하다. 우리는 그들의 말을 이해하려고 하지도 않는다. 관심을 두려고도 하지 않는다. 그들은 인생에서 뭔가 중요한 것을 얻지 못했음을 알지 못한 채, 삶을 떠난다. 단지 잔치가 끝나고 나서야 선물이 어디 있는지 묻는 아이들처럼. 그 선물이 그들의 삶이었음을 알지 못한다. 누구도 이것을 설명해 주지 않았기 때문이다."

똘스따야 초기의 단편들은 주로 삶의 그늘을 파헤치는 데 탁월한 능력을 보여주었다. 함께 어울리지 못하고, 함께 살아가는 방법을 모르는 사람들의 이야기, 갈등과 반복, 불행, 냉정함, 무기력함으로 똘똘 뭉친 사람들의 이야기가 초기 작품의 주된 내용이었다. 그 비극성은 거의 메타리얼리즘의 수준에 다다른 것이었다고 독일의 슬라브학자 볼프강 까자끄B. Казак는 지적하고 있다. 이에 반해 리디야 긴즈부르그Л. Гинзбург는 조금은 다른 견해를 피력한다.

무엇보다 긴즈부르그는 똘스따야의 탁월한 묘사력과 문체의 섬세함을 높이 평가하며, 그것이 반복되는 내용의 진부함과 식상함을 보상하는 최고의 요소라고 말한다.

시간이 지나면서 똘스따야의 작품 경향은 점차 변해간다. 그 변화를 가장 두드러지게 보여주는 작품이 『끼시』Кысь 이다. 이 작품은 1991년부터 미국에서 러시아어와 문학을 가르치다가 러시아로 귀국한 직후에 발표한 작품이다. 이 책은 젊은층의 독자들을 충분히 매료시킬 만했다. 이 작품에 대하여 보리스 아꾸닌Б. Акунин 은 다음과 같이 표현한 바 있다.

> "따찌야나 똘스따야는 진부한 소설 장르에 마법의 물을 먹여 조국 러시아로 가져왔다. 그 소설은 생생하게 살아있는 상태로 러시아까지 왔다. 그 소설은 너무도 매력적이다. 한 줄 한 줄을 훔쳐서 집어삼키고 싶게 할 만큼 입맛을 돋우게 한다."

한편, 율리야 라하예바Ю. Рахаева 는 다음과 같이 말한다.

> "소위 진지한 문학가들은 펠레빈의 작품을 그렇게 평가했듯이, 똘스따야의 작품도 알렉산드르 마리니나 혹은 뽈리나 다쉬꼬바П. Дашкова[248]와 같은 판타지 소설과 동질의 것으로 매도하고자 했다. 똘스따야의 작품 또한 식상한 여류작가의 소설이라고 반박할 수도 있다. 그러나 『끼시』는 후기 포스트모던 사회를 풍자한 안티 유토피아 소설이다. 이 소설은 러시아에 대한 칭송과 배척이 동시에 공존하는 하나의 작은 병과 같다." 〈이즈베스찌야〉 2001년 12월 6일

얼마 후 판타지 소설의 애호가 엘레나 꼬샤라Е. Кошара 는 라하예바의 의견에 동조하면서, 똘스따야의 『끼시』를 전형적인 판타지 소설이라고 단정한다. 그녀에 의하면 똘스따야의 『끼시』는 보리스 스뜨루가쯔끼Б. Стругацикий[249]의 『비탈길의 달팽이』Улитки на склоне, 에두아르드 우스벤스끼Успенский[250]의 『우리가 없는 그곳』Там, где нас нет, 예브게니 루낀Е. Лукин[251]의 『우리는 당신의 태양을

굴렀다』Катали мы ваше солнце와 같은 전형적인 판타지 소설이 칵테일처럼 혼합된 것이다. 이에 덧붙여 안드레이 넴제르A. Немзер는 『끼시』가 각종 판타지 소설만이 아니라 러시아의 고전이라 할 수 있는 산문들을 모자이크 한 소설이라고 평하기도 했다.

러시아로 돌아온 후, 똘스따야는 창작 활동 외에 방송 활동을 시작한다. 1999년부터 '원초적 본능' Основный инстикт, 2002년부터 '악담교실' Школа злословия과 같은 방송 프로그램의 진행자로 활약했다. 똘스따야는 소설 외에도 에세이집 『하루』День, 『건포도』Изюм 등을 출간하기도 했다.

『끼시』 발표 이후, 똘스따야는 현재까지 새로운 소설을 발표하고 있지 않다.

247) 알렉세이 똘스또이(1883~1945): 소비에뜨 작가. 세 번에 걸쳐 스딸린 훈장을 받았다. 중편 『아엘리따』 Аэлита, 1925 와 장편 『기술자 가린의 쌍곡면』 Гиперболоид инженера Гарина, 1927은 소비에뜨 환상소설의 고전으로 꼽힌다. 이외 다수의 단편과 장편, 희곡을 집필했다.

248) 뽈리나 다쉬꼬바(1960~): 다쉬꼬바는 딸의 이름을 차용해서 만든 가명이다. 본명은 따찌야나 쉬쇼바T.Шишова이다. 시인으로 등단했지만, 추리소설을 발표하면서 이름이 알려지기 시작했다. 『태어나지 않은 자의 피』 Кровь нерожденных, 『판매 상품』 Продажные твари, 『아무도 울지 않을 것이다.』 Никто не заплачет 등 다수 작품을 출간했다.

249) 스뜨루가쯔끼 형제는 러시아 판타지소설의 대부와 같은 존재들이라 할 수 있다. 형 아르까지는 1991년에 작고했다. 2007년부터 '엑스모' 출판사는 스뜨루가쯔끼 형제의 작품을 10권의 전집으로 발간하였다.

250) 에두아르드 우스벤스끼(1937~): 동화작가이자 만화극작가이다. 그의 동화에 나오는 주인공들 악어 게나와 체부라쉬까, 고양이 마뜨로스낀, 표도르 아저씨, 우체부 뻬치낀은 러시아인이라면 누구나 알고 있을 만큼 유명한 인물들이다. 대표적인 작품으로 『표도르 아저씨, 강아지와 고양이』 Дядя Фёдор, пёс и кот, 『악어 게나와 그의 친구들』 Крокодил Гена и его друзья, 『체부라쉬까 민중들에게 가다』 Чебурашка идёт в народ, 『이상한 이름을 가진 소녀에 관한 이야기』 Истории про девочку со странным именем 등이 있다.

251) 예브게니 루낀(1950~): 유명한 판타지소설 작가이다. 아내, 류보비 루끼나Л.Лукина와 공저한 작품도 많다. 아내가 사망한 후에는 단독으로 작품을 발간하고 있다. 대표작으로는 『정의定義 구역』 Зона справедливости, 『개같은 경우』 Чушь собачья, 『약탈자의 악한 달』 Разбойничья злая луна 등이 있다. 이 외에도 루낀은 시집을 출간하기도 하고, 외국의 판타지소설을 번역하기도 한다.

37 :: 류드밀라 울리쯔까야
Людмила Улицкая

류드밀라 울리쯔까야는 매년 러시아의 권위 있는 문학상의 수상자 후보로 거론되는 작가로서 현대 러시아 문학을 이끄는 거장이라고 할 수 있다. 2005년 제18회 모스끄바 도서 전람회에서는『우리 황제의 사람들Люди нашего царя』이 올해의 책으로 선정되기도 하였다. 또한 울리쯔까야의 작품은 문학성과 대중성이라는 두 마리의 토끼를 동시에 잡았다는 평가를 받고 있다. 일상에 대한 섬세하고 세밀한 관찰, 투명하고 친숙한 문체, 소비에뜨 시대에 대한 풍자와 익살, 정신적 공황에 시달리는 현대인들에 대한 애정과 연민 등이 울리쯔까야를 감동을 주는 작가로 만드는 주요 요인으로 꼽히고 있다.

류드밀라 울리쯔까야는 1943년 2월 23일 답레까노보에서 태어났다. 그녀의 아버지는 농기계 전문 기술자였으며, 어머니는 생물학자였다. 1966년 모스끄바 국립대학교의 생물학부를 졸업하고 유전공학 연구소에서 일했으나, 1970년 국가안전위원회의 명령에 의해 해고당한다. 해고 사유는 사미즈다뜨에서 출판한 금지된 서적을 소유하고 있었기 때문이었다. 이후 울리쯔까야는 더 이상 정부기관에서 일하지 않을 것을 결심하고, 1979년부터 1982년까지 유럽 실내음악극장에서 문예 감독으로 일한다. 이 시기에 울리쯔까야는 어린이를 위한 희곡, 인형극이나 라디오 방송 대본, 희곡 평론 등을 썼으며, 몽골의 시를 번역하기도 했다.
울리쯔까야는 자신의 창작 활동은 유년시절에 가졌던 폭넓은 독서와 함께 시작된 것이라고 말한다.

> "나는 독서광이라 할 만한 꼬마였다. 어린 시절 우리 가족은 꼬무날까에서 친척들과 함께 살았다. 나의 친할아버지, 그리고 작은할아버지는 평생을 한 아파트에서 함께 살았고, 그들은 엄청난 양의 책을 소유하고 있었다. 책 대부분은 혁명 전에 출간된 작품들이었다. 그 작품들은 1950년대 소비에뜨 어린이들이 읽어야 하는 것들과는 사뭇 다른 인상과 감동을 준 것들이었다. 그때 나는 세르반테스, 오 헨리, 빠스쩨르나끄, 나보꼬프, 쁠라또노프 등의 작품에 심취해 있었다."

울리쯔까야는 1983년 첫 단편소설, 『100개의 단추』Сто пуговиц를 발표한다. 그러나 아무런 주목도 받지 못했다. 이 당시 썼던 몇 편의 연극 시나리오 역시 상연되지 못했다. 이때 썼던 연극 시나리오, '브류호 마을에서 온 7명의 사제' Семеро святых из деревни Брюхо는 블라지미르 미르조예프В. Мирзоев의 연출로 2003년이 되어서야 처음으로 상연되었다. 연극 시나리오 작가로 알려지기 전까지 울리쯔까야는 영화 시나리오 작가로 활동하기도 했었다. 1990년 블라지미르 그람마찌꼬프В. Грамматиков에 의해 『리베르찌의 자매들』Сестрички Либерти이 영화로 만들어졌고, 곧이어 1991년에는 아나똘리 마쩨쉬꼬А. Матешко가 감독을 맡은 『모두를 위한 여자』Женщина для всех가 상영된 바 있다.
무명의 울리쯔까야가 문단의 이례적인 주목을 받는 작가로 급부상할 수 있게 만든 작품은 1992년 〈노비 미르〉에 실렸던 『소네치까』Сонечка이다. 이 작품은 네오감상주의의 지평을 열었다는 평가를 받았으며, '러시아 부커'를 수상했다. 곧이어 이 작품은 연극 시나리오로 각색되어 체호프 모스끄바 예술극장에서 상연되었다. 이 외에도 『소네치까』는 1994년 프랑스에서 우수번역 작품으로 선정되어 프랑스의 문학상 '메디치'[252]를 수상하기도 했다. 한편, 울리쯔까야의 단편 모음집 『가난한 친척들』Бедные родственники은 프랑스 어로 번역되어 러시아에서 출간되기도 전에 프랑스에서 출간된다.

『소네치까』이후, 울리쯔까야는 세 편의 소설을 발표하였다. 『메데이아와 그녀의 아이들』Медея и ее дети, 1996, 『꾸꼬쯔끼에게 일어난 일』Казус Кукоцкого, 2001, 그리고 2008년 이탈리아의 문학상을 받은 『당신의 슈릭 올림』Искренне ваш Шурик, 2003 등이다.

『메데이아와 그녀의 아이들』의 출간 직후 울리쯔까야는 다음과 말한 바 있다.

> "인간의 성장은 주로 가족이라는 울타리 안에서 이루어진다. 물론 어느 나라, 어느 도시에서 사는지도 중요하지만, 무엇보다 가족이 인간의 성장에서 가장 큰 영향을 끼친다고 생각한다. 소비에뜨 시대에 그와 같은 가족 개념은 붕괴 되었고, 가정의 일상은 국가적 이념에 종속되어야 했다. 나의 소설은 바로 우리가 잃어버린 가족의 의미를 찾는 것으로 가족과 가정에 대한 나의 진혼곡이라 할 수 있다."

두 번째 작품, 『꾸꼬쯔끼에게 일어난 일』은 2001년 '러시아 부커' 를 수상하였으며, 비평가들로부터 특별한 관심을 받은 소설이다. 율리야 라하예바Ю. Рахаева는 "이 소설은 잘 쓰여진 가족 대서사로 풍부한 에피소드와 다양한 세대의 풍경을 보여주고 있으며, 자연주의 소설의 특징을 가지고 있다."라고 평가했으며, 나움 레이제르만Н. Лейдерман과 마르끄 리뽀베쯔끼М. Липовецкий[253]는 라하예바의 평가에 장황한 설명을 덧붙인다. 이들은 울리쯔까야의 작품에 나타난 자연주의적 요소들이 여성들의 몸 담론과 유기적인 관련성을 가지고 있음에 특별히 주목했다. 그럼으로써 울리쯔까야의 소설이 몸과 정신에 대한 위계적이고도 이분법적인 사고를 깨고 있으며, 꾸꼬쯔끼 혈통의 승계가 가지는 역사적 의미가 인간의 탄생과 여성의 구원을 위한 투쟁의 역사와 접목되고 있음을 강조하였다.

한편 『당신의 슈릭 올림』은 자유주의 진영의 비평가들과 보수주의 진영의 비평가들 간의 첨예한 대립을 불러 일으켰다. 자유주의 진영의 비평가들은 맹목적이라 할 만큼 이 작품을 높이 평가했고, 보수주의 진영의 비평가들은 반대로 폄하와 비난을 일삼았다. 『당신의 슈릭 올림』이 출간되고 얼마 되지 않아, 울리쯔까야는 더는 장편소설을 쓰지 않을 것이라는 선언을 하며, 한 인터뷰에서 다음과 같이 자신의 심경을 고백했다.

> "나는 선천적으로 일 중독자에 가깝다. 장편소설을 탈고하고 나면 나는 완전히 기진맥진해진다. 마치 오랫동안 병을 앓았거나, 심각한 수술을 받은 환자처럼 말이다. 누군가 나에게 나의 작품 중 어떤 작품이 가장 애착이 가는지 묻는다면, 나는 대답할 수 없다. 첫 번째 작품은 그 어떤 작품보다 심혈을 기울인 탓에 나를 완전히 녹초로 만들었으며, 두 번째 작품은 나를 매혹했다. 그리고 세 번째 작품은 나에 대해 다시 되돌아 볼 수 있는 귀중한 시간을 선사했다."

이와 같은 심경을 고백한 이후, 울리쯔까야는 어린이들을 위한 작품을 출간했다. 『고양이 이그나시, 굴뚝청소부 페쟈, 외로운 미쉬에 대한 이야기』История про кота Игнасия, трубочиста Федю и одинокую Мышь, 2004 와 『꾸레뱌낀 할아버지, 울보 암말 밀라, 망아지 랍낀에 대한 이야기』История о старике Кулебякине, плаксивой кобыле Миле и жеребёнке Равкине, 2004 등이 있다.

이 외에도 최근작으로 2007년 '위대한 책' Большая книга 을 수상한 『번역가, 다니엘 슈따인』Даниэль Штайн, переводчик 과 2011년 출간된 『녹색의 천막』Зелёный шатер 이 있다.

252) 1958년 설립된 문학상으로, 새로운 기법을 추구하는 작가들에게 수여된다.

253) 나움 레이제르만, 마르끄 리뽀베쯔끼: 현대문학 비평에서 매우 비중 있는 비평가들로, 레이제르만이 아버지, 리뽀베쯔끼가 아들이다. 나움 레이제르만은 2010년 10월에 타계했다. 두 사람이 공저한 저서로 『현대 러시아 문학: 1950~1990년대』 Современная русская литература: 1950~1900 е годы, 2003가 있다.

38 :: 따찌야나 우스찌노바
Татьяна Устинова

따찌야나 우스찌노바는 1968년 4월 21일 모스끄바에서 태어났다. 우스찌노바는 비행기 관련 기술자 집안에서 성장했으며, 영국 학교에 다녔다. 그녀는 모스끄바 물리공과 대학의 항공 역학 및 비행설비 학부를 졸업하고 학위를 취득했지만, 전공 분야를 마음에 들어 하지 않다가 TV 방송국에 취직하게 된다. 이후 그녀는 옐찐 러시아 대통령의 보도국에서 근무하게 된다. 또한 우스찌노바는 한동안 정치에 관심을 보이면서, 국영방송인 1번 채널에서 '모스끄바-크렘린' Москва-Кремль, '현장 뉴스' Из первых рук라는 프로그램의 편집위원으로 근무하기도 했다. 2000년대 초에는 러시아 상공 회의소의 보도책임관으로 근무했다.
우스찌노바는 자신이 위대한 작가 반열에 오르진 않을 것이라는 점을 반복적으로 언급하곤 한다. 그녀는 자기 자신에 대해 이렇게 고백한다.

"나에겐 사건다운 사건이라곤 한 번도 일어난 적이 없었다. 학교에 다닐 때 난 항상 제일 키가 크고 덩치가 큰 안경 낀 못난이였다. 연구소에 다닐 때는 제일 꼴찌를 달렸다. 이건 꾸며낸 말이 아니라 객관적인 사실에 근거한 이야기이다. 내가 살던 쥬꼽스끼 시의 물리공과 연구소에는 항공 역학 학부가 있었는데, 나는 바로 그곳에서 학부과정을 이수했다. 성적은 매우 좋지 않았다. 나의 재능은 모조리 글쓰기를 통해 발휘되었다. 나는 청바지를 입은 멋진 경찰관과 늘씬한 처녀들이 등장하는 이야기를 작은 노트에 써 나갔고, 그 노트들은 오랫동안 방 한구석에 처박혀 있었다. 결국엔 언니가 봄맞이 대청소를 하다가 그 노트들을 장작불 속에 처넣어버렸다. 이미 노트가 천장에 닿을 만큼 쌓여 있었기 때문이었다. 개중엔 쓰다가 집어치운 것도 있고, 이제 막 시작하다 만 것들도 있었다. 하지만 내겐 그걸로 충분했다. 난 단어를 써 내려가는 과정 중에 모종의 마법이 작용한다는 점을 확실히 안다. 소설을 탈고하고 나면 자기 자신 속에 삶의 강령을 채워 넣을 수 있다는 점도 안다. 쓴 것은 모두 실현되기 때문이다." 〈이즈베스찌야〉2005년 8월 12일

하지만 이런 신비주의를 차치하더라도, 우스찌노바가 오늘 날 러시아에서 가장 왕성한 출판활동을 벌이는 작가 중 한 명이라는 사실에는 변함이 없다. 우스찌노바의 첫 번째 탐정소설은 1999년 집필되었다. 우스찌노바의 고백에 따르자면, 그녀는 오로지 『거대한 악과 소소한 비열함들』Большое зло и мелкие пакости, 2003이라는 장편에서만 실제 사건을 묘사했으며, 다른 작품들의 슈젯은 모두 고안해 낸 것이다. 그녀는 또한 "난 설거지를 하면서, 아가사 크리스티처럼 슈젯을 생각해내곤 한다."라며 속내를 털어놓기도 한다.

우스찌노바의 또 다른 중요한 고백 중 하나는 바로 이것이다.

"나는 지방에서 올라온 아가씨가 모스끄바에서 겪는 고난 이야기, 예전의 우등생과 여자 문학 선생님의 손녀가 창녀나 길거리 장사꾼이 되는 이야기를 쓰진 않는다. 하지만 결과적으로는 그렇게 되어버리고 말았다. 이는 내가 작업하는 분야의 특수성 때문이다. 다시 말하자면, 약간의 무분별함과 더불어, 도저히 불가능해 보이는 희망을 약속하고 이를 수행하도록 만드는 장르에서 내가 작업하고 있기 때문이다. 내게는 제한도, 제동장치도, 머리를 부딪칠 천장도 없다. 주인공들에게도 역시 그런 건 존재하지 않는다. 이것이 바로 뜻하지 않은 쪽으로 내 이야기가 흘러가버린 이유라 할 수 있다." 〈리쩨라뚜르나야 러시아〉2005년 7월 8일

신문기자들은 다음과 같이 확신한다.

> “우스찌노바의 도식은 단순하지만, 이상적으로 정비되어 있고, 백 가지의 경우를 모두 염두에 두고 제작된 것이다. 소심하지만 엄청난 내적 잠재력을 소유한 여주인공이 형법 법전과 충돌을 일으키면서 복잡하고 위협적인 상황에 부닥치게 된다. 여주인공의 애인은 그녀를 버리거나 홀로 남겨놓는다. 혹은 각양각색의 방법을 동원하여 자취를 감춰버린다. 하지만 여주인공은 모두와 달리 끝까지 자리를 지키며 음모와 모략이 가득한 상황을 파헤치고, 자신의 숨겨진 장점을 발견해내며, 마침내 훌륭한 남편감을 만나 소설이 끝나고 나서도 오랫동안 행복하게, 모든 것이 조화롭게 갖춰진 상태 속에서 살아가게 된다. 하지만 이는 매몰차기 그지없는 우스찌노바가 다음 소설에서 여주인공에게 두 배, 세 배에 해당하는 모험과 시련을 겪게 하지 않는다는 조건에서만 성립된다. 이러한 비범한 특성들은 하나같이 우스찌노바의 소설이 여성독자들 사이에서 엄청난 성공을 거둘 수 있게 해주는 밑거름이자, 가장 수입이 좋은 작가 중 한 명으로 손꼽히게 만들어 준 원동력이다.”

2003년 우스찌노바는 스캔들의 중심에 서게 된다. 〈이즈베스찌야〉 신문은 ‘아스뜨’ ACT 출판사와 ‘엑스모’ Эксмо 출판사가 우스찌노바의 동일한 작품에 각각 다른 제목을 붙여 동시에 책을 출판하는 바람에 독자들의 혼란을 불러일으켰다는 기사를 내게 된다. 일반적으로 유통시장의 관례상, 다른 제목으로 출간되는 책은 같은 것이 아니라 다른 내용의 책이라는 것을 전제로 한다. 하지만 ‘아스뜨’ 출판사에서 출간된 우스찌노바의 장편소설 『바다 위의 뇌우』 Гроза над морем 는 ‘엑스모’ 출판사에서 『개인 천사』 Персональный ангел, 2002 라는 이름으로 출간되었고, 마찬가지로 ‘아스뜨’ 출판사에서 『피붙이 친척』 Родня по крови 이라는 이름으로 출간된 책은 ‘엑스모’ 출판사에서 『이상적인 남자에 관한 전설』 Миф об идеальном мужчине, 2002 이라는 이름으로 출간되었던 것이다. 이런 일이 있은 지 얼마 지나지 않아 우스찌노바의 소설 『예비 본능』

Запасной инстинкт, 2003을 둘러싸고 또 다른 스캔들이 일어났다. 비평가들은 주인공 아르세니 뜨로예뽈스끼A.Троепольский의 형상 속에서 유명한 웹디자인 스튜디오의 책임자 아르쩨미 레베제프A.Лебедев[254]와의 유사성을 발견해냈고, 즉각적으로 이것이 은닉된 PR 공세인지 혹은 대놓고 야유를 보내는 것인지에 대한 질문을 던졌다. 이에 대한 답변은 미제로 남아있다. 2000년에 접어들면서 우스찌노바의 소설 상당수가 영상화되었다.

2010년 우스찌노바는 장편소설 『안간힘을 다해』На одном дыхании로 E-book으로 출판된 작품에 대해 수여하는 '전자 문자' Электронная буква[255] 문학상에서 '올해의 탐정소설' 부문을 수상했다.

254) 아르쩨미 레베제프(1975~): 아트 디렉터이자 웹디자이너. '아르쩨미 레베제프 스튜디오'의 책임자이자 블로거로도 유명하다. 아꾸닌Б. Акунин 선집 디자인, 모스끄바 전철관련 사이트 'metro.ru', 음악그룹 '아끄바리움' Аквариум 관련 디자인을 맡아서 했다.

255) 전자 문자Электронная буква: E-book 분야에 대한 러시아 최초의 문학상으로, 러시아 e-book 판매 1위 회사인 '리뜨레스' ЛитРес가 설립했다. '리뜨레스' 사는 '엑스모' Эксмо, '아스뜨' АСТ, '올마' Олма 등 거대 출판사들은 물론 돈쪼바Д.Донцова, 아꾸닌Б.Акунин, 마리니나А.Маринина, 그리쉬꼬베쯔Е.Гришковец 등 상당수의 인기 작가들과도 직접 계약을 체결했다. '전자 문자'는 매년 올해의 베스트셀러, 가장 많이 읽힌 작가, 판매 1위의 e-book 장르 등에 대해 시상을 거행한다.

39 :: 미하일 쉬쉬낀
Михаил Шишкин

미하일 쉬쉬낀은 1961년 1월 18일 모스끄바에서 태어났다. 어린 시절 쉬쉬낀은 할머니가 살던 모스끄바 근교의 공후령으로 이주해왔다. 할머니 대代의 역사는 쉬쉬낀의 운명에 영향을 줬다. 쉬쉬낀의 할아버지는 민중의 적으로 사살되었고, 큰아버지는 1941년에 실종되었다. 작은 아들이었던 쉬쉬낀의 아버지는 두려움에 떨며 평생동안 자신의 친부가 탄압의 희생자였다는 사실을 숨기면서, 마치 자신의 부친은 그냥 죽고 없는 것처럼 행동하면서 살아갔다.

쉬쉬낀은 1982년 모스끄바 사립대학에서 로망-게르만어 학부를 졸업한 뒤, 삼년간 '로베스니끄' Ровесник 라는 잡지사에서 근무했다. 그 후 10년 동안 초등학교에서 교편을 잡았다.

1993년 1월 쉬쉬낀은 잡지 〈즈나먀〉Знамя 지면에 자신의 첫 번째 단편 『펜멘쉽 수업』Урок каллиграфии을 게재했다. 또한 같은 해에 다시 잡지 〈즈나먀〉 제7호와 제8호에 걸쳐서 『오로지 밤만이 모두를 기다린다』Всех ожидает одна ночь를 연재했다. 이 소설은 19세기 전반에 일어난 사건들을 배경으로 벌어지는 가난한 귀족 가문의 삶에 관한 이야기이다. 까먀노프В. Камянов는 이 소설을 다 읽고 난 뒤, "쉬쉬낀의 산문은 러시아 문학에서 그 유사성을 찾아볼 수 있는

데, 호다세비치의 『바실리 뜨라브니꼬프의 삶』Жизнь Василия Травникова이 바로 그 예이다."라고 평한 바 있다.〈즈나먀〉1994년 1호

소설을 출간한 지 얼마 되지 않아 쉬쉬낀은 스위스로 거처를 옮겼다. 2005년 쉬쉬낀은 블라지미르 본다렌꼬B. Бондаренко와 인터뷰를 하면서, 스위스로 이주한 이유에 대해 이렇게 설명했다.

"예전에는 아무것도 계획하지 않았죠. 모든 것은 정말 단순하기 짝이 없었어요. 스위스 여자인 내 아내는 어문학도이자 번역가죠. 아내는 우리가 처음 만난 모스끄바에서 살았어요. 우린 결혼했고, 스위스로 이주할 계획 따윈 없었지요. 아내가 임신했을 때도, 우린 모스끄바에서 아이와 함께 살기로 마음먹었죠. 하지만 여러 가지 복잡한 문제들이 발생했고, 우리는 스위스로 올 수밖에 없는 상황이 되어버렸죠. 아들 녀석인 꼰스딴찐이 9살이니까, 스위스에서 산지 벌써 10년이 다 됐군요. 난 고골이나 게르젠이 그랬듯이, 시인과 작가, 예술가는 어디서든지 살 수 있다고 생각합니다. 어디에서 살든 예술가의 영혼은 항상 자신이 태어난 나라의 문화에 소속되어 있으니까요. 난 러시아 문화에 속한 사람입니다. 다른 문화 속에서는 존재할 수가 없죠. 하지만 내 책들은 이미 프랑스에서, 독일에서, 미국에서도 출판되고 있고, 나 역시 그곳에서 내 책과 내 독자들과 더불어 살아갑니다. 내 책들이 존재하는 곳에 나도 있는 거죠."

1999년 〈즈나먀〉 제10호에서 제12호에 걸쳐 연재된 소설 『이즈마일의 함락』Взятие Измаила은 쉬쉬낀에게 엄청난 성공을 가져다줬다. 이 소설로 그는 2000년도에 '스미르노프 부커'Smirnoff-Букер를 수상했다. 이 소설 속에서 바벨탑의 형상을 발견한 안드레이 미로쉬낀은A. Мирошкин은 다음과 같은 평을 내렸다.

"소설은 세 개의 거울로 구성된 듯한 체계를 갖추고 있다. 한 개의 거울은 똑바른 형태이지만, 나머지 거울 두 개는 기묘할 정도로 휘어져 있다. 유년시절에 관한 회상, 결혼생활, 아이의 출산, 범죄, 재판 등 슈젯 상으로 봤을 때 유사한

이야기들이 각각의 거울 속에서 펼쳐진다. 〈…〉 언젠가는 쉬쉬낀의 작품을 모델로 포스트모더니즘 성숙기의 기법 및 글쓰기 방법을 배우게 될 것이다."

이고르 스미르노프И.Смирнов는 훨씬 더 구체적인 평을 내놓았다.

"쉬쉬낀의 장편 『이즈마일의 함락』은 사샤 소꼴로프С.Соколов[256]의 『빨리산드리야』Палисандрия, 1985 라는 작품이 마치 불행한 러시아 가정들에 관한 이야기라도 되는 것처럼 원칙화시키고 있다. 정작 소꼴로프는 자신의 작품 『빨리산드리야』에서 불행한 러시아 가정사 같은 것은 전혀 쓴 바가 없으며, 라블레적인 주인공에 관한 것, 부유층의 권력에 대해 써 내려갔다. 〈…〉 쉬쉬낀은 불행한 러시아 가정의 상황에서 탈출하여 이민을 떠나기위해 도주하는 장면을 그려내면서 『빨리산드리야』의 슈젯을 재현해낸다."〈노보예 리쩨라뚜르노예 오보즈레니예〉 2001년 5호

2005년 쉬쉬낀의 소설 『비너스의 머리칼』Венерин волос은 러시아 문단에서 굉장한 화제를 불러일으켰다. 이 해에 출간된 책 중 쉬쉬낀의 『비너스의 머리칼』처럼 독자의 반향이 뜨거웠던 책도 없었다. 대다수의 비평가들은 쉬쉬낀의 새로운 소설 『비너스의 머리칼』이 출간된 사건 때문에 2005년도가 러시아 문학사에서 기억될만한 해로 남을 것이라고 여겼다.

『비너스의 머리칼』은 〈즈나먀〉 지면을 통해 독자와 처음으로 대면했다. 쉬쉬낀은 이 작품으로 이미 '내셔널 베스트셀러'를 수상한 상태였다. 쉬쉬낀은 이 소설에 대해 다음과 같이 고백했다.

"이 소설은 가장 단순한 것, 만일 그런 것이 없다면 삶이 불가능해 지는 것들에 관한 이야기이다. 소설의 제목으로 사용된 '비너스의 머리칼'은 빈틈없이 빼곡하게 자라나는 고사리 과의 어린 잔디를 일컫는다. 찰나의 도시 로마에서는 이 잔디를 길에서 자라나는 일종의 잡초처럼 취급하지만, 러시아에서는 집에서 키우는 식물로 분류한다. 그런 화초류 식물들은 사람의 온정이 없으면 살아남지

못한다. 소설은 바로 그런 사람의 온정에 관한 것, 죽음은 존재하지 않는다는 것에 관한 이야기다. 이건 모두가 알고 있는 사실이다. 하지만 모두들 각자 자기 자신을 위해, 자신만의 어떤 증거를 찾아내야만 된다. 그래서 나도 찾는 중이다. 어느 성서 위경僞經을 읽다 보면 "세계는 말로 창조되었고, 말로 부활할 것이다."라는 글귀가 적혀 있다. 하지만 말만으로는 부족하다. 죽음을 극복하는 것, 말과 사랑으로 부활하는 것이 이 소설의 내용이다. 나는 스위스, 프랑스, 로마에서 이 소설을 썼다. 소설은 매우 러시아 적이지만, 동시에 러시아라는 경계를 뛰어넘으며, 그 경계 내에서만 머물지도 않는다. 러시아는 거대한 신의 세계 속에서 아주 작은 부분에 불과할 뿐이다."〈끄니쥐노예 오보즈레니예〉2005년 29-30호

이같은 쉬쉬낀의 고백은 지나치게 일반화된 듯한 느낌을 자아낸다. 리자 노비꼬바Л. Новикова는 좀 더 구체적으로 자신의 생각을 서술해 나갔다. 그녀 역시 『비너스의 머리칼』이 쉬쉬낀이라는 작가에게 문학적 성공을 가져다준 것에 대해 동의한다.

"소설의 주인공은 작가 쉬쉬낀의 또 다른 자아, 즉 작가의 분신分身으로, 과거에 유명했던 여가수에 대한 글을 쓰려고 준비한다. 하지만 그는 자신의 구상을 실현하지 못한 채 스위스로 떠나게 된다. 소설은 쇼킹한 '피난민'들의 고백으로 시작된다. 작가의 꿈을 접은 채, 현재 스위스 검역소에서 통역관으로 근무하는 주인공은 참을성 있게 그들의 이야기를 다 들어줘야만 하는 입장이다."〈꼬메르산뜨〉Коммерсантъ, 2005년 9월 14일

하지만 빠벨 바신스끼П. Басинский와 안드레이 넴제르는 폭풍처럼 휘몰아치는 쉬쉬낀의 역사철학적 기획물을 수용할 수 없다는 뜻을 단호히 내비친 바 있다. 한편 몇몇 비평가들 사이에서는 『비너스의 머리칼』이 2003년에 출판된 미하일 고치아쉬빌리М. Гочиашвили의 소설 『통역원』Толмач을 연상시킨다는 의견이 오갔다. 미하일 뜨로피멘꼬프М. Трофименков[257]는 〈꼬메르산뜨〉 지면에 다음과 같은 글을 실었다.

> “『통역원』에서 이민자 신분의 주인공은 독일에서 통역관으로 아르바이트를 한다. 그는 은신처를 요청하는 사람들에게 제공된 수용소에서 근무하며, 앞뒤가 맞지 않는 그들의 거짓말과 엄청난 사실들을 듣게 된다. 『비너스의 머리칼』에서는 스위스를 배경으로 ‘통역관’으로 불리는 ‘주인공-이민자’가 그와 똑같은 일을 수행한다.” 〈꼬메르산뜨〉 2005년 6월 20일

『이즈마일의 함락』을 출간하고 『비너스의 머리칼』을 집필하기 전까지 생긴 여유시간을 이용해서 쉬쉬낀은 일종의 문학 참고도서로 볼 수 있는 『바이런과 똘스또이의 발자취를 따라』 По следам Байрона и Толстого 라는 책을 독일어로 집필했으며, 이 책으로 쮜리히 시에서 시상하는 문학상을 받았다. 이 책의 정확한 명칭은 『몬뜨레-미솔룬기-아스따뽀보. 바이런과 똘스또이의 발자취를 따라. 제네바의 호수에서 베른 시의 오베르란드로 떠나는 문학 산책』 Монтре-Миссолунги-Астапово. По следам Байрона и Толстого. Литературная прогулка от Женевского озера в Бернский Оберлалнд 이다. 2005년도에 이 책은 프랑스어로 번역됐다.

『바이런과 똘스또이의 발자취를 따라』가 출간된 이후 비평가들은 쉬쉬낀이 본인의 소설을 독일어로 집필할지도 모른다며 오랫동안 추측에 추측을 거듭해왔다. 이에 쉬쉬낀은 『바이런과 똘스또이의 발자취를 따라』와 관련된 해명을 내놓기에 이른다.

> “『바이런과 똘스또이의 발자취를 따라』는 언어가 그저 정보전달 수단으로 사용된 예술도서이다. 즉, 일반적인 책에서 언어는 그 자체로 가치를 지닌 살아있는 존재이지만, 이 책에서 언어는 아무것도 전달하지 않으며, 그 자체로 그냥 정보에 불과하다는 뜻이다. 나는 반 파시스트적 의식을 지닌 러시아에 존재하기 위한 수단으로서 나만의 러시아 문학어를 창조한다. 권력층과 거리에 사는 일반 주민들을 보자. 위쪽에서는 지시가, 아래쪽에서는 기도와 욕설이 난무한다. 이 모든 것들은 19세기에 서구에서 러시아로 자유 의식이 유입되어 오기 직전까지, 자유로운 의식을 표현할 도구가 없던 러시아에 생생히 존재하던 것들이었

> 다. 각각의 작가들은 자신만의 반 파시스트적인 러시아어를 창조해야만 했고, 예전에는 러시아어에서 찾아볼 수 없던 인간미, 애모愛慕, 사회성 등의 단어를 고안해 내야만 했다. 또 다시 러시아에 머물게 되면서 나는 거리의 언어, TV 언어, 신문 용어, 속어, 욕설 등에서 멀어지고 싶었다. 하지만 어디로 가야 한단 말인가? 당신이 도달하고 싶어하는 언어는 오로지 당신 스스로만이 창조해 낼 수 있다. 그래서 나는 이 일을 하는 것이다. 러시아 문학어를 창조하는 일 말이다."〈이즈베스찌야〉2005년 7월 14일

2006년 예브게니 까멘꼬비치 E.Каменькович[258]는 쉬쉬낀의 소설 『비너스의 머리칼』을 원작으로 한 연극 '가장 중요한 것' Самое Важное을 '모스끄바 극장 포멘꼬 제작소' Московский театр 〈Мастерская П.Фоменко〉에서 상연했다. 이듬해 이 연극은 2007년 최고의 연극으로 호명되어 '크리스탈 투란도트' Хрустальная Турандот[259] 상을 받았다. 그 외에도 쉬쉬낀은 소설 『비너스의 머리칼』로 다수의 상을 섭렵했는데, 2005년에는 '내셔널 베스트셀러'를 수상했고, 2006년에는 '위대한 책' Большая книга 3위에 호명되었으며, 부닌 문학상[260] 파이널리스트에 이름을 올리기도 했다. 또한 『비너스의 머리칼』은 프랑스에서 2007년 최고의 번역상을 받은 바 있다.

256) 사샤 소꼴로프(1943~): 러시아 작가. 1965년 푸르마노프Фурманов 도서관에서 결성된 문학단체 '스모그' СМОГ 일원으로 참여했다. 한동안 벨리고쉬Велигош라는 필명으로 '스모그' 에서 발행한 사미즈다뜨 잡지 〈아방가르드〉에 시를 게재했다. 1969년에서 1971년까지 〈리쩨라뚜르나야 러시아〉에서 기자로 근무했으며, 문필가들과 개인적인 친분은 거의 없었다. 소꼴로프의 두 번째 아내가 『바보들을 위한 학교』Школа для дураков의 텍스트를 비밀리에 서방세계로 빼돌렸고, 1975년 소꼴로프는 마침내 소비에뜨를 떠나도 좋다는 허가를 받아낸다. 이후 블라지미르 나보꼬프는 『바보들을 위한 학교』에 대해 찬사를 보냈다. 1985년 『빨리산드리야』를 내놓은 뒤, 소꼴로프는 더 이상 책을 출간하지 않고, 책상에 앉아서 집필만 하기 시작한다. 덕분에 소꼴로프에게는 '러시아의 샐린저' 라는 직함이 따라붙기도 했다. 소꼴로프의 작품은 포스트모던적 기법과 의식의 흐름 및 단어에 대한 특별한 관심, 고전 문학 전통을 계승하려는 노력이 유기적으로 결합되어 있다.

257) 미하일 뜨로피멘꼬프(1966~): 영화비평가. 2000년부터 〈꼬메르산뜨〉 편집국 논설위원으로 활동 중이며, 〈이스꾸스뜨보 끼노〉Искусство кино, 〈세안스〉Сеанс 등에 꾸준히 기고하고 있다. 현재 〈세안스〉 편집위원으로 활동 중이며, 『세르게이 보드로프. 최후의 영웅』Сергей Бодров. Последний герой, 2003, 『영화 길라잡이』Путеводитель по кино, 2003 라는 저서를 출판했다. 국제 영화페스티벌 '끼노따브르' Кинотавр의 디렉터이기도 하다.

258) 예브게니 까멘꼬비치(1954~): 우끄라이나 끼예프 태생의 연극감독으로 현재 '라찌(구 기찌스)' РАТИ의 교수로 재직 중이다. 대표 연출작으로는 '이반 왕자' Иван-Царевич,1981, '치명적인 실수' Роковая ошибка, 1985, '젠틀맨' Джентльмень, 2010 등이 있다.

259) 크리스탈 투란도트: 1991년 프로듀서이자 감독인 보리스 벨렌끼Б. Беленький가 설립한 연극상으로, 러시아 최초로 민간자본에 의해 설립된 독립적인 연극 창작상이다. 이 상은 이탈리아 극작가 카를로 고찌의 작품에 나오는 여주인공 투란도트 공주의 이름에서 따온 것이다. 이후 투란도트는 러시아에서 연극상의 상징이 되었다. '크리스탈 투란도트' 연극상의 심사위원으로는 연극과 전혀 관련없는 작가, 음악가, 화가 등이 초빙된다. 상은 최고 여배우상, 최고 남자배우상, 최고 신인상, 최고 각본상, 최고 감독상, 최고 연극상 등으로 나누어 시상된다.

260) 부닌 문학상: 노벨문학상 수상자인 러시아 작가 이반 부닌을 기념하여 설립된 문학상으로, 러시아 문학의 명맥을 유지하고 문학 전통을 부활시키기 위한 목적으로 시작되었다. 러시아어로 쓰인 국내외 산문 작품이 모두 수상대상에 포함된다. 5명의 최종 후보 가운데 최고 수상자는 부닌의 탄생일인 10월 22일 발표되며, 최고 영예를 안은 수상자에게는 20,000유로가, 나머지 최종 후보들에게는 각각 1,000유로가 상금으로 지급된다.

40 :: 레오니드 유제포비치

Леонид Юзефович

레오니드 유제포비치는 역사추리소설 작가, 드라마 시나리오 작가, 시인 등 다양한 직함을 가지고 현대 러시아 문단을 종횡무진하며 활약 중이다. 2005년 드라마 '제국의 몰락' Гибель Империи 은 수백만의 러시아 시청자를 완전히 매료시키고 있었다. 이 연작 드라마는 제1차 세계대전 당시 러시아 첩보기관의 활동을 주 내용으로 한 것이었다. 화려한 캐스팅도 시청자들을 매료시킨 요인 중의 하나였지만, 그보다 더욱 결정적인 요인은 이 드라마를 통해 1914년에서 1918년에 일어났던 중대한 사건들의 진실을 알게 되었기 때문이다. 예를 들면, 시청자들은 드라마를 통해 사라예보의 첫 총성이 어떻게 일어났으며, 브레스트 평화협정이 어떻게 체결되었는지 등에 관한 전말을 새롭게 알게 되었다. 만일 드라마를 연출했던 블라지미르 호찌넨꼬 В. Хотиненко 가 역사 교육이라는 것에 연출의 초점을 맞추었다면, 역사를 가르치는 수천 명의 선생님들에게만 많은 관심을 받을 수 있었을 것이다. 그러나 호찌넨꼬는 10회에 걸친 드라마를 넘치는 스릴과 음모, 장대한 화면 연출로 수 백만의 시청자를 사로잡은 것이다. 이 드라마의 시나리오를 쓴 사람이 바로 레오니드 유제포비치이다.

레오니드 유제포비치는 1947년 모스끄바에서 태어났다. 그는 3살 되던 해

삐름으로 이주했고, 1970년 삐름대학의 역사학부를 졸업했다. 졸업 후, 군에 입대하여 2년간 몽골에서 장교로 복무했다. 군 복무 기간 유제포비치는 불교와 몽골, 운게른Унгерн 남작의 삶에 대하여 관심을 갖게 되었다. 그리고 틈틈히 바이칼 동부지역 사람들의 삶을 소재로 하는 소설을 썼다. 이 소설의 주인공은 새로운 민족이 탄생함으로써 동과 서가 하나가 되는 세상을 만들고자 하는 이상을 가진 인물이다. 현재까지 이 소설은 출판되지 않았다.

의무 복무 기간이 끝나고 유제포비치는 장교로서 군에 남을 것인지, 역사를 다시 공부할 것인지를 결정하는 갈림길에서 잠시 망설이다가, 전역을 결심하고 삐름으로 귀환한다. 삐름에서 역사를 가르치는 선생님으로 일하면서 역사 논문을 집필하기도 한다.

1980년 처음으로 유제포비치의 중편 『자유와의 약혼』Обручение с вольностью이 『우랄』Урал지를 통해 세상에 소개된다. 그리고 1993년에는 운게른 남작의 삶을 조명한 『사막의 독재자』Самодержец пустыни가 출간되었다. 빅또르 펠레빈은 자신의 작품 『차빠예프와 뿌스또따』Чапаев и Пустота의 주인공 운게른 남작은 유제포비치의 이 소설을 보고 고안해 낸 인물이라고 밝힌 바 있다.

무엇보다 유제포비치에게 작가로서의 명성을 안겨다 준 작품은 역사 추리소설에 해당하는 일련의 작품들이다. 그 작품 속에서 유제포비치는 뿌찔린Путилин이라는 탐정을 창조한다. 블라디미르 베레진В. Березин은 유제포비치의 뿌찐린과 아꾸닌Б. Акунин의 판도린Фандорин을 비교하고 그 유사점을 지적한 바 있으며, 두 작가의 작품에 공통적 요소로 등장하는 동양적 색채에 대해서도 주목하였다. 이와 관련하여 유제포비치는 다음과 같이 말한 적이 있다.

> "나는 오래전 나의 초고를 가깝게 지내는 한 지인에게 보여준 적이 있다. 아주 오래전의 일이다. 아직 아꾸닌의 책이 한 권도 출판되기 전의 일이다. 아꾸닌 소설과 나의 그 소설에서 딱 한 가지 같은 것이 있다. 그것은 기병대위의 성이다. 나는 그 성을 신문을 읽다가 생각해 낸 것이었다."〈네자시시마야 가제따〉 2001년 8월 10일

한편, 드미뜨리 올샨스끼Д. Ольшанский는 2000~2001년의 우수도서 10권에 유제포비치의 작품 『밀회의 집』Дом свиданий을 포함시키면서 유제포비치의 작품이 아꾸닌의 작품보다 높은 예술성을 가진다고 평가했다. 유제포비치의 문학성을 높이 평가한 또 다른 사람으로는 현대문학 평론의 중요인물로 부상한 레프 다닐낀Л. Данилькин이다. 그는 유제포비치를 뛰어난 문체를 구사하는 형법학자이며, 희극작가, 고전 추리소설의 진정한 개혁자로 칭송한다. 반면 언급한 호평에 반하는 극단적인 견해도 있다. 예를 들어 율리야 라하예바Ю. Рахаева는 유제포비치의 소설 『아를레낀의 정장』Костюм Арлекина을 '부업으로 쓴 함량 미달 소설' 이라는 악평을 서슴지 않았다.

극과 극을 이루는 평가에도 유제포비치는 탐정 뿌찔린의 마지막 시리즈라고 할 수 있는 『바람의 공작』Князь ветра으로 2001년 러시아의 권위 있는 문학상 중 하나로 꼽히는 '내셔널 베스트셀러' Национальный бестселлер 최우수 작품상을 받았으며, 2003년에 발표한 『까자로자』Казароза 역시 그에 버금가는 문학상인 '러시아 부커' 를 수상하였다. 이 작품은 1920년 뻬름 지방에서 일어난 실제 사건을 소재로 삼아, 유제포비치 소설의 기본 서사 장치로 간주되는 추리소설 형식으로 이루어져 있으며, 살인 사건 해결이라는 '주축선' 을 중심으로 내전과 혁명의 소용돌이에 휩싸였던 시대를 역사학자에 걸맞은 시각으로 심도 있게 재현, 조명하는 장편소설이다.

유제포비치는 역사 추리 소설뿐만 아니라 시를 창작하기도 한다. 2003년 〈즈나먀〉에 그의 시가 소개되기도 했다. 가장 최근의 작품으로 2009년 발간된 『학과 난쟁이』Журавли и карлики가 있다.

나는
현대 러시아
작가다

초판 1쇄 인쇄 2012년 3월 20일
초판 1쇄 발행 2012년 3월 26일

엮은이 최행규 · 이수연 · 송정수 · 김은희
펴낸이 조인원
펴낸곳 경희대학교 출판문화원

주 소 서울특별시 동대문구 경희대로 26
전 화 02-961-0106~8
팩 스 02-962-8840
홈페이지 www.khupress.com
전자우편 press@khu.ac.kr

출판설립 1960년 9월 16일 제 5-8호
출판등록 1977년 11월 8일 제 6-5호

ISBN 978-89-8222-403-4